LICHT STRAHLEN

BIBEL LESEN 2024

BORN-VERLAG

LICHTSTRAHLEN AUCH ZUM MITNEHMEN

Auch in diesem Jahr gibt es die Lichtstrahlen in den App-Stores wieder als App für unterwegs — für alle Buchbesitzer sogar **kostenfrei!**

Herausgeber:
Deutscher Jugendverband
„Entschieden für Christus" (EC) e. V.

Schriftleitung und Lektorat: Steffi Pfalzer
Korrekturlesen inhaltlich: Kathrin Schmidt, Freudenstadt
Redaktion: Kerstin Kamhem
Gestaltung und Satz: be · Dieter Betz Design-Kommunikation, Friolzheim
Bildnachweis Umschlag: be · Dieter Betz Design-Kommunikation, Friolzheim
Druck und Verarbeitung: GGP Media GmbH, Pößneck

FSC www.fsc.org MIX Papier | Fördert gute Waldnutzung FSC® C014496

ISBN 978-3-87092-637-3
Bestellnr. 182637000

IHR LIEBEN,

„Alles, was ihr tut, geschehe in Liebe!“, das ist die Jahreslosung, die uns 2024 begleiten wird. – Ziemlich herausfordernd und aus eigener Kraft wohl auch nicht zu schaffen. Und trotzdem: Wir können wagen, es zu versuchen, weil wir einen Gott haben, der selbst die Liebe ist und der an unserer Seite steht und uns begleitet!

Auch unsere 52 Autoren haben sich Gedanken zur Jahreslosung gemacht und mal versucht, in einem Satz ein Statement zu diesem Satz abzugeben – nachzulesen immer sonntags unter dem Foto des Autors / der Autorin.
Ein paar mehr Gedanken gibt es dann täglich zu dem jeweiligen Bibeltext, auch da dürft Ihr gespannt sein!

Uns persönlich ist es jedes Jahr wieder eine große Freude, dieses besondere Buch hier in den Druck zu geben, weil es sich immer wie ein Schatz anfühlt: voll mit vielen guten Gedanken, entstanden unter dem ständigen Ringen um die richtigen Worte und mit viel Gebet, ausgestattet mit Tiefgang und Herausforderung, aber auch mit Ermutigung und Motivation! 52 Menschen haben hier (wieder) ihre Zeit, ihre Ideen, ihre Kreativität und Ausdauer reingesteckt – und dafür sagen wir von Herzen DANKE!!

Mögen die einzelnen Texte zum Segen werden für Euch, liebe Leserinnen und Leser! Möge Gott Euch durch die Worte ganz persönlich ansprechen, ermutigen, aufrütteln und begleiten – das ist unser Wunsch!

Seid herzlich gegrüßt vom gesamten LICHTSTRAHLEN-Team,
Eure

Steffi Pfalzer
Schriftleitung Lichtstrahlen

Kerstin Kamhem
Redaktion Lichtstrahlen

INHALTSVERZEICHNIS

6 Gedanken zur Jahreslosung

8 Segensgebet für den Tag

9 Lichtstrahlen am Morgen

10 Lichtstrahlen am Abend

11 Jahreslosung

12 Praktische Erlebnisberichte zur Jahreslosung aus den einzelnen Abteilungen des Dt. EC-Verbandes

22 Gebetsanliegen für jeden Tag der Woche

26 Biblisches Buch Markus

29 Kalenderwochen 1-2

35 Biblisches Buch 1. + 2. Timotheus

36 Biblisches Buch Titus

37 Kalenderwochen 3-6

53 Biblisches Buch Philemon

54 Biblisches Buch 2. Mose

55 Kalenderwochen 7-12

79 Biblisches Buch 1. Petrus

80 Biblisches Buch 1. Korinther

81 Kalenderwochen 13-16

97 Psalm 23

98 Gebet zu Beginn eines neuen Tages

99 Kalenderwochen 17-35

175 Gebet in der Natur
176 Biblisches Buch Jeremia
177 Kalenderwochen 36-41
201 Biblisches Buch Klagelieder
202 Biblisches Buch 2. Korinther
203 Kalenderwochen 42-46
223 Gebet in schwierigen Zeiten
224 Biblisches Buch 2. Petrus
225 Kalenderwoche 47
229 Biblisches Buch Jesaja
230 Biblisches Buch Lukas
231 Kalenderwochen 48-49
239 Gebet im Sturm
240 Abschluss vor dem Schlafengehen
241 Kalenderwochen 50-53
255 Autorenverzeichnis
256 Bibelstellenverzeichnis

Wie das mit den Lichtstrahlen gelingen kann ...
Bei der Auslegung der einzelnen Bibeltexte beziehen sich die Autoren überwiegend auf die Bibelübersetzung BasisBibel. Täglich ist etwas Platz unter der Auslegung für eigene Gedanken, um sie festzuhalten und die Lichtstrahlen zu einem persönlichen Jahrbuch zu machen. Am Sonntag ist zudem ein Lied für die Woche aus „Feiert Jesus! 5“ (FJ! 5) vorgeschlagen.

JAHRESLOSUNG

Alles, was ihr tut, soll in Liebe geschehen. (1.Kor 16,14)

Wieder sitze ich vor meiner Bibel und starre diese Worte an: „Alles, was ihr tut...“, „Alles ... in Liebe“. Was für ein hoher Anspruch. Jesus, wie soll dieser Vers Realität werden in meinem Leben?
Reden – in Liebe
Denken – in Liebe
Dienen – in Liebe
Geben – in Liebe
Konflikte angehen – in Liebe
für Gerechtigkeit einstehen – in Liebe ...

„In Liebe“ – aber welche Art von Liebe meint Paulus hier, wenn er an die Korinther schreibt? Ich befrage das Internet, meinen Pastor, spreche mit Jesus und lese die verschiedensten Artikel. Im Urtext steht das griechische Wort „agape“ und meint die göttliche Liebe. Eine Liebe, die nichts zurückerwartet, selbstlos handelt und das Gute für den anderen sucht, ganz gleich, wer dieser Mensch ist und was er getan hat.
In Korinth, der von Paulus gegründeten Gemeinde, gibt es Unstimmigkeiten, Spaltung, Sünde. Paulus weiß, wohin das führt. Ihm liegt die Gemeinde am Herzen, und er spricht klar die Missstände an und fordert am Ende des 1. Korintherbriefes auf: „Seid wachsam, haltet am Glauben fest, seid mutig und stark! Alles, was ihr tut, soll in Liebe geschehen!“ Wie diese göttliche Liebe konkret aussehen kann, beschreibt Paulus bereits im 13. Kapitel: Sie ist geduldig, gütig, trägt das Böse nicht nach, freut sich, wenn die Wahrheit siegt ... so gelingt Leben, in Korinth aber auch heute bei uns. Gott selbst ist diese Liebe, die göttliche Liebe (1. Joh 4,8). Eine Liebe, die sichtbar wird, nicht zuletzt durch Jesus, der für uns Menschen am Kreuz stirbt: „So sehr hat Gott diese Welt geliebt, dass er seinen einzigen Sohn gab, damit alle, die an ihn glauben, nicht verloren gehen, sondern das Ewige Leben haben werden“ (Joh 3,16). Wie groß diese Liebe ist, können wir manchmal nicht verstehen, zumindest geht es mir so, aber ich schätze es sehr an Gott, dass er immer wieder versucht, uns Dinge zu erklären.

Im Gottesdienst höre ich zum ersten Mal das Lied: „So will I“ (Hillsong) auf Deutsch, da heißt es:

Gott der Errettung
Jagst meinem Herz nach
Durch all meinen Irrtum und Stolz
Auf dem Hügel erschaffen
Das Licht dieser Welt
Im Dunkeln dem Tod ausgesetzt
Du sprichst ein Wort
Milliarden meiner Fehler sind nun weg
Dort, wo Du Dein Leben hingabst, find ich es
Wenn Du Dein Grab hinter Dir lässt
Dann auch ich
Ich entdeck Dein Herz in allem, was Du tust
Dieses Kunstwerk namens Liebe
Das Du schufst
Wenn Du gerne Dich ergibst, ja, dann auch ich
Ich entdeck Dein Herz fast acht Milliarden Mal
Jeder Einzelne ein Schatz, für den Du starbst
Wenn Du Dich aus Liebe hingabst
Dann auch ich
Ja, Du tätest es erneut Milliarden Mal
Denn die Sehnsucht tief in Dir
Sprengt jedes Maß
Du bist der, der keinen Einzigen je verlässt

Diese Textzeilen bewegen mich! Jesus stirbt aus Liebe zu uns Menschen am Kreuz, und er würde das erneut Milliarden Mal tun! Sein sehnlichster Wunsch ist es, dass wir dieser bedingungslosen Liebe Glauben schenken und mit IHM leben. Diese Entscheidung macht es erst möglich, die Jahreslosung im Alltag umzusetzen, denn nur, wenn wir nah bei Jesus bleiben, können wir Frucht bringen, wird göttliche Liebe sichtbar (vgl. Joh 15,5).

→

Besser zusammen – ich muss nicht versuchen, aus eigener Kraft „alles in Liebe zu tun", ich darf Jesus bitten, dass ER mir in der Umsetzung hilft, ER in mir wirkt, durch den Heiligen Geist. Es ist eine Entscheidung, die ich für das neue Jahr treffen möchte. Ich liebe Jesus, und ich möchte durch ihn lieben: „Wenn du dich aus Liebe hingabst, dann auch ich!" Wenn wir das tun, IN LIEBE handeln, dann werden die Menschen um uns herum erkennen, dass wir zu Jesus gehören (vgl. Joh 14,35).
Die gelebte göttliche Liebe macht einen Unterschied in unseren Familien, im EC, in der Gemeinde, in der Schule, an der Uni, bei der Arbeit, an dem Ort, wo wir gerade sind. Ein Familienvater, der seine Kinder zu uns in das Familienzentrum brachte, sagte einmal: „In unserer Heimat wurden wir wie Tiere behandelt, ihr behandelt uns wie Menschen und unsere Kinder wie Engel."

Ich möchte uns herausfordern, dass wir 2024 JESUS neu sichtbar werden lassen: „Alles, was ihr tut, soll in Liebe geschehen!"
In LIEBE Menschen bewusst wahrnehmen, auf sie zugehen, wenn sie in unsere Kreise kommen.
IN LIEBE mit Menschen Dinge klären, die ungut gelaufen sind, anstatt aus dem Weg zu gehen, zu verdrängen.
IN LIEBE Geld weitergeben, auch wenn das mein ganzes Vertrauen abverlangt, dass Gott mich trotzdem versorgt.
IN LIEBE die Wahrheit sagen, anstatt hinter dem Rücken zu reden und mich zu ärgern.
IN LIEBE dienen und mich in der Jungschar / dem Teenkreis / in unserer Jugend etc. einsetzen.
IN LIEBE einer Person gute Worte sagen, die aufbauen, jemandem eine ermutigende WhatsApp-Nachricht schicken, bei jemandem nachfragen, wie es ihm/ihr geht.

Ich glaube zutiefst daran, dass sich unser Umfeld zum Positiven verändern wird, durch gelebte Liebe.
Gott gebrauche und segne uns,
eure Andrea

Andrea Kasper, Stellv. Vorsitzende des Dt. EC-Verbandes, 75117 Pforzheim
E-Mail: andrea.kasper@ec.de

„STILLE ZEIT“
MIT DEN LICHTSTRAHLEN AM MORGEN

EINGANGSGEBET

Hier bin ich Gott, vor dir, so wie ich bin –
mit meiner Sehnsucht, meiner Hoffnung, meiner Freude,
meinem Ärger, meiner Müdigkeit ...
Hilf mir zu sehen, was du mir zeigen möchtest,
zu hören, was du mir sagen möchtest,
zu spüren, dass du mit mir gehst und bei mir bleibst.
So bin ich jetzt vor dir und kann zur Ruhe finden,
weil ich längst von dir gefunden bin.
Amen.

BIBELTEXT LESEN

5 Minuten Zeit nehmen, um über
das Gelesene nachzudenken;
Erklärung hier im Buch lesen

GEBET FÜR DEN TAG

Herr, ich bringe dir diesen Tag dar,
mit dem meine Arbeit und
mein Denken neu beginnen.
Ich möchte ihn mit dir gestalten und
bitte dich um dein Mitgehen,
ganz dicht an meiner Seite.
Amen.

„STILLE ZEIT“ MIT DEN LICHTSTRAHLEN AM ABEND

EINGANGSGEBET

Hier bin ich Gott, vor dir, so wie ich bin –
mit allem, was mich noch beschäftigt von diesem Tag her.
Hier bin ich mit meinen Erfolgen, meinem Scheitern,
meinen ungeklärten Fragen und unerledigten Aufgaben.
Ich lasse dich teilhaben an dem, was gelungen ist
und mich erfreut hat. Ich gebe dir zurück, was
nicht gelungen und unvollendet geblieben ist.
Hilf mir zu sehen, was du mir jetzt zeigen möchtest,
zu hören, was du mir sagen möchtest,
zu spüren, dass du mit mir gehst und bei mir bleibst.
So bin ich jetzt vor dir und kann zur Ruhe finden,
weil ich längst von dir gefunden bin. Amen.

BIBELTEXT LESEN

5 Minuten Zeit nehmen, um über
das Gelesene nachzudenken;
Erklärung hier im Buch lesen

LUTHERS ABENDSEGEN

Das walte Gott Vater, Sohn und Heiliger Geist! Amen.
Ich danke dir, mein himmlischer Vater, durch Jesus Christus,
deinen lieben Sohn, dass du mich diesen Tag gnädiglich
behütet hast, und bitte dich, du wollest mir vergeben alle
meine Sünde, wo ich Unrecht getan habe, und mich diese Nacht
auch gnädiglich behüten. Denn ich befehle mich, meinen Leib
und Seele und alles in deine Hände. Dein heiliger Engel sei mit
mir, dass der böse Feind keine Macht an mir finde.

Alles, WAS IHR tut, GESCHEHE in Liebe.

1. Korinther 16,14

Danken und mit Liebe und Wertschätzung begegnen

„Veränderung wird durch bedingungslose Annahme ermöglicht. Wo ich erlebe, dass ich sein darf, wie ich bin, entsteht Raum für Entwicklung." (Quelle unbekannt)

Dort, wo ich sein darf, wie ich bin, werde ich bereit, nicht mehr sein zu müssen, wie ich bin. „Un-bedingte" Annahme hilft mir, mich selbst zu akzeptieren und dabei die Möglichkeit zu erlangen, mich (weiter) zu entwickeln. Der Psychologe Carl Rogers bezeichnet dies als paradoxes Gesetz der Veränderung.

Ich habe als Mentor vor einiger Zeit einen jungen Mann begleitet, der mit einer Mitarbeiterin aus seinem Gemeindeteam große Probleme hatte. Er hatte das Anliegen, sich wieder besser mit ihr zu verstehen.Ich habe ihm vorgeschlagen, ein Experiment durchzuführen, indem er zwei Dinge macht:

1. Bete nicht mehr um Veränderung der Person, sondern danke Gott für Dinge, die du an der Person schätzt. Falls dir das schwerfällt – wovon ich ausgehe – dann nimm dir Zeit.
2. Begegne dieser Person mit aufrichtiger Liebe und Wertschätzung.

Was war das Ergebnis? Nach einem Vierteljahr hatte sich das Verhältnis zwischen den beiden so sehr verbessert, dass sie plötzlich offen über ihre Schwierigkeiten miteinander reden konnten. Die Mitarbeiterin fasste Vertrauen und konnte sich öffnen.

Wieso? Ich glaube einerseits, weil Gott Dinge durch Gebet verändern kann und will. Aber andererseits auch, weil die Frau gemerkt hat, dass sich die Einstellung des jungen Mannes, ihres Teamleiters, verändert hat. Bei ihm konnte die Mitarbeiterin nun sein, wie sie ist. Sie musste sich nicht mehr verstellen, auch nicht mehr ihre Begrenzungen kaschieren. Dadurch entstand ein Raum für Veränderung.

Es ist kein Zufall, wenn sich Menschen öffnen. Meine Erfahrung in meiner Beratungstätigkeit sagt mir, dass Menschen durch das Erleben der bedingungslosen Annahme Gottes am ehesten bereit sind, ihr Leben wirklich zu verändern und ihre Persönlichkeit zu entwickeln.

Nun sind wir Botschafter anstelle von Jesus und können uns fragen lassen: Welche Signale senden wir? Was vermitteln wir, was unsere Gemeinden?

Wie wäre es, wenn Gottes Liebe durch uns in unsere Orte strahlen würde? Wie ein kleines Stück Sauerteig einen ganzen Teig durchsäuert, so können wir, von Gottes Liebe motiviert, eine Gesellschaft verändern.

Meine Erfahrung ist, in dem Maß, wie ein EC wertschätzend ist, in diesem Maß wirkt er auch anziehend auf andere.

Bernd Pfalzer, Referent für Beratung und Begleitung beim Deutschen EC-Verband, Kassel
E-Mail: bernd.pfalzer@ec.de

Der Ort, an den mich Gott hinstellt

Ich bin ihr bisher einmal begegnet. Sie ist eine ältere Dame mit freundlichem Gesicht. Viele Jahre hat sie ganz im Südwesten Indiens in Kerala gelebt und dort die Mädchen in unseren Wohnheimen begleitet, sie mit Nachhilfeangeboten, Spielen, Gesprächen und gemeinsamer Zeit „versorgt“. Inzwischen leitet sie ein christliches Frauenwohnheim in Bangalore.

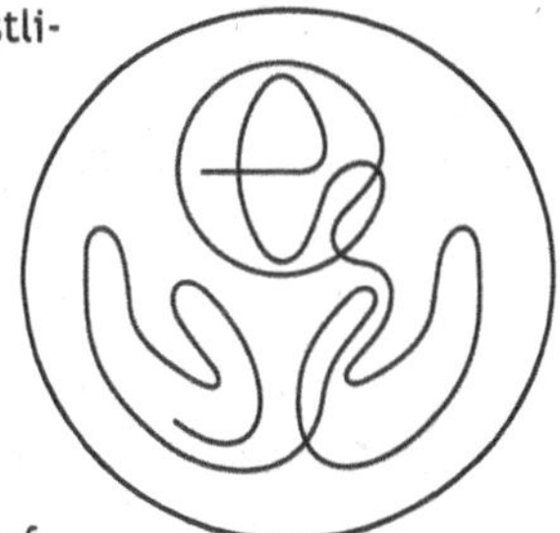

Ihr Name ist Tabital. Ich sitze in ihrem Büro, die zierliche Frau wirkt im Verhältnis zu ihrem Schreibtisch klein. Sie strahlt aber etwas aus, das mich fasziniert und so alle Relation des Raumes unwichtig werden lässt. Es ist eine Offenheit und Liebe den Menschen gegenüber, mit der sie auch mir begegnet.

Wir kommen ins Gespräch, sie erzählt von ihren Aufgaben und den Herausforderungen, die ihre neue Arbeit als Direktorin mit sich bringt. Und zugleich spüre ich ihr eine tiefe Sehnsucht ab, ein Verlangen, den Menschen zu dienen. Mit Strahlen in den Augen erzählt sie von ihrer Zeit als Mitarbeiterin in den Wohnheimen, lustigen und traurigen Moment. Unser Gespräch endet mit dem Satz: „Es war eine Überraschung, dich hier zu treffen! Danke für die Begegnung.“

Nach einem weiteren Meeting auf dem Gelände des Frauenwohnheimes kommt mir die kleine-große Frau noch einmal entgegen. In der Hand hält sie nun eine rote Pflanzenblüte. Diese überreicht sie mir, verbunden mit dem Satz: „Ich möchte dir eine Freude machen!“ Und das hat sie damals tatsächlich getan, weshalb ich heute – knapp drei Jahre nach der Begegnung – noch immer an sie und die Blume denke.

Ich habe aus dieser Begegnung zwei Dinge gelernt, die sehr gut zur Jahreslosung aus dem 1. Korintherbrief passen. Zum einen, dass sich Liebe nicht ausschließlich in Worten zeigt, sondern im aktiven Handeln und manchmal auch in einer roten Blume. Es ist eine Tat der Liebe, bei den Menschen zu sein, diese „lieb zu haben“.

Zum anderen habe ich von Tabital gelernt, was es bedeutet, in Liebe zu handeln, an dem Ort, wo mich Gott hinstellt. Auch wenn das bei ihr damit verbunden ist, Akten zu wälzen, statt junge Mädchen direkt zu begleiten. Tabital weiß, dass sie an diesen Ort von Gott gestellt wurde und dient deshalb den Menschen als Direktorin vor Ort in Liebe. Ich möchte mich von dieser gelebten Liebe anstecken lassen. Sei es im Südwesten oder im Südosten eines Landes! Ganz einfach an dem Platz, an den mich Gott gestellt hat.

Ullrich Mang, Referent für Sozial-Missionarische Arbeit beim Deutschen EC-Verband, Kassel
E-Mail: ullrich.mang@ec.de

Drei Bautage, LEGO und ganz viel Liebe

Die letzten Urlaubstage brechen an. Innerhalb weniger Stunden verwandelt sich das Gemeindehaus. Baustellenschilder, große Banner und überdimensionale Bausteine sprechen ihre eigene Sprache. 30 Mitarbeitende in gelben Warnwesten, ein liebevolles Küchenteam und 35.000 LEGO-Steine warten darauf, dass 80 begeisterte Kinder die LEGO-Baustelle für sich in Besitz nehmen.

Und dann ist es so weit! Aufgeregte Kinder, strahlende Kinderaugen füllen den Raum und können es kaum erwarten, ihre LEGO-Stadt aufzubauen. Und schon bald wird in kleinen Bautrupps eifrig gebaut. Es wird über Form, Farbe und Größe diskutiert und gemeinsam erörtert, wo der beste Platz für die Geheimagentenzentrale, die Eisdiele oder das Fußballstadion ist. Ein Krankenwagen, der zum Unfallort rast, ein Häftling, der gekonnt aus seiner Zelle ausbricht und viele weitere liebevolle Details lassen die Straßen der LEGO-Stadt lebendig werden.

Nach drei Bautagen, Geschichten über mutige Helden in der Bibel und einer großartigen Stadteröffnung, fahren 80 Kinder müde, aber glücklich nach Hause. Zurück bleiben 30 Mitarbeitende, die die liebevoll erbaute Stadt in einer Nachtschicht in ihre Einzelteile zerlegen und jedes Teil an seinen Platz zurücksortieren.

Warum investieren diese Mitarbeitenden ihre Kraft, ihre Nerven und ihre wertvollen Urlaubstage? Warum lassen sie sich ganz auf die Gedanken, Ideen und Träume dieser Kinder ein?

Diese Mitarbeitenden sind überzeugt davon, dass ihre Zeit, ihre Kraft und ihre Nerven für diese Kinder einen Unterschied machen. Sie sind überzeugt davon, dass es sich lohnt, jedem dieser Kinder auf Augenhöhe zu begegnen, damit wahr wird, was Jesus uns vorlebt, wenn er seine Arme weit ausbreitet und die Kinder einlädt, zu ihm zu kommen.

In wöchentlichen Kinder- und Jungschargruppen, bei Kinderwochen, Freizeiten und vielem mehr investieren sich haupt- und ehrenamtliche Mitarbeitende des EC deutschlandweit, um Kindern die Liebe Gottes nahezubringen.

Annkatrin Edler, Referentin für Kinder- und Jungschararbeit beim Deutschen EC-Verband, Kassel
E-Mail: annkatrin.edler@ec.de

Evangelisations-Taxi

Es ist eine kühle, regnerische Herbstwoche im Süden Deutschlands. ICH GLAUB´S steht an – eine jugendevangelistische Woche mit Schuleinsätzen und Abendprogrammen. Ich bin als Evangelist dabei und freue mich über ein sehr motiviertes Mitarbeiterteam. Das Team ist klein, aber richtig gut drauf. Jeden Abend starten wir gemeinsam in der kleinen Runde mit einem Gebet und am Ende der Abende schließen wir den Tag als Team gemeinsam ab. Schon zu Beginn der Woche fällt mir eine Mitarbeiterin auf, die grundsätzlich bei den Treffen vor Beginn nicht dabei ist und bei den Runden am Ende des Abends immer zu spät kommt. Irgendwie stört mich das. Ich finde es den anderen Mitarbeiterinnen und Mitarbeitern gegenüber auch etwas „respektlos" und besonders die Startrunden beinhalteten zudem noch organisatorische Dinge, die sie meiner Meinung nach ja dann nicht mitbekommt.

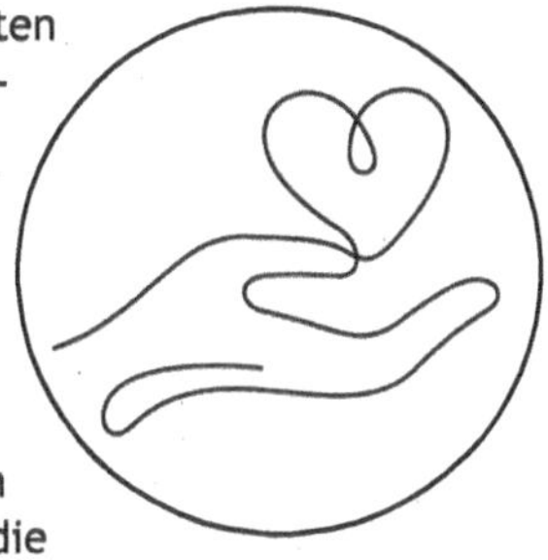

Als sie ab dem dritten Tag gar nicht mehr zu den Mitarbeiterrunden kommt, spreche ich sie darauf an. Ihre Reaktion ist ein Grinsen und ein Grund, der mich im ersten Moment verblüfft. „Andy, ich mach in der Zeit, in der ihr betet, deinen Job weiter." Wie bitte? Dann erzählt sie, warum sie weder zum Start noch zum Schluss der Abende dabei sein kann. Sie fährt jeden Tag etwa 80 Kilometer und sammelt die Teens ein, die sonst keine Möglichkeit haben, am Abend mit dabei zu sein. Am Ende des Abends bringt sie die Teens wieder nach Hause und fährt bei manchen einen „kleinen" Umweg, um länger mit ihnen über das Thema des Abends, ihr Leben, Jesus, Schule und so weiter zu reden. Sie nimmt sich die Zeit und manche Kilometer in Kauf, weil es ihr so wichtig ist, dass durch die ICH GLAUB`S Woche im Leben der jungen Menschen etwas passiert. Lebensveränderung im „Evangelisations-Taxi", wie sie scherzhaft immer sagte.

Und ja, dieses Dranbleiben aus Liebe zu Jesus und zu den Teenagern hat viel bewegt. Nicht nur eine bewusste Entscheidung für ein Leben mit Jesus hat im Auto stattgefunden, sondern es gibt auch Teenager, die seitdem regelmäßig in ihrer Gruppe am Start sind.

Andreas Müller, Referent für Jugendevangelisation beim Deutschen EC-Verband, Kassel
E-Mail: andreas.mueller@ec.de

Kinder einfach lieb haben

Kinder dürfen Kinder sein. Sie sind bei uns angenommen mit ihrer Wildheit und ihren Spannungen. Von unserem pfadfinderischen Selbstverständnis her versuchen wir die Kids so zu sehen und zu lieben, wie Gott sie gemacht hat. Sie bekommen bei uns Raum, dürfen sein, sind angenommen. Wir vermitteln ganz praktisch, dass sie in der geschützten Sippe ein wertvoller Teil sind, der wichtige Aufgaben erfüllt, die die Sippe voranbringt. Durch das frühe Übertragen von Verantwortung erleben sie Erfolge. Klar, die Erwachsenen könnten das vielleicht schneller und besser, aber wir wollen ja, dass die Kids uns mal überflügeln und weil wir sie lieben, lassen wir sie auch und nehmen uns zurück und sind Ermöglicher und Förderer.

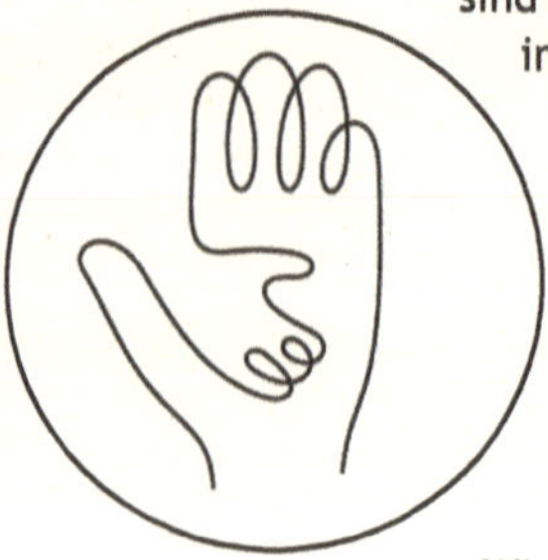

Wir halten was aus und lassen unsere Pfadfinder toben, rumtollen, verrückte Ideen umsetzen, weil wir sie lieben und wissen, dass sie das brauchen. Gerade Kids, die sonst Schwierigkeiten haben, sind bei uns willkommen und wir finden einen Weg, dass ihre Bedürfnisse ausgelebt werden und sie ihre Gaben entdecken können. So werden sie zu wertvollen Mitarbeitenden, die an sich selbst erfahren haben, was es heißt, in Liebe willkommen zu sein und geben diese Liebe auch weiter.

Das ist umso wichtiger, weil sich viele Kinder und Jugendliche nach einer alternativen Freizeitgestaltung mit Erlebnissen und Abenteuern aus erster Hand und Live-Freundschaften sehnen. Viele der Teilnehmenden kommen aus nichtgemeindlichem Hintergrund und fühlen sich wohl. Das liegt zu einem großen Anteil daran, dass Mitarbeitende ihre Zeit mit Hingabe in die junge Generation investieren. In unserer Gemeinschaft entsteht die Möglichkeit, den Teilnehmenden Einblick in unser (geistliches) Leben zu geben.

Wer wir sind: Der PEC (Pfadfinder Entschieden für Christus) ist der Pfadfinderbund des EC Deutschland. Aktuell gibt es im EC Deutschland über 50 Pfadfinderstämme mit über 1.200 Kindern und Jugendlichen, die Woche für Woche unsere Pfadfindertreffs besuchen.

Neugierig geworden? Schau doch mal auf unserer Homepage vorbei: www.pfadfinder.ec.de und fordere die Infomappe an: pfadfinder@ec.de

Christian Holfeld, Referent für Pfadfinderarbeit beim Deutschen EC-Verband, Kassel
E-Mail: christian.holfeld@ec.de

Liebe leben in Geschäftsbeziehungen

Als Generalsekretär des EC Deutschland bin ich in vielen Netzwerken engagiert. Naturgemäß ist meine Aufgabe verbunden mit vielen Treffen, Sitzungen und Videokonferenzen. In einer der Videokonferenzen kamen wir vor Kurzem darauf zu sprechen, welche Erfahrungen wir mit Geschäftspartnern machen.
Ein Unternehmer sagte daraufhin: Die schwierigsten Geschäftspartner sind seiner Erfahrung nach Christen. Mit ihnen gibt es am meisten Probleme. Sie stehen oft nicht zu ihrem Wort, sind im Umgang schwierig und zahlen oft zu spät.

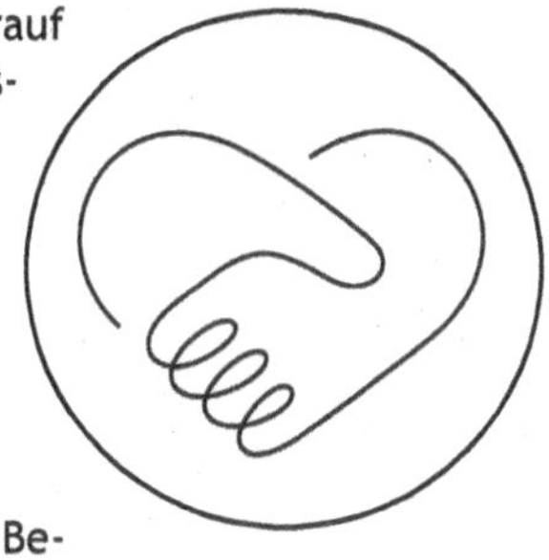

Das hat mich sehr nachdenklich gemacht. Welche Bedeutung hat die Jahreslosung für unseren Umgang mit Geschäftspartnern? Müssten wir uns nicht durch besonders faires Verhalten auszeichnen? Wie werden Christen in der Geschäftswelt wahrgenommen? Wofür wollen wir stehen?

Ich leite ein christliches Werk. Als solches stehen wir auch in Geschäftsbeziehungen zu vielen Firmen und Werken. Natürlich trage ich Verantwortung, dass wir verantwortlich und solide mit unseren Spendengeldern umgehen. Gute Verhandlungen zu führen, die den Zielen und dem Wohlergehen unseres Verbandes dienen, ist nötig und geboten. Gleichzeitig möchte ich als verlässlicher Geschäftspartner wahrgenommen werden. Es ist mir wichtig, dass wir auch in unseren Geschäftsbeziehungen Zeuginnen und Zeugen für Jesus Christus sind. Dazu ist die Jahreslosung ein hilfreiches Motto.

Wie kann ich diese Liebe in meinen Geschäftsbeziehungen leben? Wie wird sie konkret in Gesprächen, Verhandlungen und Vereinbarungen? Dieser Herausforderung möchte ich mich in diesem Jahr gerne stellen. Gleichzeitig werde ich Ausschau halten nach christlichen Unternehmerinnen und Unternehmern, die mir an dieser Stelle ein Vorbild sein können und denen es gelingt, in ihrem geschäftlichen Umfeld als Christinnen und Christen überzeugend zu leben.

Klaus Göttler, Generalsekretär beim Deutschen EC-Verband, Kassel
E-Mail: klaus.goettler@ec.de

Liebevoll unterwegs im Team-EC

Liebe im Team

Die letzten Monate haben wir als Team-EC viel miteinander erlebt. Wir sind 24/7 zusammen und kennen uns gegenseitig fast besser als uns selbst. Im normalen WG-Leben und auf den Einsätzen gibt es viele lustige und erlebnisreiche Situationen, die wir miteinander verbringen. Jedoch stehen wir manchmal auch vor Herausforderungen. Stressige Situationen oder Unerwartetes bringen Konfliktpotential. Wie schön zu wissen, dass wir gerade dann nicht allein unterwegs sind. Jesus geht mit und gibt uns die Kraft, liebevoll miteinander umzugehen. Wir sind zusammengewachsen als ein Team. Trotzdem ist es eine bewusste Entscheidung, jeden Tag seinen Team-Kollegen in Liebe zu begegnen und auch über Fehler hinwegzuschauen.

Liebe für Kids

Wir haben schon viele coole und liebenswerte Kinder kennengelernt. Trotzdem sind wir als Team auch immer wieder auf viel Liebe angewiesen. Für jede Gruppe die nötige Motivation aufzubringen, egal wie die Resonanz ist, egal ob 10 oder 80 Kinder vor uns sitzen – das ist manchmal ganz schön herausfordernd. Wir brauchen Liebe und Geduld in den Kleingruppen, wenn Kinder laut sind oder manchmal auch stören.

Noch mehr Liebe brauchen die Kinder und wir sind froh, dass wir ihnen die Liebe, die Gott und die vielen Menschen in unseren Biografien uns entgegengebracht haben, weitergeben dürfen. Bei manchen Kids spürt man, wie sie die Wertschätzung förmlich aufsaugen. Das ist schön zu sehen und umso wichtiger, dass wir Liebe weitergeben.

Liebevoller Empfang

Die Ankunft und das Kennenlernen der Einsatzorte, in denen die Kinderwochen stattfinden, sind einer meiner Lieblingsmomente jedes Einsatzes. Die Gemeinden und Familien, bei denen wir übernachten oder zum Essen eingeladen sind, darauf freuen wir uns jedes Mal. Es ist unglaublich schön, wie freundlich und offen uns die Menschen begegnen. Neben genialem Essen und meistens guten Betten genießen wir es, uns mit den Mitarbeitenden vor Ort zu unterhalten.

An ein Erlebnis erinnere ich mich gerne zurück. Wir lernten einen Mitarbeiter kennen, der einen grimmigen und gelangweilten Eindruck machte. Er lud uns zu einem Spieleabend ein. Nach etwas Überlegen gingen wir hin. Die Familie empfing uns unglaublich freundlich. Es entwickelte sich so eine gute Stimmung, dass wir bis spät am Abend blieben. Es freut mich immer wieder, Mitarbeitende besser oder nochmal von einer anderen Seite kennenzulernen.

Sarah Bär, Team-EC, Jahrgang 2022/23, Deutscher EC-Verband, Kassel
Mehr Infos unter: www.team-ec.de

Menschen in Liebe begegnen

Im Sommer 2022 war ich als Prediger auf dem Camp des EC-West eingeladen. Es war meine erste große Veranstaltung, auf der ich als EC-Referent predigen durfte. Dementsprechend war ich sehr aufgeregt und nervös. Ich habe mich viel vorbereitet, immer wieder Sachen umgeschmissen und bin dann doch nicht ganz so zufriedenstellend vorbereitet auf das Camp gefahren.
Es war eine wirklich tolle Zeit. Das Team um Marco Gogg hat ein geniales Camp vorbereitet. Mit toller Technik, begabten Musikern und Musikerinnen und einem sehr motivierten Mitarbeitendenteam. Ich habe mich sofort sehr wohl gefühlt und auch die Gemeinschaft sehr genossen.

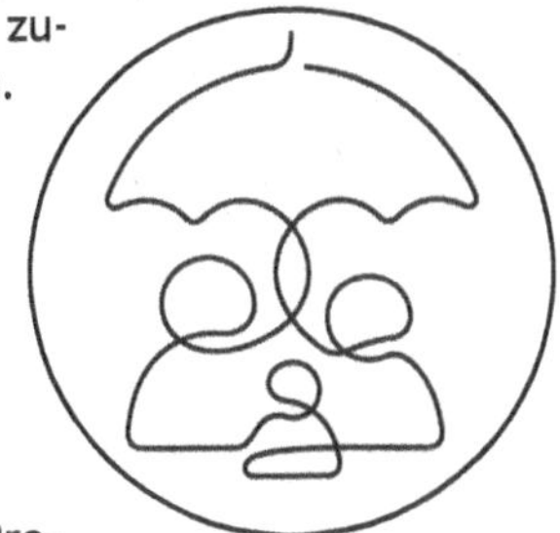

Tja, und dann kamen meine drei Predigten. Diese Predigten waren die einzigen großen Aufgaben, die ich auf dem Camp hatte. So konnte ich mich voll und ganz darauf konzentrieren, Feedback aufzunehmen und auch auf dem Camp noch Sachen umzuschmeißen. Das Camp selbst ging dann bis Sonntagmittag – und was soll ich sagen? Ich war wirklich sehr erleichtert, als es vorbei war. Erst im Nachhinein habe ich gemerkt, wie groß meine Anspannung war.

Doch jetzt blieben die Fragen: Was nehmen die Leute von meinen Predigten mit? Sind die Inhalte gut rübergekommen? Wem hat was von meinen Auslegungen nicht gefallen?
Und tatsächlich war ich dann sehr überrascht, dass mir vor allem eine Sache rückgemeldet wurde. Nämlich, dass es sehr schön war, wieviel Zeit ich mit den Jugendlichen direkt verbracht habe. Sei es am Lagerfeuer, beim Spikeballspielen oder einfach bei einem guten Gespräch während des Essens. Vielen ist aufgefallen, dass ich sehr bewusst den Kontakt zu den Teilnehmenden gesucht habe. Zunächst war ich etwas irritiert und enttäuscht. War meine Predigt etwa nicht tief genug? Warum gaben mir kaum Leute Feedback zu meinen Inhalten?

Doch je länger ich darüber nachdachte, desto mehr freute ich mich über dieses Feedback. Will ich doch eben jemand sein, der nicht nur von der Kanzel runterpredigt, sondern der in die Leben der Menschen reinspricht. Und dafür halte ich es für unerlässlich, die Menschen auch zu kennen. Ihnen, so wie es die Jahreslosung sagt, in Liebe zu begegnen.

Ruben Ullrich, Referent für Jugend- und Junge-Erwachsenen-Arbeit
beim Deutschen EC-Verband, Kassel
E-Mail: ruben.ullrich@ec.de

Nachhaltig liebevoll

Wer bin ich? Bin ich geliebt? Wer mag mich? Wen mag ich? Wer sieht mich? Was ist mein Platz in der Gesellschaft?
Diese und ähnliche Fragen stellen sich Teens, um ihre eigene Identität zu klären. Im Bestreben erwachsen zu werden, verändern sich ihr Charakter und ihre Persönlichkeit. Bei manchen passiert das sehr offensichtlich und stark ausgeprägt, bei anderen eher versteckt. Die Frage nach der eigenen Identität muss immer wieder neu gestellt und verhandelt werden.
Ein Schritt zur eigenen Identitätsbildung der Teens ist die Abgrenzung von ihren Eltern und von ihrem früheren Kind-Ich. Die erste Antwort auf die Frage: „Wie will ich sein?“, ist häufig also ein diffuses „Anders – eben ich selbst!“. Aber wie ist das eigene Selbst? Um die Antwort zu konkretisieren, brauchen die Teens Identifikationspersonen. Sie orientieren sich an ihrer Peergroup und suchen sich attraktive Vorbilder. Die Social-Media-Welt gibt ihnen da eine große Auswahl.
Ganz klar gilt: „Ich will jemand sein!“ Hinter diesem Bedürfnis versteckt sich der tiefe Wunsch, gesehen zu werden, angesehen zu sein. Im Grunde ist es die Sehnsucht danach, geliebt zu sein. Doch wo gibt es heute noch bedingungslose, stabile Liebe? In der Schule steht meine Beliebtheit immer wieder auf der Kippe. Sobald ich etwas Falsches sage oder tue, kann mein Stand in der Klasse ganz schnell kippen.
Die Corona-Pandemie hat auch in der Persönlichkeitsentwicklung der Teens einiges erschwert. Der Einfluss der Peergroup war stark eingeschränkt. Die Teens hatten einsame Zeiten. Zu normaleren Zeiten haben Teens sich auch räumlich gern von ihren Eltern distanziert und unterschiedliche Wege ausprobiert, sie selbst zu sein. Diese räumliche Trennung war zuletzt kaum möglich – im Gegenteil: Die meisten Eltern waren durch Homeoffice jetzt auch noch tagsüber zu Hause.
Wir als EC-Verband wollen Teenagern ihre Sehnsucht nach Zugehörigkeit, Identifikation und Liebe stillen. Darum wollen wir u. a. durch unser Zugehörigkeitsmodell ECgo Verbundenheit leben, Glauben teilen, Identität stärken und den EC-Lifestyle mit praktizierter Selbst- & Nächstenliebe fürs eigene Leben entdecken.
Wir wünschen uns, dass junge Menschen im EC erfahren, dass sie liebenswürdig sind, Liebe weitergeben können und liebende Gemeinschaften bilden, die sich ansehen und Ansehen verleihen. Diese erfahrbare Liebe hat prägende Kraft. Eine Kraft, die Biografien verändert. Das ist Jugendarbeit, die den Unterschied macht.
„Alles, was ihr tut, geschehe in Liebe“ (1. Kor 16,14). Diese Liebe brauchen unsere jungen Menschen so sehr. Geben wir ihnen alles, was wir haben.

Ingo Müller, Referent für Teenager und Team-EC beim Deutschen EC-Verband, Kassel
E-Mail: ingo.mueller@ec.de. Mehr Infos unter: www.ec.de/teenager

Echtes Interesse und echte Liebe haben

Ein Jahr für dich, ein Jahr für Gott; ein Jahr für deine Nächsten. So oder so ähnlich werben wir als EC-Freiwilligendienste und auch viele andere christliche Träger von Freiwilligendiensten für ihre Angebote. Diese Motivation findet sich dann auch in unterschiedlicher Gewichtung bei den allermeisten unserer Freiwilligen. Allerdings wird diese Motivation manchmal kräftig auf die Probe gestellt. Eine ganze Reihe unserer Freiwilligen arbeitet in offenen sozialpädagogischen Einrichtungen mit Kindern, deren familiärer Hintergrund prekär ist und deren Miteinander sich auch immer wieder sehr konfliktbeladen darstellt. Sich in diesen Einrichtungen mit Hingabe für die Kinder zu investieren, ist nicht immer leicht. Besonders dann, wenn die Freiwilligen sich dumme Sprüche und zum Teil sogar Beleidigungen anhören müssen.

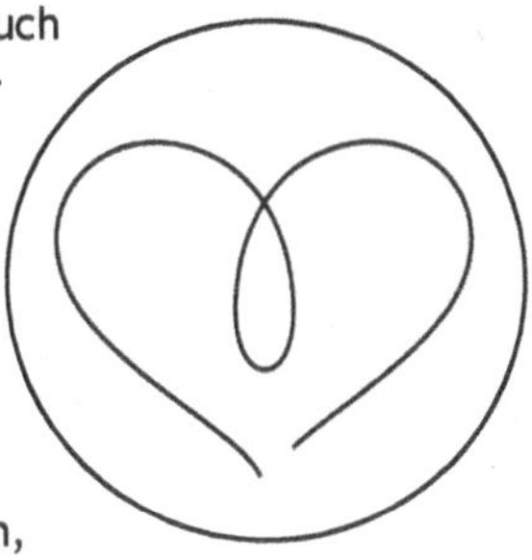

Die Jahreslosung fordert uns auf, alles in Liebe geschehen zu lassen. Ein hoher Anspruch, gerade wenn das Gegenüber einem nicht mit Liebe begegnet. Es wäre manchmal viel leichter, mit Sprüchen und Beleidigungen zu reagieren oder einfach den Freiwilligendienst zu beenden, wenn es zu viel wird. Das wäre sicherlich der einfachere Weg. Ich bin dankbar, dass die allermeisten unserer Freiwilligen diesen Weg nicht gehen, sondern versuchen, diesen Herausforderungen immer wieder in Liebe zu begegnen.

Besonders eindrücklich sind mir zwei Freiwillige in Erinnerung geblieben, die trotz der Elternzeit ihres einzigen Kollegen nicht die Einrichtung wechseln wollten, sondern auch in der Zeit, wo sie alleine in der Einrichtung waren, für die Kinder da sein wollten. Ein starkes Zeugnis, was dieser Vers in der konkreten Umsetzung bedeuten kann.
Diesen beiden spürte man die Liebe und Hingabe sehr deutlich ab. Sie zogen die sechs Wochen Elternzeit ohne ihren Kollegen, aber natürlich mit Begleitung im Hintergrund durch. Die Kinder haben es ihnen sehr gedankt. Sie merkten, dass diese zwei Freiwilligen echtes Interesse und echte Liebe für die Kids hatten. Ein Eindruck, der die Kinder noch lange, nachdem die Freiwilligen schon weg waren, beeindruckt hat.

Christian Petersen, Leiter der EC-Freiwilligendienste beim Deutschen EC-Verband, 34134 Kassel
Christian.petersen@ec.de

GEBETSANLIEGEN *Sonntag*

für Jugendevangelisation

HEUTE BETE ICH ...

... dass wir immer wieder gute Ideen haben und Projekte entwickeln, die Jugendliche in ihrer Lebenswelt mit der besten Botschaft der Welt erreichen.
... dass wir die Möglichkeiten haben, in Schulen und Vereinen zu den verschiedensten Veranstaltungen einladen zu können.
... für unsere Teens und Jugendlichen, dass sie ihre Freunde einladen zu den verschiedenen evangelistischen Angeboten.
... für unsere Referentinnen und Referenten, dass sie immer wieder von Gott motiviert und gestärkt werden, von ihm zu erzählen.

GEBETSANLIEGEN *Montag*

für die persönliche und geistliche Stärkung von Christen durch Schulung, Ausbildung und Weiterbildung

HEUTE BETE ICH ...

... für Menschen, die andere beraten oder seelsorgerlich begleiten.
... für unsere Seminarangebote aus dem Bereich Beratung & Begleitung: Mentoring Grund- und Aufbaukurse, Trainerseminar „Explore!", Persönlichkeitsentwicklung, Leiten in 4D.
... für Jugendarbeiten und Gemeinden, die eine Perspektiventwicklung (upgrade_EC oder Lernende Gemeinschaft) durchführen, um ihre Arbeit neu auszurichten und Menschen mit Jesus bekanntzumachen.
... für die Menschen, die unter den psychosozialen Folgen der Corona-Pandemie und unter den Spaltungen in Gesellschaft und Familien leiden.

GEBETSANLIEGEN *Dienstag*

für die Arbeit mit Kindern

HEUTE BETE ICH ...

... für die wöchentlichen Kinder- und Jungschargruppen, Kinderwochen, Freizeiten und Familiengottesdienste.
... für die Kinder und ihre Familien.
... für die Mitarbeitenden in Kinder- und Jungschargruppen.
... für die Kinder, die noch keinen Kontakt zu einer christlichen Gruppe haben.

GEBETSANLIEGEN *Mittwoch*

für die Pfadfinderarbeit

HEUTE BETE ICH ...

... für Bewahrung bei den Abenteueraktionen.
... für viele neue Kinder und Jugendliche, die Jesus noch nicht kennen.
... für reichlich Anmeldungen auf den Stufenschulungen für Nachwuchsleiter.
... für reichlich Anmeldungen für die Ü18-Schulungen.
... für ganz viel Spaß auf den Sommerlagern.

GEBETSANLIEGEN *Donnerstag*

für Junge Erwachsene

HEUTE BETE ICH ...

... dass Junge Erwachsene Heimat an neuen Orten finden können.
... dass Junge Erwachsene im Glauben wachsen und reifen können.
... dass Junge Erwachsene ihre Verantwortung für und in der Welt erkennen und leben können.
... dass Junge Erwachsene Wurzeln schlagen können, wenn sie es brauchen oder Freiheit leben, wenn sie es wollen.

GEBETSANLIEGEN *Freitag*

für weltweite Anliegen
Sozialmissionarische Arbeit

HEUTE BETE ICH ...

... für benachteiligte Menschen weltweit.
... für die drei Arbeitsbereiche der Sozial-Missionarischen Arbeit: Indien, Nepal und Litauen.
... für alle Botschafterinnen und Botschafter, die sich im EC für mehr Globale Nächstenliebe engagieren.
... für über 60 Jahre „Hoffnung schenken" im internationalen Bereich.

GEBETSANLIEGEN Samstag

für Teenager

HEUTE BETE ICH …

… dass Teenager zum Glauben kommen oder in ihrer Beziehung zu Jesus wachsen.

… dass wir junge Menschen finden, die bei uns in der EC-Zentrale oder bei Team-EC ihr FSJ machen wollen!

… dass Materialien und Bücher die Arbeit vor Ort unterstützen und genutzt werden.

… dass junge Menschen die Bibel wieder ganz neu entdecken!

… dass Team-EC viele Kinder erreicht und die Teamer von Jesus und ihrem Glauben erzählen können.

UND ICH BETE FÜR

BIBLISCHES BUCH

MARKUS

Nachdem Matthäus bereits ein Evangelium für jüdische Leser verfasst hatte, schrieb Markus als Erster eins für die Heiden. Was zunächst banal klingt, war eine enorme Aufgabe: Markus wollte seine römischen Leser zum Glauben an einen von Rom als Aufrührer Hingerichteten aufrufen.
Der Umstand, dass es sich dabei um den jüdischen Messias und bei seinen Lesern um in jüdischen Vorstellungen nicht besonders bewanderte Heiden handelte, hat die Sache kaum vereinfacht.

Offensichtlich orientierte sich Markus dabei an einem Schema, das sein großer Mentor Petrus schon bei der Predigt vor dem römischen Hauptmann Kornelius angewandt hatte (vgl. Apg 10,34-43). Er beginnt mit der Taufe Jesu, lässt also die Vorgeschichte ebenso weg wie den Stammbaum, der eigentlich nur für Juden interessant ist. Dadurch konzentriert sich das Evangelium von Anfang an auf die Taten Jesu, weniger auf seine Reden oder auf Querverweise zum Alten Testament.

Den Höhepunkt schließlich bilden das Kreuz und die Auferstehung Jesu. Wie Petrus verwendet auch Markus dabei den Titel „Messias, Christus" nur recht sparsam, denn der hätte in Rom u. U. nur die falschen Vorstellungen ausgelöst. Stattdessen schildert er einen Mann „gesalbt ... mit Heiligem Geist und Kraft" (Apg 10,38), einen Wundertäter, einen Menschen, der offensichtlich ein Geheimnis hat.
Die Leser des Evangeliums werden damit indirekt dazu aufgefordert, selbst eine Antwort auf die vielen Fragen zu finden: „Was ist das? Eine neue Lehre in Vollmacht! Er gebietet auch den unreinen Geistern und sie gehorchen ihm!" (1,27) – „Wie redet der so? Wer kann Sünden vergeben als Gott allein?" (2,7) – „Wer ist der? Auch Wind und Meer sind ihm gehorsam!" (4,41).

Dieser Zug wird noch dadurch unterstrichen, dass Markus in der Regel sehr viel detaillierter erzählt als Matthäus. Seine Geschichten sind lebendiger, die handeln-

KW 1 bearbeitet von Steffi Pfalzer,
Schriftleitung Lichtstrahlen, 34134 Kassel
E-Mail: steffi.pfalzer@bornverlag.de

MONATSSPRUCH JANUAR

JUNGER WEIN GEHÖRT IN NEUE SCHLÄUCHE.
Markus 2,22

den Personen wirken sehr viel menschlicher. Es geht nicht in erster Linie um die Lehre Jesu, sondern wie er Menschen begegnete, deren Leben sich dadurch grundlegend änderte. Der Herausragendste unter ihnen ist sicherlich der Apostel Petrus selbst, dessen Bekenntnis zu Jesus als dem Messias (vgl. 8,29) wie bei Matthäus auch den Wendepunkt des Evangeliums bildet. Aber gerade Petrus erscheint nicht als „Vorzeigechrist" oder „geistlicher Übervater", sondern eher als ein Mensch mit einigen Stärken, aber noch mehr Schwächen. Gerade das kann für die Leser eine Hilfe im eigenen Glaubensleben sein.
Denn aus Petrus ist noch etwas geworden – wenn auch ganz anders, als dieser es sich gewünscht hat, als er damals von Jesus von seinem Boot wegberufen wurde. Und keiner weiß das besser als Markus.

Dr. theol. Thomas Weißenborn
Stellvertretender Direktor Marburger Bildungs- und Studienzentrum, E-Mail: thomas.weissenborn@m-b-s.org

Die Jahreslosung 2024 – eine echte Herausforderung! Und nur mit Gottes Hilfe überhaupt möglich!
Steffi Pfalzer

WOCHENSPRUCH
Alles, was ihr tut mit Worten oder mit Werken, das tut alles im Namen des Herrn Jesus und dankt Gott, dem Vater, durch ihn.
Kolosser 3,17

1 MIT GOTTES GÜTE INS NEUE JAHR!

Neujahr | Montag

Lied: FJ5! Nr. 50

Psalm 89,1-19

Unser Psalm beginnt überaus positiv. Der Psalmbeter erinnert sich an Gottes Treue (vgl. V.2.3.6.9.15) und Güte. Er preist die Wunder Gottes und lobt ihn für seine Größe und Macht. Außerdem denkt er zurück an das, was Gott schon getan hat. Beeindruckend! – Im zweiten Teil des Psalms (es lohnt sich auf jeden Fall, den Psalm komplett zu lesen) wendet sich jedoch das Blatt. Ungefiltert haut der Psalmbeter seinen Frust gegenüber Gottes Handeln raus. Er benennt ganz offen und ehrlich sein Unverständnis und gibt die Fragen, die ihn bewegen, direkt an Gott weiter. Was mich beeindruckt: Auch wenn die vielen Fragezeichen zum Schluss des Psalms nicht aufgehoben werden, so steht doch am Ende nochmal ein (trotziges) Lob: „Gepriesen sei der HERR alle Zeit! Amen! Und nochmals: Amen!" Was für eine Fülle zu Beginn unseres neuen Jahres! Aber irgendwie passt das doch! Wir wissen nicht, was uns das neue Jahr bringen wird, aber sicher wird es beides sein: Grund zum Loben und um dankbar zurückzuschauen und Grund zum Klagen und Fragen – auch gegenüber Gott. Bei allem, was uns erwartet in den kommenden Tagen, Wochen und Monaten wünsche ich uns, dass am Ende dieses Jahres das Lob steht: „Gepriesen sei der HERR aller Zeit! Amen! Und nochmals: Amen!"

Das merke ich mir: ____________________

____

2 VERRÜCKTER TYP

Dienstag

Markus 1,1-8

Ein verrückter Typ! Er isst Heuschrecken und wilden Honig und ist bekleidet mit Kamelhaaren und einem Gürtel. In der Wüste läuft er herum und ruft die Menschen dazu auf, ihr Leben zu ändern und sich taufen zu lassen. – Hätte dich das beeindruckt? Hättest du dich taufen lassen von diesem Mann? Mit meinem Blick von heute auf diese Szene: ich wohl eher nicht ... Doch dieser seltsame Mann, Johannes, agiert nicht aus sich selbst heraus, sondern ist beauftragt von Gott und angetrieben vom Heiligen Geist. Er handelt in Vollmacht und predigt nicht sich selbst, sondern den, der nach ihm kommt: Jesus, Gottes Sohn, Retter meiner und deiner Welt! Das fasziniert mich. Da ist einer, der wirkt zwar etwas verrückt, ist aber im Grunde doch ganz klar – klar fokussiert auf Gott, in dessen Dienst er sich selbst und sein ganzes Leben stellt. – Und das ist das, was die Menschen anzieht und in Scharen kommen lässt. Nicht der vordergründige Blick auf diesen verrückten Mann, sondern die Gegenwart Gottes in ihm! – Was sehen die Menschen, wenn sie dich sehen? Einen angepassten Menschen, einen verrückten, einen wunderlichen? Oder sehen sie durch dich den, der dahinter steht: Gott selbst!? Es lohnt sich, über diese Frage einmal nachzudenken ...

Das merke ich mir: ____________________

____

VERRÜCKTER ANFANG

Markus 1,9-13 **3** Mittwoch

Das, was Johannes angekündigt hatte, wird wahr: Gottes Sohn, der Retter meiner und deiner Welt kommt! Bei Beerdigungen sagt man so schön: „Er/sie darf jetzt schauen, was er/sie geglaubt hat!" Bei Johannes müsste der Satz lauten: „Er darf jetzt schauen, was er so lange und intensiv angekündigt hat!" – WOW! Was muss das für ihn für ein Gefühl gewesen sein, als Jesus vor ihm stand und sich von ihm hat taufen lassen! Verrückt! Und dann passiert etwas noch viel Verrückteres: Der Himmel geht auf, Gott stellt sich zu seinem Sohn und alle Welt soll es hören! Und irgendwie hat man das Gefühl, an dieser Stelle einen direkten Blick ins Herz Gottes zu bekommen (V.11). Was für ein leidenschaftlich liebender Gott! Und indem er sich hier voll und ganz zu seinem Sohn stellt, stellt er sich auch voll und ganz zu uns Menschen. Schließlich sind wir der Grund dafür, dass Gottes Sohn den Himmel verlässt und ganz Mensch wird. Und dieses Menschsein wird (auch) für ihn nicht einfach. Göttlich gestärkt und mit dem Heiligen Geist ausgestattet, wartet direkt die erste Herausforderung auf ihn: die Versuchung durch Satan. Mich fasziniert dieser leidenschaftlich liebende Gott und ich bin froh, dass er seinen Sohn nicht im Himmel festgehalten hat – für mich!

Das merke ich mir: ______________________________

____

VERRÜCKTE VERHÄLTNISSE

Markus 1,14-20 **4** Donnerstag

Wahnsinn, wie viele Themen in den 7 Versen stecken: die Verhaftung des Johannes, der Beginn des Wirkens von Jesus und die Berufung der ersten Jünger. Was Markus hier in ein paar Sätzen zusammenfasst, enthält so viel Leben! Tragik und schreiende Ungerechtigkeit; Hoffnung und Grund zum Freuen; einschneidende Entscheidungen und daraus folgende Konsequenzen für verschiedene Menschen! Leben in seiner ganzen Bandbreite – und Jesus mittendrin! Bei welchem Thema bleibst du heute hängen? Welche Facetten kommen gerade in deinem Leben besonders zum Vorschein? Mein Fokus bleibt hängen bei den Männern, die alles stehen und liegen lassen und Jesus folgen. Sie lassen sich unterbrechen in ihrem Alltagsgeschäft. Sie treffen Entscheidungen neu und sind bereit, etwas aufzugeben. Sie verändern ihr Leben und muten auch ihren Familien die Konsequenzen zu. Das fasziniert mich! Und ich frage mich ernsthaft, wo Jesus eigentlich meinen Alltag noch unterbrechen darf und was ich bereit bin, zu verändern? Ich möchte mich heute neu anstecken lassen von der Bereitschaft der ersten Jünger, alles stehen und liegen zu lassen und Jesus zu folgen! Und du? Was nimmst du dir (heute) vor?

Das merke ich mir: ______________________________

____

5 VERRÜCKTE GESCHICHTE

Freitag

Markus 1,21-28

Jesus legt los! Und die Menschen merken: Das ist nicht irgendjemand, der da steht. Das ist auch nicht irgendwas, was der da sagt. Da steckt Vollmacht dahinter! Ja, mehr noch: Da steckt Gott persönlich dahinter!! – Und das erkennen auch die bösen Geister, die sich in dem Menschen niedergelassen haben. Sie erkennen in Jesus den „Heiligen Gottes" (V.24). Und sie haben schon beim Aufeinandertreffen mit Jesus die leise Ahnung, dass das nicht gut für sie ausgehen wird. Und tatsächlich: Jesus befiehlt ihnen, den Menschen in Ruhe zu lassen und die bösen Geister können nicht anders, sie müssen weichen. Das spricht sich rum und Jesus mit seiner neuen Lehre ist plötzlich in aller Munde. Doch die Frage ist jetzt: Was machen die Menschen mit dem, was sie da gehört und gesehen haben? Reden sie nur drüber und lassen sich erschrecken (V.28) oder hat das, was sie da hören und sehen, auch Auswirkungen auf ihren Alltag, auf ihr ganz persönliches Leben, auf ihre Gottesbeziehung? – Und wie ist das bei uns: Berühren uns die Worte von Jesus noch? Lassen wir uns ansprechen und verändern von dieser Botschaft? Oder reden wir nur ab und zu drüber und belassen die Worte Gottes aber ansonsten lieber an der Oberfläche?

Das merke ich mir: ______________________________

____

6 VERRÜCKT, AUCH JESUS BRAUCHT PAUSE!

Epiphanias | Samstag

Markus 1,29-39

Mit der Sabbatruhe wird es (erstmal) nichts. Im Hause Simons geht es für Jesus nicht ran an den gedeckten Tisch, sondern es steht schon wieder eine Heilung auf dem Programm. Und dabei bleibt es nicht, denn auch das spricht sich rum und viele Kranke und deren Angehörige erkennen in Jesus ihre Chance, wieder gesund zu werden. Interessant finde ich dabei, dass nicht alle, sondern lediglich „viele" Menschen gesund werden. Es scheint also auch Menschen gegeben zu haben, die nicht zum Zuge kamen, die krank geblieben sind. Jesus heilt und ist da für die Menschen, aber als Mensch eben nicht über seine Kräfte hinaus. Auch er braucht Pausen, um seinen Akku wieder aufzuladen. Das tut er aber nicht, indem er sich in die Hängematte legt und ein Schläfchen hält, sondern indem er den innigen, persönlichen und direkten Kontakt mit seinem Vater sucht. Das ist seine Kraftquelle. Mich beeindruckt es, dass Jesus als Mensch seine Grenzen kennt und diese nicht überstrapaziert. Und dass er weiß, wo er wieder auftanken kann, wo er wirklich zur Ruhe kommen kann: in der Gegenwart Gottes! – Wie ist das bei dir? Weißt du, wo du nachladen kannst? Hab den Mut, deine Grenzen nicht zu überschreiten und rechtzeitig in Gottes Gegenwart eine Pause einzulegen!

Das merke ich mir: ______________________________

____

KW 2 bearbeitet von Studierenden
der Ev. Hochschule Tabor mit
Prof. Dr. Frank Lüdke, 35039 Marburg
E-Mail: frank.luedke@eh-tabor.de

GOTT IST TREU – AUF JEDEN FALL!

Psalm 89,20-53

In den Versen 20-38 geht es heute um die Bundestreue Gottes mit David und seinen Nachkommen als Könige von Israel. Gott ist ein Gott, der mit seinem Volk und so auch mit dir eine persönliche Beziehung haben möchte. Er sucht Menschen, die auf sein Wort hören, um seine Gedanken auf der Erde auszusprechen und umzusetzen.

Dabei findet Gott unter anderem David, der auch „Mann nach dem Herzen Gottes" (Apg 13,22) genannt wird. Wer Gott glaubt und sich von ihm in seine Berufung stellen lässt, wird erleben, dass Gott treu ist und Segen schenkt. Wenn Gott ein Leben verändert und ein Mensch von ganzem Herzen auf ihn vertraut, verheißt er Stärkung und Siege (V.21-25).

Auch wenn es in den Versen 39-53 so scheint, als ob Gott das Königshaus Davids teilweise bestrafen musste, hat Gott seine Zusage trotzdem erfüllt! Denn der ewige Thronfolger Davids ist Jesus Christus selbst (V.30). Auch wenn du manchmal denkst, Gott wäre nicht treu oder nicht mehr da, so darfst du gewiss sein, dass Gott seinen Plan mit dir fortführt und dich nicht verlässt. Halte deine Treue zu ihm und richte dich nach seinem Wort, so wird er dich segnen und so wirst auch du in deinen alltäglichen Kämpfen Siege erleben.

(miriam.koehlinger@ev-hochschule-tabor.de)

Das merke ich mir: ______________________

____

____

WOCHENSPRUCH

Welche der Geist Gottes treibt,
die sind Gottes Kinder.
Römer 8,14

7 Sonntag

Lied: FJ5! Nr. 218

Jesus möchte uns nicht zu Rechthabern machen, sondern zu Liebhabern!

Frank Lüdke

8 Montag

DR. MED. JESUS CHRISTUS?

Markus 1,40-45

Jesus, der Superstar seiner Zeit und der beste Arzt, den es jemals gab. War es das, was er wirklich wollte? Der Aussätzige erkennt in Jesus mehr, er benutzt ihn nicht als Wunschautomat mit Erfüllungsgarantie, sondern er sieht in ihm den Retter und seine Heiligkeit. Er kniet vor ihm nieder, um ihm den Respekt zu geben, der ihm gebührt. Er bezeugt, dass er Jesus für allmächtig hält. Denn Aussatz zu heilen, galt als Wunder, welches nur der Messias vollbringen kann. Mit diesem Wunder möchte Jesus auf keinen Fall seinen Superstar-Status erhöhen, sondern er möchte den Menschen zeigen, dass er der verheißene Retter ist. Deshalb soll der Geheilte auch einfach nur die Vorschriften erfüllen, die im mosaischen Gesetz stehen. Damit verkündigt der Geheilte gerade auch den Priestern, wer Jesus ist. Nach solch einem Erlebnis ist es nur zu verständlich, dass man allen Leuten davon erzählen muss. Jesus ist und bleibt der beste Arzt und er ist nach wie vor in der Lage, jede Art von Krankheit zu heilen und auch heute können wir manches Wunder erleben. Aber vielleicht möchte Jesus noch viel mehr, dass wir ihn als unseren persönlichen Retter erkennen!
(raphael.schulz@ev-hochschule-tabor.de)

Das merke ich mir: ______________________________

____

9 Dienstag

LOS IN DEINE FREIHEIT!

Markus 2,1-12

Gelähmt sein, nicht auf eigenen Füßen stehen können, auf Hilfe angewiesen sein? Da denken wir vielleicht eher an die körperliche Lähmung, doch sollten wir auch bedenken, dass wir seelisch, geistlich, gedanken- und gefühlsmäßig gelähmt sein können. Nicht mehr beten zu können, den Zugang zu Jesus nicht mehr zu finden, sich antriebslos und leer zu fühlen. Falls du das kennst, habe ich eine gute Nachricht für dich: Jesus will dir da raushelfen! Jesus kann und möchte dich heilen, aber dafür musst du bereit sein, an ihn zu glauben. Wie der gelähmte Mann, als er vom Dach heruntergelassen wurde, wobei er sogar durch den Glauben seiner Freunde innerlich von der Lähmung befreit wurde. Durch ihren Hilferuf sah Jesus ihren Glauben und sprach zu ihm: „Mein Kind, deine Sünden sind dir vergeben!" Was für eine Befreiung! Durch Jesus wurden seine Schuldketten, die ihn gelähmt hatten, gesprengt, und er konnte wieder durchatmen, sogar wieder lostanzen. Und genauso wie dieser Tänzer mit seinen Freunden musst du nicht allein vor Jesus treten. Lass deine Probleme nicht im Verborgenen, such dir Hilfe, Menschen, die mit dir vor Jesus treten und starte neu los in deine Freiheit! (christel.gebel@ev-hochschule-tabor.de)

Das merke ich mir: ______________________________

____

KOMM, FEIER MIT!

Markus 2,13-17

10 Mittwoch

Manchmal ist es gar nicht so einfach, in eine fromme Gemeinschaft reinzufinden. Für Zöllner war es damals besonders schwer, denn sie waren dadurch reich geworden, dass sie mit den gottlosen Römern zusammenarbeiteten und armen Leuten rücksichtslos das Geld aus der Tasche zogen. Kein frommer Mensch wollte etwas mit diesen Abzockern zu tun haben – außer Jesus! Denn Jesus sieht hinter jeder Sünde die eigentliche Sehnsucht und deshalb lädt er Levi dazu ein, mit ihm mitzugehen und seine tiefste Lebens-Sehnsucht bei ihm gestillt zu bekommen! Und tatsächlich: Levi entscheidet sich für Jesus und feiert gleich mit ihm eine große Party mit seinen alten Freunden, die mit Gott bisher nichts am Hut hatten. Die Superfrommen sind irritiert, aber so ist Jesus! Er ist nicht für die gekommen, die überzeugt sind, dass sie alles richtig machen, sondern er will am liebsten mit denen zusammen sein, die Dreck am Stecken und Sehnsucht nach Leben haben. Keiner ist zu schlecht für ihn, auch du nicht! Komm, setz dich heute mit an den Tisch bei Jesus und feier das Leben mit ihm! Er verbringt so gerne Zeit mit dir, hört dir zu, versteht deine Bedürfnisse und heilt deine Wunden. Gerade für dich ist Jesus gekommen! (franziska.matthies@ev-hochschule-tabor.de)

Das merke ich mir: ______________________________

____

LOSLASSEN? GOTT MACHEN LASSEN!

Markus 2,18-22

11 Donnerstag

Jesus bezeichnet sich selbst als Bräutigam, der mit seiner Braut (= der Gemeinde) feiern will. Feiern, warum eigentlich? Weil die Beziehung zu ihm das Leben zu einem Fest macht! Aber muss man nicht im Leben mit Jesus auf manches verzichten oder sogar fasten? Fasten heißt: Gott bewusst etwas abzugeben, aber gleichzeitig noch viel mehr von ihm zu erhalten. Hä? Die Formel geht doch nicht auf! Doch, genau das tut sie bei Jesus. Er hat sich selbst für uns Menschen aufgegeben und dadurch die Welt erlöst. Wenn ich auf etwas verzichte und stattdessen Gott lobe, merke ich, wie abhängig ich mich von den alten Schläuchen gemacht habe. Im Worship singe ich: „Ich gebe dir mein ganzes Leben“, aber meine ich das auch wirklich so? Gebe ich Jesus auch meine schlechten Angewohnheiten, Süchte oder meine Scham (= die alten Schläuche)? Ich weiß, dass das eine ungemütliche Frage ist. Aber was passiert, wenn ich mich der Frage stelle und diese Dinge im Gebet Jesus hinhalte? Ich sage es dir: Gott liebt dich noch immer genauso, will mit dir das Leben feiern und alles neu machen. Darum will ich dich ermutigen, zu Gott umzukehren, mit dem Fokus auf Jesus. Denn im Loslassen und im Gott-machen-lassen liegt die Freude! (amelie.faelker@ev-hochschule-tabor.de)

Das merke ich mir: ______________________________

____

Freitag 12

ZWECKENTFREMDET!

Markus 2,23-28

Wann hast du das letzte Mal eine Zeitung in der Hand gehabt? Viele Leute benutzen Zeitungen gar nicht mehr zum Lesen, sondern eher als Abdeckung zum Streichen oder als Unterlage für den Biomüll. Ähnlich war es mit dem Sabbat bei den Pharisäern. Jesus war mit seinen Jüngern am Sabbat unterwegs, und als die Jünger ein paar Ähren ausrissen, um Körner zu knabbern, sagte er nichts. Die Pharisäer hingegen störten sich daran. Für sie war es wichtiger, ein Gesetz einzuhalten, als den ursprünglichen Sinn des Sabbats zu beachten. Jesus erinnert sie daran, wofür der Sabbat wirklich gedacht ist: nicht zum Fehlersuchen, sondern schlichtweg, um dem Menschen etwas Gutes zu tun. Nach sechs Arbeitstagen sollte der Mensch mal einen Tag Ruhe und Zeit für das Wesentliche haben. Die Pharisäer hatten diesen eigentlichen Sinn aus den Augen verloren. Gibt es bei dir auch fromme Dinge, die du zweckentfremdest, und die dich somit eher weg von Gott bringen? Wann hast du das letzte Mal einen Tag Ruhe geabt? Denk mal drüber nach. Jesus möchte auch dich mit dem nächsten Ruhetag beschenken, damit du mal wieder richtig Zeit für ihn und andere Menschen hast! (sarah.wagner@ev-hochschule-tabor.de)

Das merke ich mir: ____________________

____

Samstag 13

FIRST THINGS FIRST!

Markus 3,1-6

„Das macht man nicht!" Diesen Satz kennst du sicher! Die Pharisäer dachten oft so. Ihnen war es besonders wichtig, alle Regeln aus der Bibel haargenau einzuhalten. Denn aus der Geschichte Israels hatten sie gelernt, dass es den Gläubigen vor allem dann gut ging, wenn sie sich an Gottes gute Weisungen hielten. Aus dieser sehr guten Idee wurde leider mit der Zeit das starre Einhalten von Vorschriften. Dabei verpassten sie aber, worum es eigentlich ging. Der Sabbat als Ruhetag sollte doch zum Gottesdienst und Segen dienen und nicht gute Dinge verbieten. Jesus wird sogar richtig sauer und traurig, dass der kranke Mann übersehen wird. Markus zeigt uns hier, was Jesus wirklich wichtig ist: die Art, wie wir miteinander umgehen. Wenn wir Mitgefühl mit unseren Mitmenschen und ihren Sorgen haben und uns umeinander kümmern, handeln wir viel mehr nach Gottes Idee, die er mit seinen Geboten hatte, als wenn wir nur versuchen, Regeln peinlich genau einzuhalten. So ein Pharisäer steckt in mir leider auch oft. Ihm sind Regeln wichtiger als Nächstenliebe. Wie schön ist es, dass Jesus heute auch unsere lahmen Hände und Herzen heilen kann. Für ihn stehst du im Mittelpunkt (V.3)! (david.deutscher@ev-hochschule-tabor.de)

Das merke ich mir: ____________________

____

1. UND 2. TIMOTHEUS

Worte eines guten Freundes vergisst man nicht so schnell. Paulus und Timotheus hatten viel gemeinsam erlebt. Vermutlich war Timotheus durch Paulus zum Glauben an Jesus Christus gekommen (Paulus nennt ihn „seinen Sohn" – 1. Tim 1,2; Apg 16,1-8). Bereits auf der zweiten Missionsreise nimmt ihn Paulus mit als einen bewährten Mitarbeiter. Es dauerte nicht lange, bis Paulus ihn mit besonderen Aufgaben und Aufträgen einsetzen kann.

Die Abfassungszeit der beiden Briefe könnte in den Jahren 60-65 n.Chr. liegen. Der 2. Timotheusbrief ist der letzte Paulusbrief aus der Gefangenschaft in Rom. Vor allem im 1. Timotheusbrief lehrt Paulus seinen Mitarbeiter darin, „wie man sich im Hause Gottes, der Gemeinde verhalten soll". Besonders gegenüber Irr- und Sonderlehren, aber auch im Blick auf die verschiedenen Ämter und Aufgaben in der Gemeinde. Deshalb werden die beiden Timotheusbriefe zusammen mit dem Titusbrief auch „Pastoralbriefe" genannt. Wie können Leiter gute Hirten (Pastoren) der Gemeinde sein? Wie kann Leitungsdienst verantwortlich und im Sinne Jesu geschehen? Das bringt Paulus in seelsorgerlicher Weise, sehr persönlich, seinem Mitarbeiter Timotheus nahe.

Auch wenn es weitgehend um sehr praktische Fragen geht, kommt Paulus immer wieder auf die Grundaussagen des Glaubens zurück. Jesus ist einzigartig, außer ihm gibt es keinen Mittler zwischen Gott und den Menschen. Selbst nah bei Jesus bleiben und den Menschen Jesus nahe bringen, das ist die Aufgabe eines Verkündigers des Evangeliums. Vor allem der 2. Brief ist wie ein Vermächtnis eines Vaters an seinen Sohn.

Es lohnt sich, einmal alle Imperative zu unterstreichen. Paulus erinnert Timotheus an die Grundlagen seines Glaubens. Nicht seine Leistung ist entscheidend, sondern sein Sein. Aus den Werten des Glaubens und aus der Kraft, Liebe und Besonnenheit des Heiligen Geistes zu leben, lässt Resignation und Entmutigung überwinden und gibt dem Dienst eine Zuversicht und Wirkung. Daran soll sich Timotheus erinnern und festhalten, auch wenn von vielen Seiten Anfechtungen erfolgen.
Wer auf Jesus und sein Wort baut, kann leichter Kurs halten in einer Zeit, die sich immer mehr von biblischen Wahrheiten entfernt.

Friedhelm Geiß, Theologischer Leiter der Stiftung
Diakonissen-Mutterhaus St. Chrischona, 79594 Inzlingen
E-Mail: f.geiss@online.de

BIBLISCHES BUCH

TITUS

Der Titusbrief ist an einen Mitarbeiter geschrieben, der in Kreta die kirchlichen Verhältnisse ordnen soll. Die Insel scheint ein schwieriges Missionsfeld gewesen zu sein. Paulus sagt: „Die Kreter sind immer Lügner, böse Tiere und faule Bäuche" (2. Tim 1,12), wobei er einen kretischen „Propheten" zitiert. Dies war wohl ein geflügelter Ausspruch. „Leben wie ein Kreter", war ein Ausdruck für einen lockeren Umgang mit der Wahrheit.

Entsprechend sehen die Weisungen an Titus aus. Um es positiv auszudrücken: Bei den auf Kreta bekehrten Menschen scheint in Bezug auf die Moral ein enormes Wachstumspotenzial vorhanden gewesen zu sein. Umso mehr fällt auf, wie Paulus sich um diese Leute kümmert. Titus soll darum bemüht sein, dass „sie gesund werden im Glauben" (1,13), also wie ein Arzt auftreten, der manchmal unangenehme Dinge verschreibt. „Dich selbst aber mache zum Vorbild guter Werke, mit unverfälschter Lehre, mit Ehrbarkeit, mit heilsamem und untadeligem Wort" (2,7 f.).

Wichtig ist dabei, dass Titus deutlich macht, dass er nicht aus eigener Kraft so handelt. Die christliche Gemeinde ist also nicht Treffpunkt „guter Menschen", sondern ein Ort, wo aus „schlechten" „gute" Menschen werden. Das geschieht nicht durch die eigene Kraft, sondern durch Gottes Gnade. Das sollte bei allen moralischen Appellen (die sich auch in dem Brief finden) nicht vergessen werden, sonst wird das Bild schief.

Dr. Thomas Weißenborn, Stellvertretender Direktor
Marburger Bildungs- und Studienzentrum, Marburg
E-Mail: thomas.weissenborn@m-b-s.org

KW 3 bearbeitet von Daniel Hoffmann,
EC-Landesjugendreferent, 34626 Neukirchen
E-Mail: daniel.hoffmann@echn.de

Lied: FJ5! Nr. 167

WOCHENSPRUCH
Das Gesetz ist durch Mose gegeben; die Gnade und Wahrheit ist durch Jesus Christus geworden.
Johannes 1,17

ANGEBEREI MIT GOTT? JA, BITTE!

Psalm 148

„Mein Papa macht alles ganz!" oder „Meine Mama kann alles!", so schwärmen Kinder oft von ihren Eltern. Manchmal geben Kinder mit ihren Eltern regelrecht an. Für Kinder sind die Eltern ihre Helden des Alltags, da ihnen alles (scheinbar) gelingt. Das ist für Kinder ihre Lebensrealität – und das ist gut so! Natürlich gestaltet sich das Leben aus Erwachsenen-Sicht komplizierter und die Realität sieht in Wirklichkeit anders aus. Aber vielleicht erinnerst du dich noch an diese Zeit zurück, als dein Papa oder deine Mama immer eine Lösung für deine Probleme hatte und am Ende deine Welt wieder in Ordnung war. Angeben, schwärmen, vor Freude strahlen, feiern, loben, sich jemandes rühmen – all das sind mögliche Übersetzungen für das hebräische Wort „halel". Wir kennen das von dem Wort „Halleluja" – Lobt den Herrn! Mehr „Halel" in einem Psalm geht kaum. Es ist ein richtiges Feuerwerk. Nicht nur die Menschen werden aufgefordert, Gott zu loben, sondern auch Tiere, Pflanzen, Planeten, das Sichtbare und Unsichtbare, sogar das Wetter. Aber mal ehrlich: Wer so einen Gott kennt, der so große Dinge erschafft, mich wie ein Vater liebt und alles in Bewegung setzt, dass wir zusammen sind, der kann doch nur mit diesem Gott angeben und von ihm schwärmen!

Das merke ich mir: ____________________

____

____

In Liebe zu handeln, ohne dass ich dabei erwarte oder gar verlange, etwas zurückzubekommen, ist herausfordernd. Es wäre systemverändernd!
Daniel Hoffmann

Montag 15

MIT RÜCKHALT ZUM ZIEL

1. Timotheus 1,1-11

Menschen in Leitungspositionen brauchen Menschen in ihrem Umfeld, die sie unterstützen, ermutigen, korrigieren und auf neue Gedanken bringen. Leitende ohne Menschen, die das Recht und den Auftrag haben, in ihr Leben zu schauen und sie zu korrigieren, werden einsam und können schnell das Ziel und ihren Auftrag aus dem Blick verlieren. Paulus ist für Timotheus solch ein Mensch, der ihn begleitet, ermutigt und korrigiert. Paulus ist Timotheus' Mentor, Freund und Bruder, der ihm hilft, die Zusammenhänge zu sehen und auf dem Weg zu bleiben. Denn Timotheus' Auftrag in Ephesus ist herausfordernd: Er hat die unbequeme Aufgabe, Menschen an die Wahrheit zu erinnern und gegen die Mehrheitsmeinung aufzustehen. In Ephesus nämlich fingen die Menschen an, die eigentliche Botschaft von Gottes Heilsweg, wie er in den Schriften (= das Alte Testament) zu lesen ist, zu erweitern. Leitende gaben vor, dass man den Kern der Botschaft erst durch Erkennen und Vollbringen von Geheimnissen und Regelwerken verstehen könne. Diese Auffassung galt allgemein als sehr attraktiv. Keine leichte Aufgabe also für Timotheus. Aber er weiß sich unterstützt von Paulus. Hast du jemanden, der dir hilft, auch herausfordernde Zeiten durchzustehen?

Das merke ich mir: ____________________

____

Dienstag 16

MIT GUTEN WORTEN MUTIG VORAN

1. Timotheus 1,12-20

Bestimmte Lebenssätze oder auch besondere Worte können durchs ganze Leben begleiten – positiv und auch negativ. Manche lernt man als Kind zu verinnerlichen. Sie können aufbauen und Kraft geben oder auch kaputt machen. Es ist also gut, sich diese Lebenssätze bewusst zu machen und zu verstehen, was einen bisher (unbewusst) durch das Leben begleitet hat. Denn Worte haben Macht. Umso wichtiger ist es, gute Worte über einen Menschen auszusprechen und ihn mit guten Botschaften durchs Leben zu tragen. An solche Worte erinnert Paulus, damit Timotheus neue Kraft hat für seinen Dienst (V.18). Und Paulus zeigt ihm, wie kraftvoll solche guten Worte sein können, am Beispiel seines eigenen Lebens. Jesu Worte über ihn haben sein Leben gänzlich gedreht und verändert und die alten Lebenssätze entmachtet, die ihn zerstörerisch handeln ließen (V.12-14). Welche Prophetenworte Timotheus in seinen Dienst berufen haben, wird nicht erwähnt, aber sie sind der Ausgangspunkt für sein Handeln und sein Amt. Diese Worte sollen ihn neu daran erinnern und Kraft geben für die Arbeit, die er zu tun hat. Hast du solche Worte von Menschen, von Gott oder aus der Bibel, die dein Fundament im Leben und Handeln sind?

Das merke ich mir: ____________________

____

BETEN FÜR „DIE DA OBEN"

1.Timotheus 2,1-7

Mittwoch 17

Heute schon auf „die da oben" geschimpft? Weil „die da oben" nicht die Bedürfnisse der Menschen im Blick haben? Verständlich, wenn Parlamentsdebatten oder Interviews mit Politikern den Eindruck vermitteln, dass man in zwei Welten lebt. Nicht immer versteht man die Entscheidungen und Verlautbarungen der Regierung. Und nicht immer fühlt man sich gut vertreten. Wie gut, dass wir heutzutage in einer Demokratie leben, die voraussetzt, dass man sich mit seinen Belangen einbringt und politisch engagiert. Möglichkeiten dafür gibt es viele. Und als Christen haben wir auch viele Gründe dafür. Der Souverän sind ja nicht „die da oben", sondern das sind wir alle. Statt also auf „die da oben" zu schimpfen, erinnert Paulus an eine viel wichtigere Tat: dankbar sein, beten und fürbitten für die Menschen in Regierungsverantwortung (V.1f.). Die Menschen früher hatten mehr Gründe, auf die römischen Könige und Kaiser zu schimpfen, als wir heute auf die deutsche Regierung. Dennoch sollen Christen für die Obrigkeit beten, dankbar sein und für sie vor Gott eintreten, damals wie heute. Denn auch solche Menschen sollen die Wahrheit in Jesus Christus erfahren. Kennst du deine Abgeordnete? Weißt du, wo du für sie beten kannst? Frag nach und bete für sie.

Das merke ich mir: ____

____

NICHT EINFACH NACHMACHEN!

1. Timotheus 2,8-15

Donnerstag 18

Dieser Textabschnitt wird ohne Kontext und Hintergründe missverstanden und missgedeutet. Paulus schreibt Timotheus mit Blick auf eine konkrete gesellschaftliche Situation und hilft ihm, die Gefahr für die christliche Gemeinde besser zu verstehen. In der damaligen Zeit waren gnostische Glaubensvereine sehr populär. Sie betonten die Errettung durch Erkenntnis, mystische Riten, Verstehen von Geheimnissen oder Rettung durch Vorhersehung. Sie vermischten jüdische wie griechische, römische und ägyptische Religionslehren. Auch die junge christliche Gemeinde wurde von diesen Frömmigkeitsströmungen nicht verschont – schnell wurde Jesus zu einer überirdischen Lichtgestalt verklärt und Geschöpflichkeit entgegen der biblischen Lehre abgelehnt. In diesen Glaubensvereinen hatten Frauen eine besondere Rolle inne – sie wurden zu „Überwesen" gemacht, die ihre körperliche wie soziale Rolle überwinden sollten. Dem steht die biblische Lehre von der Bejahung der Geschöpflichkeit, der Körperlichkeit und der sozialen gleichwertigen Zuordnung gegenüber, die von Gott gewollt und positiv beschrieben wird. Der Textabschnitt ist nicht Handlungsanweisung für Gemeindeleben heute, sondern eine Korrektur einer falschen Lehre zur Zeit des Paulus.

Das merke ich mir: ____

____

Freitag 19

ERFAHRUNG HILFT

1. Timotheus 3,1-13

Erfahrung zahlt sich aus. Das ist nicht nur im Handwerk oder im beruflichen Kontext richtig, sondern auch im Gemeinde- und Glaubensleben. Natürlich sind Neulinge anders motiviert und begeisternd bei der Sache. Auch haben Junge bzw. Neue einen ganz anderen Blick und ganz frische Ideen und helfen den „Alten“ bzw. den Erfahrenen über die Betriebsblindheit hinwegzukommen. Es ist gut, wenn sich sowohl die Neuen als auch die Alten unterstützend ergänzen. Für bestimmte Aufgaben allerdings setzt Paulus einen anderen Akzent. Das Bischofsamt war damals eine Leitungsaufgabe. Der Bischof war in der Gemeinde für die richtige Lehre und Unterweisung zuständig. Er vertrat sie aber auch als Ganzes nach außen und repräsentierte sie. Dazu brauchte es Erfahrung im Leben und Glauben und die Gelassenheit und Nüchternheit in brisanten Situationen. Besonders wichtig ist es Paulus, dass eine solche ehrenvolle Aufgabe einem nicht zu Kopf steigt und man sich nicht für jemand Besseres hält. In der Gefahr stehen besonders die Neulinge, die die Tragweite einer solchen Aufgabe noch nicht sehen und sich von Meinungen anderer schneller abhängig machen. Wie ist das bei dir? Bist du bereit, für eine bestimmte Aufgabe noch abzuwarten und Erfahrungen zu sammeln?

Das merke ich mir: ______________________________

____

Samstag 20

KURZ UND BÜNDIG

1. Timotheus 3,14-16

Manchmal braucht es kurze Merksätze, die das Wichtigste zusammenfassen und in jeder Situation abgerufen werden können. Paulus gibt Timotheus einen solchen Glaubensmerksatz mit, um die Zeit, bis er wieder bei ihm ist, zu überbrücken und das Wichtigste nicht zu vergessen. Es ist ein sechsstrophiges Bekenntnislied, das alles aussagt, was den christlichen Glauben an Jesus ausmacht: Menschwerdung Gottes, Auferstehung, Jesus ist Herr über das Sichtbare und Unsichtbare, alle Völker sollen die frohe Botschaft hören, Glauben im Alltag, Rückkehr in die Ewigkeit. In allem ist Gottes Handeln sichtbar und Christus zu finden, was Paulus als Geheimnis des Glaubens beschreibt (V.16). Kurz und bündig und schnell zu merken. Vielleicht brauchte Timotheus eine solche Erinnerung für die Zwischenzeit, bis er wieder persönlich mit Paulus reden konnte. Besonders in herausfordernden Momenten konnte Timotheus sich dadurch ermutigen lassen. Es gibt noch mehr solche kurzen Merksätze über den Glauben in der Bibel.
Auch sind die vier EC-Grundsätze und das EC-Versprechen solche Merksätze, die das Wesentliche im Glauben zusammenfassen. Hast du auch einen solchen Merksatz?

Das merke ich mir: ______________________________

____

KW 4 bearbeitet von Thomas Hölzemann,
Klinikseelsorger, 15569 Woltersdorf
E-Mail: thomas.hoelzemann@sana.de

WOCHENSPRUCH
Es werden kommen von Osten und von Westen, von Norden und von Süden, die zu Tisch sitzen werden im Reich Gottes.
Lukas 13,29

Sonntag 21

Lied: FJ5! Nr. 205

GOTTES HILFE SPÜREN
Psalm 86

Der Psalmbeter zweifelt nicht an Gott, aber er spürt dessen gütiges und stärkendes Handeln im Moment nicht. Er fühlt sich allein inmitten von Menschen, die gegen ihn sind. Gut möglich, dass er sogar aufgrund seines Gottesglaubens angefeindet wird. Seine große Bitte formuliert er am Ende des Gebets: „Zeig mir, dass du es gut mit mir meinst" (V.17). Er bittet Gott um spürbares Handeln. Er selbst und auch seine Gegner sollen es merken: Gottes Macht und Gottes Güte sind nicht leere Hoffnungen. Gott greift spürbar ein im Leben. Allein, dass es diesen Ort der Zuflucht gibt, das Gebet, ist wertvoll. Ich kann mit Gott reden. Das gibt mir spürbar Kraft (V.1-7). Dass Gott weiter denkt und handelt als in meiner engen menschlichen Vorstellungswelt, ist ein weiterer Aspekt, der tröstet. Spürbare Hoffnung wächst daraus hervor (V.8-13). Kraft und Freiheit zum Handeln ergeben sich aus dem Vertrauen in Gott. Das wird auch sichtbar und spürbar im Leben des Beters (V.14-16). Zeichen des Glaubens geschehen nicht immer äußerlich. Ganz oft erfahre ich Gottes spürbares Handeln vor allem in mir. Ich bete: Gott, hilf mir, dass ich im Glauben spürbar Kraft und Zuversicht finde und damit mein Leben sichtbar gestalte.

Das merke ich mir: ______________________

____

____

Alles! Lachen in Liebe, wie auch weinen. In Liebe leben, in Liebe sterben. In Liebe streiten, wie versöhnen. Das alles und noch vieles mehr in seiner Liebe.

Thomas Hölzemann

Montag 22

Allein durch Christus!

1. Timotheus 4,1-11

Paulus wird in seinem Brief wieder persönlicher. Er gibt konkrete Hinweise an Timotheus, wie der als Gemeindeleiter mit einigen Herausforderungen umgehen soll. Zunächst geht es um Irrlehrer. Es gab eine Gruppe innerhalb der Gemeinde, die für sich beanspruchte, besondere geistliche Erkenntnisse zu haben. Als Christ müsse man dies ... als Christ dürfe man jenes nicht ... Konkret lehnten sie die Ehe und bestimmte Nahrungsmittel ab. So verbessere man seinen Glauben. Dies verneint Paulus. Er rät Timotheus nun, wie er sich als Gemeindeverantwortlicher in dieser Situation verhalten soll. Er ermutigt ihn, sich auf den Kern des Glaubens zu verlassen. Prägnant und klar formuliert Paulus: Der Glaube hofft allein auf Gott und die Rettung durch Jesus Christus (V.19). Mitten in der Gemeinde beanspruchen Menschen für sich, dass sie etwas besser, genauer und wirklicher erkannt haben als andere. Das kenne ich auch. Natürlich darf und muss man über Lebens- und Glaubensfragen diskutieren. Und natürlich gibt es unterschiedliche Arten von Frömmigkeit. Das bereichert uns. Doch bei allen Diskursen zu Glaubensfragen brauche ich immer wieder die klare Erinnerung: Ich bin gerettet durch Christus. Allein durch ihn! Das nehme ich mir heute mit.

Das merke ich mir: ______________________________

____

Dienstag 23

Im Austausch bleiben

1. Timotheus 4,12 – 5,2

Timotheus wurde durch Paulus in Ephesus eingesetzt, um dort als Gemeindeleiter zu wirken (1. Tim 1,3). Die Leitung lag bis dahin bei den „Gemeindeältesten", meist Männer, die älter, lebenserfahrener und der Gemeinde vertrauter waren. Es wundert nicht, dass auch Meinungsverschiedenheiten aufkommen. Was gilt und was nicht? Wer hat das Sagen? Das sind ganz normale und nicht unwichtige Fragen der Zusammenarbeit. Wieder gibt Paulus ganz persönliche Ratschläge: Bleib offen und aufrichtig. Achte darauf, dass Handeln und Reden übereinstimmen. Zeige immer, dass du von Liebe und Vertrauen bestimmt bist. Bleibe deiner Aufgabe treu. Gott hat Timotheus für ein Leitungsamt begabt (V.14). Paulus hat ihn berufen (2. Tim 1,6). Die Gemeindeältesten haben ihr Ja dazu gefunden. Das bestätigt ihn. Das schafft gegenseitige Anerkennung und Respekt, auch bei Unterschieden. Das Miteinander der Generationen ist wertvoll. Gerade ältere, erfahrene Christen haben etwas mitzugeben. Auch jüngere Christen haben durchaus etwas zu sagen. Ganz bewusst können wir den Austausch miteinander suchen und pflegen. Fällt mir jemand aus einer anderen Generation ein, mit dem ich mich ganz bewusst für einen regelmäßigen Austausch treffen kann?

Das merke ich mir: ______________________________

____

JEDER WIRD GEBRAUCHT

1. Timotheus 5,3-16

Mittwoch **24**

Die christlichen Gemeinden entwickelten besondere Hilfssysteme. Fürsorge für Arme, Schwache und Kranke war von Anfang an wichtig. So gab es in der frühen Gemeinde eine besondere Unterstützung für Witwen, sogar einen offiziellen Status: den „Witwenstand". Hierzu wurden betroffene Frauen offiziell berufen. Die Anforderungen sind genau beschrieben, wie auch die Zuwendungen durch die Gemeinde. Manches davon ist zeitbedingt und liest sich pauschal und einseitig (z. B. das Urteil über jüngere Witwen, V.11-13). Es lässt sich nicht verallgemeinern und auf heute übertragen. Dennoch zeichnet sich die ganz grundsätzliche Idee ab, die bis heute wertvoll für unsere Gemeinden ist: Gegenseitige Fürsorge und Unterstützung gehören selbstverständlich dazu. Dabei ist nicht nur die Gemeinde gefragt, sondern in den Familien selbst wird füreinander gesorgt. Wichtig: Es ist ein Geben und Nehmen. Jeder hat etwas einzubringen, jede wird gebraucht. Es geht nicht nur um Versorgung, sondern darum, betroffene Menschen wirklich einzubinden. Welchem (älteren, alleinstehenden oder kranken) Menschen in meinem Umfeld kann ich heute eine Freude machen? Vielleicht ein Anruf? Ein Kartengruß? Oder ein praktisches Hilfsangebot?

Das merke ich mir: ______________________________

____

LEITUNG IN VERANTWORTUNG

1. Timotheus 5,17-25

Donnerstag **25**

Timotheus leitet die Gemeinde zusammen mit einigen erfahrenen Männern. Schon in 1. Timotheus 4,12ff. wurde deutlich, dass eine Leitungsaufgabe auch Verantwortung mit sich bringt. In wenigen knappen Sätzen skizziert Paulus für seinen Mitarbeiter wertvolle Grundsätze für Leitungsarbeit. Dabei gehen seine Gedanken in zwei Richtungen: Zum einen verdienen Leitungsmitarbeiter Respekt, Unterstützung und einen gewissen Freiraum zum Arbeiten. Sie bringen sich mit ihrer ganzen Person in diese wichtige Aufgabe ein. Zum anderen stehen sie aber auch besonders im Fokus. Miteinander achten sie deshalb aufeinander, stärken einander und geben Rechenschaft. Leitungsarbeit geschieht nicht mal schnell nebenbei. Leiter achten auf ihre verschiedenen Beziehungen: zur eigenen Person (z. B. V.23: Leitung darf nicht krank machen), zu anderen Leitern (z. B. V.21: ohne Vorurteile begegnen) und zu Gott (z. B. V.22: Heiligkeit bewahren).Welche Person fällt mir in meinem Umfeld ein, die Leitungsverantwortung trägt? Ich möchte heute bewusst für diese Person beten. Leitest du selbst? Nimm dir heute Zeit, dein Leitungswirken vor Gott zu betrachten. Worauf möchtest du besonders achten? Worüber freust du dich in deiner Aufgabe besonders?

Das merke ich mir: ______________________________

____

Freitag 26

Glaube ist Trumpf

1. Timotheus 6,1-10

Paulus spricht noch einmal verschiedene Themen an. Es müssen aktuelle Fragen gewesen sein, die Timotheus und die Gemeinde damals beschäftigt haben. Wie sollten sich Sklaven und deren Herren verhalten, wenn sie sich in der Gemeinde begegnen? Wie geht man mit Meinungsverschiedenheiten und mit Streit um? Welche Rolle spielen Besitz, Geld und Reichtum (vgl. ergänzend V.17-19)? Es geht im Kern darum, wie Lebensverhältnisse des Alltags bewusst im Miteinander der Christen gestaltet werden können. In allen Fragen setzt Paulus den Maßstab: „Glaube ist Trumpf". Dabei geht es darum, die Verhaltensfragen immer wieder im Licht des Glaubens zu prüfen. Selbst wenn im Lebensalltag und Umfeld manche Dinge anders bewertet und gestaltet werden, setzt der Glaube andere Maßstäbe: Vertrauen auf Christus und Leben nach seinem Wort. Wie gestalten wir unsere Arbeitsverhältnisse? Wie streiten und diskutieren wir miteinander? Welche Bedeutung haben Geld und Besitz für uns? Außerhalb und erst recht innerhalb der Gemeinde gilt hier der Maßstab, den Paulus aufzeigt. Ich möchte diese konkreten Alltagsfragen immer im Licht des Glaubens und der Wahrheit in Jesus Christus entscheiden. Das wird ein echter Gewinn für das Miteinander im Alltag (V.6).

Das merke ich mir: ____

Samstag 27

Ein guter Kampf des Glaubens

1. Timotheus 6,11-21

In direkter Anrede („Du"; V.11.20) schließt Paulus diesen Brief an Timotheus ab. Er soll seine herausfordernde Aufgabe weiterhin treu erfüllen. Es ist ein Kampf, aber ein „guter Kampf des Glaubens" (V.12) und nicht ein „verzweifelter Kampf gegen Windmühlen". Immer wieder zeigt Paulus Timotheus Gottes Wirken auf. Immer wieder betont er den ewigen Horizont in Christus. Timotheus lebt, arbeitet und glaubt nicht für sich, sondern in einem viel größeren Ganzen. Im alltäglichen Kleinklein, in Herausforderungen und Streitereien kann ein einzelner Mensch schnell verzweifeln. Umso wichtiger ist der staunende Blick auf Gottes großes Wirken. Im Glauben gilt es nicht, Christus mühevoll „hinterherzuhecheln", sondern Timotheus darf ihn inmitten aller alltäglichen Mühen und Kämpfe hoffnungsvoll erwarten. Christus wird auch dort hineinkommen und alles gut (aus)richten. Ich darf diese Timotheus-Perspektive auch für mich übernehmen, für meine großen und kleinen Kämpfe des Glaubens, wie auch für die Herausforderungen des Alltags. Ich brauche diesen befreienden Blick erst recht für meine Aufgaben in der Gemeinde. Ganz persönlich darf ich mir heute dieselben Worte zusprechen lassen: Gnade sei mit euch – Gnade sei mit dir!

Das merke ich mir: ____

KW 5 bearbeitet von Thomas Käßner,
Inspektor, 06844 Dessau-Roßlau
E-Mail: thomas.kaessner@gvsa.de

ERWÄHLT ZU GOTTES EIGENTUM

Psalm 135

Gottesdienst in Israel. Auch damals gab es schon so etwas wie eine Lobpreiszeit. Im Lobpreis ging es um drei große Themen. Gott wird gelobt als Schöpfer (V.5-7), als Erlöser aus der Sklaverei in Ägypten (V.8-12) und gleich zu Anfang als der Gott, der sein Volk erwählt hat (V.1-4).

Bei dem Wort Erwählung wandern meine Erinnerungen zurück in den Sportunterricht meiner Schulzeit. Vorn standen die, die der Sportlehrer als Mannschaftsführer bestimmt hatte. Wir anderen standen in Reih und Glied und warteten, bis wir von einem von ihnen in seine Mannschaft gewählt wurden. Zuerst wurden natürlich die supersportlichen Typen gewählt. Zu denen gehörte ich leider nicht. Ich wurde deshalb immer mit als einer der Letzten gewählt. Eigentlich wollte mich gar keiner wirklich in seinem Team haben. Mit mir war kein Blumentopf zu gewinnen.

Auch Israel wusste, dass es seine Erwählung nicht seiner Größe und Bedeutung als Volk, sondern der Barmherzigkeit Gottes zu verdanken hatte. Deshalb gab es keinen Grund, auf die Erwählung stolz zu sein. Aber Dankbarkeit war angesagt und die brach im Lobpreis mit lautem Jubel durch. Da musste niemand erst lange zum Mitsingen motiviert werden. Alle waren mit ganzem Herzen dabei (V.19-21).

Das merke ich mir: ____________________

____

____

MONATSSPRUCH FEBRUAR

ALLE SCHRIFT, VON GOTT EINGEGEBEN, IST NÜTZE ZUR LEHRE, ZUR ZURECHTWEISUNG, ZUR BESSERUNG, ZUR ERZIEHUNG IN DER GERECHTIGKEIT

2. Timotheus 3,16

Jesus, wenn das mit der Liebe klappen soll, brauche ich deine Hilfe!

Thomas Käßner

WOCHENSPRUCH

Über dir geht auf der Herr, und seine Herrlichkeit erscheint über dir.

Jesaja 60,2

Montag **29**

ERMUTIGT ZUM DIENST

2. Timotheus 1,1-12

Timotheus ist noch jung und muss trotzdem schon eine ziemlich große Aufgabe bewältigen. Er leitet eine Gemeinde. Sein Mentor Paulus macht sich Sorgen, ob Timotheus bei den vielen Herausforderungen vielleicht den Mut verlieren könnte. Deshalb schreibt er ihm einen Mut-mach-Brief. Darin erinnert er Timotheus, was ihm für seine täglichen Aufgaben Kraft geben wird. Da ist zuerst sein Glaube (V.5). Schon seine Mutter und seine Großmutter waren gläubige Menschen. Dass jedoch auch ihr Enkel und Sohn im Glauben lebt, hat nichts mit Vererbung zu tun. Man mag die frömmste Mutter und die glaubensstärkste Oma haben und trotzdem ist der Glaube kein Erbgut, sondern kommt aus der eigenen persönlichen Begegnung mit Gott. Dieser Glaube trägt durchs Leben. Und dann ist da noch der Geist Gottes, der nicht verzagen lässt (V.7). Ohne ihn würde im Dienst von Timotheus gar nichts gehen. Und zum Schluss erinnert Paulus seinen jungen Mitarbeiter noch an sein eigenes Vorbild (V.11f.). Paulus ist bereit, für Jesus zu leiden und schämt sich dafür nicht.
Auch wir brauchen jeden Tag Quellen, aus denen wir Mut schöpfen können. Aus welchen Quellen schöpfst du?

Das merke ich mir: ______________________________

____

Dienstag **30**

ERMUTIGT DURCH EINEN FREUND

2. Timotheus 1,13-18

Wer mit Jesus lebt, muss manchmal auch Enttäuschungen verarbeiten. Das weiß niemand besser als Paulus. Als er im Gefängnis saß, haben ihn Menschen, denen er vertraute, im wahrsten Sinne des Wortes sitzen gelassen. Das tut weh! Doch Paulus hängt dieser Enttäuschung nicht lange nach. Er freut sich vielmehr über einen guten Freund mit Namen Onesiphorus. Der hat seinem Namen alle Ehre gemacht. Sein Name heißt nämlich in unserer Sprache „nutzbringend".
Dieser Onesiphorus ist in Rom von einem Gefängnis zum anderen gelaufen, bis er Paulus endlich gefunden hatte. Und dann hat er sich um Paulus gekümmert, so gut es eben ging. Sein Glaube war nicht nur eine fromme Theorie, sondern hat sich ganz praktisch im Einsatz für seinen Freund und Mitchristen gezeigt. Martin Luther hat den Glauben öfter mit einem Feuer verglichen. Wenn das Feuer echt ist und nicht nur gemalt, wie er sagte, dann gibt es auch Licht und Wärme von sich.
So ist es auch mit dem Glauben. Wenn er echt ist, macht er uns aktiv für andere. Lasst uns heute mit offenen Augen durch den Tag gehen und schauen, wer unsere Hilfe braucht.

Das merke ich mir: ______________________________

____

BEREIT, ZU LEIDEN

2. Timotheus 2,1-13

Mittwoch **31**

„Sei bereit, mit mir zusammen zu leiden", schreibt Paulus an seinen jungen Mitarbeiter Timotheus (V.3). Das klingt nicht besonders einladend für ein Leben im Glauben. Kein Mensch leidet gern und man tut das in der Regel nicht freiwillig. Aber wer mit Jesus unterwegs ist, muss auch mit Leidenserfahrungen rechnen. Paulus selbst saß ja gerade wegen seines Glaubens an Jesus im Gefängnis. Er wusste, dass auch Timotheus ähnliches widerfahren konnte. Der sollte sich nicht wundern, wenn er wegen seines Glaubens Schwierigkeiten bekam. Gerade dann sollte er am Glauben dranbleiben.

Als gute Beispiele stellt Paulus ihm Soldaten, Sportler und Landwirte vor Augen. Die geben vollen Einsatz, um am Ende ihre Ziele zu erreichen. Dabei haben auch sie es nicht immer leicht. Paulus hat aber noch „ein Ass im Ärmel", um Timotheus Mut zu machen. „Erinnere dich daran: Jesus Christus ist von den Toten auferstanden", schreibt er (V.8). Jesus hat das Leiden überwunden und stand am Ende als Sieger da. Nicht Leid, Verfolgung oder Verrat haben das letzte Wort. Darauf kann sich Timotheus fest verlassen – und nicht nur er!

Das merke ich mir: ______________________________

____

KEIN UNNÜTZER STREIT

2. Timotheus 2,14-21

Donnerstag **1**

Was können sich Christen streiten! Da gehen im Hauskreis zwei aufeinander los, weil sie in einer Glaubensfrage nicht ganz genau der gleichen Meinung sind. Da befeuern sich Christen in sozialen Netzwerken und ziehen den Glauben des Anderen in Zweifel oder sprechen ihm den Glauben gleich ganz ab. Nun soll natürlich um die Wahrheit gerungen werden. Aber am Ende macht der Ton die Musik. Und dann wird vor lauter Übereifer manchmal das Wichtigste vergessen: Das Fundament unseres Glaubens ist nicht unsere persönlich gefärbte Glaubensüberzeugung. In Vers 19 nimmt Paulus auf eine Gepflogenheit Bezug, die zu seiner Zeit allen bekannt war. Wenn der Grundstein zu einem Haus gelegt wurde, wurde oft eine Inschrift auf diesem Stein angebracht. Nach Paulus stehen auf dem Grundstein des Glaubens sogar zwei Inschriften: „Der Herr kennt die, die zu ihm gehören" und „Wer sich zum Namen des Herrn bekennt, muss aufhören, Unrecht zu tun." Damit ist alles Wichtige gesagt. Nicht ich bestimme, wer zu Jesus gehört. Er kennt die, die zu ihm gehören. Und wenn ich meine, zu ihm zu gehören, dann soll das auch mein Leben und meinen Umgang mit Anderen bestimmen. Alles klar?

Das merke ich mir: ______________________________

____

Freitag 2

KEIN JUGENDLICHER ÜBEREIFER

2. Timotheus 2,22-26

Es gibt in unserer Umgangssprache eine ganze Reihe Sprichworte, die auf den Punkt bringen, wie man sich bei Streitereien verhalten soll. „Auf einen groben Klotz gehört ein grober Keil", ist so ein Sprichwort. Aber ist das wirklich ein guter Rat? Macht es wirklich Sinn, auf verbale Angriffe mit einem noch heftigeren Gegenschlag zu reagieren? Mag sein, dass am Ende einer der Kontrahenten als Sieger dasteht, aber wahrscheinlich nur für den Preis, dass das Miteinander einem Scherbenhaufen gleicht. Deshalb rät Paulus dem Timotheus (V.24): „Ein Diener des Herrn soll sich aber nicht streiten. Er soll zu allen freundlich sein, ein guter Lehrer, der stets geduldig bleibt." In meinem Dienst musste ich so manchen harten Konflikt austragen. Oft gab dann ein Wort das andere und es entwickelte sich ein handfester Krach. Auch ich hatte meinen Anteil daran und das hat mich ziemlich geärgert. Irgendwann kam ich auf die Idee, mir ein Bibelwort auf einen Zettel zu schreiben, das mir half, im Streit wieder runterzukommen. So ließ sich am Ende mancher Konflikt lösen, weil der Streit nicht eskalierte. Was könnte dir helfen, im Konflikt ruhig zu bleiben?

Das merke ich mir: ______________________________

____

Samstag 3

SCHWERE ZEITEN

2. Timotheus 3,1-9

„So viel Krise war noch nie", hörte ich vor kurzem jemanden sagen. Wir leben in schwierigen Zeiten, ist in unseren Tagen oft zu hören. Diejenigen, die das sagen, meinen dann oft irgendwelche Krisen, Pandemien oder politische Entwicklungen, die sich um uns herum abspielen. Die Welt um uns herum ist schlecht und wird mit jedem Tag schlechter. Wer sind heute diese fiesen Typen wie Jannes und Jambres, die nach jüdischer Überlieferung als ägyptische Magier dem frommen Mose die Stirn geboten haben? Aber halt! Die Aufzählung der ganzen schlimmen Entwicklungen, die Paulus auflistet, schließt auch die ein, die den Glauben zwar nach außen hin üben, aber die verändernde Kraft, die aus ihm erwächst, verleugnen (V.5). Die „Zeichen der letzten Tage" sind nicht nur „da draußen" in einer bösen Welt ohne Gott. Sie gibt es auch mitten in der Gemeinde und im Jugendkreis. Deshalb kommt es nicht darauf an, die anderen anzusehen und zu beurteilen oder über die Bosheit der Welt zu klagen. Wir müssen uns selbst fragen: Was von dieser schrecklichen Aufzählung der Verirrungen ist auch in unserem Leben zu finden? Wo muss der Glaube auch in meinem Leben noch Veränderungen hin zum Guten bewirken?

Das merke ich mir: ______________________________

____

KW 6 bearbeitet von Klaus Göttler,
EC-Generalsekretär, 34134 Kassel
E-Mail: generalsekretaer@ec.de

WOCHENSPRUCH
Heute, wenn ihr seine Stimme hören werdet, so verstockt eure Herzen nicht.
Hebräer 3,15

UNTERWEGS MIT GOTTES SEGEN

Psalm 128

Es ist ein schlichtes Lied, das den Dank an Gott zum Ausdruck bringt und zu einem Leben in der Nähe Gottes ermutigt. Dabei werden nicht die besonderen Segnungen besungen. Es sind die Dinge, die jeder Mensch erfahren kann und die unser Leben bereichern. Es sind Dinge, die wir vielleicht gar nicht zwingend mit dem Glück verbinden. Arbeit zum Beispiel. Doch wenn wir sie mit Gott tun, erleben wir sie als Segen und wir können die Früchte unserer Arbeit genießen. Wir finden in diesem Psalm keine vollständige Aufstellung, sondern eine Auswahl von Geschenken, für die wir Gott danken: unsere Arbeit, unsere Familien, der Partner oder die Partnerin, unsere Kinder. Wir können die Aufzählung gerne fortsetzen und darüber nachdenken, wo Gott uns in der vergangenen Woche gesegnet hat. Das ermutigt uns für die neue Woche. Gott ist nicht Ballast, sondern Kraftquelle für unser Leben.

Interessanterweise ist dieses Lied als Lied für unterwegs gedacht. Es wurde gesungen, wenn die Israeliten nach Jerusalem gezogen sind, um Gott die Ehre zu geben. Vielleicht kann es uns in dieser Woche unserer Lebensreise begleiten.

Gebet: Herr, öffne uns die Augen für deine Segnungen!

Das merke ich mir: ____________________

____

____

Es ist so logisch und doch so unendlich schwer. Gott muss unseren Liebestank füllen, damit die Jahreslosung in unserem Leben zur Lösung wird.

Klaus Göttler

5 Montag

LEBENSBEGLEITER BIBEL

2. Timotheus 3,10-17

Timotheus war ein Musterschüler. Er war der Wegbegleiter von Paulus und gleichzeitig sein Mentee. Paulus ließ Timotheus in sein Leben schauen und Timotheus wurde schnell klar, dass es zu Komplikationen kommen kann, wenn man die Sache mit Jesus ernst nimmt. Wie Paulus hat auch er immer wieder erlebt, dass es nicht nur auf Begeisterung stößt, wenn wir von Jesus reden. Das Evangelium ist auch eine unangenehme Botschaft. Und die Verkündigung des Evangeliums ist auch mit unangenehmen Begleiterscheinungen verbunden. Doch was trägt in solchen Situationen? Woran halten wir uns fest? Paulus richtet einen dicken Leuchtpfeil auf die Bibel. Die Bibel ist kein nostalgisches Begleitbuch. Sie ist Kraftquelle, Wegweiserin, Ermutigerin, Lebenselixier und Korrekturhilfe. Sie ist das Facebook Gottes, in dem wir durch Jesus das Gesicht Gottes erkennen. Deshalb ist sie für Paulus Halt in allen Lebenslagen. Auch da, wo das Leben seine schwierigen Seiten zum Vorschein bringt. Paulus kannte diese Seiten. Er hat sie schmerzlich durchlitten. Doch die Bibel war sein Lebensbegleiter auch in diesen schwierigen Phasen. Wie gut, dass Gott heute genauso durch die Bibel redet, wie zur Zeit der ersten Christen. Gebet: Herr, rede zu mir durch dein Wort!

Das merke ich mir: ______________________________

____

6 Dienstag

DAS HERZ DES APOSTELS

2. Timotheus 4,1-8

Mit diesen Zeilen des Paulus bekommen wir einen sehr persönlichen Einblick in das Herz des Apostels. Er rechnet mit seinem bevorstehenden Märtyrertod. Diese Briefzeilen sind so etwas wie das geistliche Testament von Paulus, das er seinem Lieblingsschüler ins Herz schreibt. Es wird deutlich, wie sehr Paulus am Herzen liegt, dass das Evangelium verkündigt wird, auch wenn er es bald nicht mehr kann. Die Redewendungen verleihen den Aussagen eine dringende Ernsthaftigkeit. Wenn man im Hinterkopf hat, dass Paulus hier die Irrlehrer vor Augen hat, die im kleinasiatischen Raum ihr Unwesen treiben, so bekommt diese Mahnung eine umso größere Dramatik. Paulus weist darauf hin, dass das Evangelium immer davon gefährdet sein wird, dass es mundgerecht verarbeitet und den eigenen Wünschen angepasst wird. Man sucht sich die Verkündiger, die den eigenen Vorstellungen entsprechen und das Evangelium möglichst angenehm und den eigenen Wünschen entsprechend verkündigen. Deshalb wünscht der Apostel Timotheus einen klaren Kopf, die Bereitschaft zur Hingabe und den Mut, auch die unbequemen Seiten des Evangeliums zur Sprache zu bringen (V.5ff.). Die Messlatte für unsere Verkündigung wird immer Gott sein. Gebet: Gib mir ein Herz für dein ungefärbtes Wort.

Das merke ich mir: ______________________________

____

BESSER ZUSAMMEN! 2.Timotheus 4,9-22

7 Mittwoch

In den sogenannten Grußlisten am Ende der Paulusbriefe bekommen wir einen interessanten Einblick in das tägliche Leben von Paulus und den ersten Gemeinden. Die Verkündigung des Evangeliums und der Dienst der Apostel sind nichts Übergeistliches, sondern haben eine Bodenhaftung. Menschliche Anliegen haben ihren Platz. Sei es der liegengebliebene Mantel in Troas oder sei es der Austausch in Sachen Literatur (V.13). Das Team des Paulus unterstützt sich ganz praktisch. Wir sind als Christen keine Einzelkämpfer. Es ist ein Geschenk Gottes, im Team unterwegs zu sein. In den abschließenden Versen dieses Briefes wird auch die Vernetzung deutlich, die zwischen den einzelnen Gemeinden bestand. Dieses Netzwerk ist für Paulus ein hohes Gut. Die Devise „Besser zusammen" gilt nicht nur für einzelne Gemeinden, sondern auch für regionale und überregionale Verbindungen. Das Reich Gottes ist global vernetzt, die lokale Gemeinde nur ein Teil davon. Deshalb ist es gut, dass es Kreisverbände, Landesverbände, Bundesverbände und Allianzen gibt. Wir brauchen diese Verbindungen, damit die Gemeinde nicht lokal verkümmert.
Gebet: Herr, gib mir den Blick für die Weite deiner globalen Gemeinde

Das merke ich mir: ______________________________

____

EIN HERAUSFORDERNDES STELLENPROFIL! Titus 1,1-9

8 Donnerstag

Mit einem dichtgefüllten Briefeinstieg beginnt der Brief an Titus. Allein anhand dieser Formulierungen wird schnell deutlich, dass es hier nicht um einen persönlichen Brief geht, sondern um einen Brief, der eine breitere Leserschaft vor Augen hat. Titus war einer der Mitstreiter von Paulus. Diesen wichtigen Mitarbeiter hat Paulus mit einem Spezialauftrag auf der Insel Kreta zurückgelassen (V.5). Es ging darum, Ordnung zu bringen in die jungen, wilden Gemeinden, die von Irrlehrern bedroht wurden. Titus soll die Gemeinden mit Gemeindeältesten versorgen. Das Anforderungsprofil für die Ältesten ist anspruchsvoll. Es macht zum einen die Verantwortung der Aufgabe deutlich. Zum anderen lässt es Schlüsse auf die Bedrohungen und Missstände in der Gemeinde zu. Neben einem Lebensstil, der zu Jesus passt, ist Paulus der Inhalt der Verkündigung wichtig (V.9). Es geht um die unverfälschte Lehre, die Vollmacht gibt, die Bedrohungen der Gemeinde abzuwehren. Leitungsämter sind momentan nicht sehr begehrt. Schnell verfällt man der Versuchung, die Ansprüche zu senken, um Lücken zu füllen. Die Beschreibung von Paulus mahnt uns, sorgfältig zu sein. Denn „der Fisch stinkt vom Kopf her". Gebet: Herr, berufe kompetente Leiterinnen und Leiter!

Das merke ich mir: ______________________________

____

9 Freitag

EINE ERNSTHAFTE BEDROHUNG

Titus 1,10-16

In einer ungewohnten Schärfe attackiert Paulus die Irrlehrer, die die kretischen Gemeinden bedrohen. Sie haben ein enormes zerstörerisches Potenzial und bringen Haukreise und Gemeinden durcheinander. Deshalb wird Paulus sehr deutlich. Hier geht es um den Schutz der jungen Gemeinden. In diesen Zeilen werden die Irrlehrer etwas näher beschrieben. Offensichtlich hatten viele einen judenchristlichen Hintergrund und forderten die Einhaltung jüdischer Gesetze (V.10). Gleichzeitig war ihre Motivation mehr als zweifelhaft. Sie versuchten aus der Situation Kapital zu schlagen und sich an den Gemeinden zu bereichern (V.11). Das Ganze wurde getoppt durch einen unrühmlichen Lebensstil, der alles andere als vorbildlich war. Mit dem Zitat des Dichters Epimenides bringt Paulus das Dilemma auf den Punkt. Doch auch in dieser scharfen Auseinandersetzung geht es ihm nicht um die Zerstörung der Gegner. Die deutlichen Worte sollen dazu führen, dass auch die Irrlehrer zum unverfälschten Glauben an Jesus Christus zurückfinden und andere Christen nicht mit überflüssigen Vorschriften gängeln (V.13f). Gebet: Himmlischer Vater, bewahre deine Gemeinde vor zerstörerischen Einflüssen von innen und außen.

Das merke ich mir: ______________________________

____

10 Samstag

CHRISTUSGEMÄß LEBEN

Titus 2,1-10

Es scheint drunter und drüber gegangen zu sein in den kretischen Gemeinden. Deshalb gibt Paulus Titus einige sehr konkrete Anweisungen, wie den Missständen in den Gemeinden begegnet werden soll. Paulus ermutigt seinen Mitarbeiter zu einer sehr konkreten und praktischen Verkündigung. Dabei nimmt er ganz konkret verschiedene Personengruppen der Gemeinde in den Blick. Er predigt nicht pauschal. Er benennt die Aufgaben und Herausforderungen sehr präzise und verdeutlicht, welche Auswirkungen ein christusgemäßer Glaube haben kann. Paulus hat mit diesen Ermahnungen zum einen die Gemeinden in ihrer prekären Situation im Blick. Es ist sein Anliegen, dass in die Gemeinden Ruhe einkehrt und sie Orte sind, an denen Menschen ermutigt werden und die Liebe Gottes erfahren. Die Irrlehrer sollen ihren Einfluss verlieren (V.8.) und als solche erkannt werden. Gleichzeitig hat der Apostel auch die missionarische Dimension vor Augen (V.5b), denn mit ihrem Verhalten und ihren Taten streichen Christinnen und Christen schnell durch, was sie an Gutem zu sagen haben. Ein afrikanisches Sprichwort besagt: „Das, was du tust, schreit so laut, dass ich nicht hören kann, was du sagst." Gebet: Herr, hilf mir, dass meine Worte und Taten nicht auseinanderklaffen!

Das merke ich mir: ______________________________

____

BIBLISCHES BUCH

PHILEMON

Im Zentrum steht das Problem der Sklaverei. Auch das Christentum bildete darin zunächst keine Ausnahme. Paulus geht selbstverständlich davon aus, dass Onesimus das Eigentum Philemons ist. Paulus möchte Onesimus aber als Mitarbeiter in Rom haben und versucht deshalb, Philemon von einer entsprechenden „Freistellung" zu überzeugen. Paulus tut das jedoch nicht in Form einer Weisung oder eines Befehls. Vielmehr sendet er mit dem Philemonbrief eine geschickt aufgebaute Überzeugungsrede.

Das Schreiben ist damit ein Meisterstück antiker Rhetorik. Den Aposteltitel verwendet Paulus darin nicht, sondern nennt sich „Gefangener Christ Jesu" (1.9) und „alter Mann" (9), begibt sich also in die Position des Bittstellers.
Philemon dagegen wird ganz nach antiker Sitte in den leuchtendsten Farben als christliches Vorbild gezeichnet und erst nachdem er Philemon vor dessen Hausgemeinde (vgl. 2) so gelobt hat, kommt der Apostel auf sein eigentliches Anliegen zu sprechen, wobei er „nur" die Situation darstellt: Onesimus ist jetzt Christ und ein wichtiger Mitarbeiter geworden (vgl. 10). Paulus nennt ihn seinen „Sohn" (10), sein „eigenes Herz" (12), er hätte ihn „gern ... behalten" (13).

Doch Paulus sendet ihn zurück und appelliert an die Freiwilligkeit des Philemon, damit diesem „das Gute ... nicht abgenötigt wäre" (14). Wie auch immer Philemon entscheidet, Onesimus soll für ihn „mehr [sein] ... als ein Sklave: ein geliebter Bruder ... sowohl im leiblichen Leben wie auch in dem Herrn" (16).

Dr. Thomas Weißenborn, Stellvertretender Direktor
Marburger Bildungs- und Studienzentrum, Marburg
E-Mail: thomas.weissenborn@m-b-s.org

BIBLISCHES BUCH

2. MOSE

„Singt für den Herrn: Hoch und erhaben ist er. Rosse und Wagen warf er ins Meer" (2. Mose 15,21). So jubelt Mirjam, Moses Schwester, im Anschluss an den Durchzug durchs Schilfmeer, der das Volk Israel in die Freiheit führt. Diese Befreiung aus der Knechtschaft in Ägypten ist eine der grundlegendsten Erfahrungen des Volkes Gottes. Immer wieder kommt das Alte Testament darauf zu sprechen.

Zu verdanken haben die Israeliten diese Befreiung dabei allein ihrem Gott – allerdings unter „Mithilfe" eines ganz besonderen Mannes: Mose. Diesen errettete Gott als Säugling aus dem Schilfmeer. Ihm erschien er in einem brennenden Busch und offenbarte ihm dabei den Gottesnamen, der einem Versprechen (auch für Mose selbst) gleichkommt: „Ich werde sein, der ich sein werde." Das bedeutet: „Ich bin immer für euch da und werde euch nie im Stich lassen!"

An diese Verheißung knüpft Gott auf dem Sinai an, als er einen Bund mit seinem Volk schließt und den Israeliten die 10 Gebote an die Hand gibt. Diese Verheißung hat Gott am Sinai besiegelt, als er einen Bund mit dem Volk schloss und die Israeliten auf die Zehn Gebote verpflichtete: „Hört jetzt auf meine Stimme und haltet meinen Bund! Dann sollt ihr mein Eigentum sein unter allen Völkern" (2. Mose 19,5).
Die Errettung aus dem Schilfmeer, der Bund am Sinai: Das sind die beiden herausragenden Themen des 2. Mosebuches.

Darüber hinaus geht es aber auch um den Alltag des Volkes, was den Durchzug durch die Wüste betrifft. Da ist die Rede von Not und Sorgen, Ungehorsam, Murren und Widerstand gegenüber Gott. Das Volk Israel macht es ihrem Gott nicht leicht und stellt sich auch immer wieder gegen die von Gott eingesetzten Anführer. Immer wieder war Mose am Ende seiner Kräfte, aber er hielt trotzdem an seinem Auftrag und an seinen Leuten fest.

Und was tat Gott? Er strafte und erbarmte sich, zürnte und schenkte doch Siege – und vor allem: Er ließ das Volk nicht alleine, so wie er es versprochen hatte.

Als einen Gott, der in die Freiheit führt, der den Seinen nahe ist und dessen Wesen grenzenloses Erbarmen ist, als solch einen Gott lernen wir den Gott Israles im 2. Buch Mose kennen.

Steffi Pfalzer, Programmleitung BORN-Verlag, Kassel
Steffi.pfalzer@bornverlag.de

KW 7 bearbeitet von Pfr. Thomas Maier, Direktor der Evangelischen Missionsschule Unterweissach, 71554 Weissach im Tal
E-Mail: tm@missionsschule.de

SICH GOTT ANVERTRAUEN

Psalm 31

Der Betende vertraut Gott. Aber das bewahrt ihn nicht vor Not: Andere bedrohen ihn; selbst Freunde reden schlecht und lügenhaft über ihn; sie sind gegen ihn, gönnen ihm das Leben nicht. Auch das können Mitmenschen für einen sein: lebensfeindlich und bedrohlich. Damit müssen wir rechnen, alles andere wäre naive Träumerei. Dazu kommt die Not eigener Schuld (V.11): Gott und anderen Liebe schuldig geblieben und ihnen nicht gerecht geworden zu sein. Wahrscheinlich ist er krank (V.11). Gerade in diesen Nöten vertraut er sich Gott an: Er klagt Gott sein Elend und seine Angst. Gott ist ganz Ohr, es freut ihn, wo wir ihm ehrlich sagen, wie schlecht es uns geht. Das allein hilft uns schon oft. Und er bittet Gott um Hilfe, um Schutz vor Menschen und um die Erfahrung von Gottes Güte. Die besteht nicht darin, dass er uns vor aller Not und Angst bewahrt.

Vers 8 bringt es auf den Punkt: Gottes Güte zeigt sich darin, dass Gott uns sieht und ihm unsere Not zu Herzen geht. Darin erweist sich sein Erbarmen. Er vergibt uns, er bleibt bei uns, auch wenn andere gegen uns sind. Er will unser Leben. Was auch immer kommen mag: sein sind wir, ihm vertrauen wir uns an, auf ihn hoffen wir – unser Leben liegt in seiner Hand, in ihm sind wir ganz geborgen.

Das merke ich mir: ______________________

____

____

WOCHENSPRUCH

Seht, wir gehen hinauf nach Jerusalem, und es wird alles vollendet werden, was geschrieben ist durch die Propheten von dem Menschensohn.
Lukas 18,31

Liebe bleibt nicht in Gedanken stecken, sie fragt nach dem, was dem Mitmenschen zum Leben hilft, und macht das.

Pfr. Thomas Maier

Montag **12**

GNADE HAT VERÄNDERNDE KRAFT

Titus 2,11-15

Wodurch verändert die Gnade Gottes unser Leben? Sie befreit uns vom Zwang, verzweifelt etwas aus uns machen zu müssen. Es belastet unser Leben, wenn wir nur das sind, was wir aus uns selbst machen. Da bleiben wir immer hinter dem zurück, was gut und wichtig ist. Keiner nutzt alle ihm zur Verfügung stehenden Möglichkeiten. Zuweilen entscheiden wir uns falsch und bereuen das im Nachhinein. Genau da hinein sagt Jesus: „Ich habe mich für dich hingegeben. Du bist durch mich erlöst und befreit. In meinen Augen bist du geliebt, längst bevor du etwas aus dir gemacht hast. Ich liebe dich auch dann noch, wenn du versäumt hast, mehr aus dir zu machen." Gnade erfahren heißt: Ich habe in Jesus bereits alles empfangen. Gott ist mir gut. Das befreit uns dazu, uns jetzt ganz unseren Mitmenschen zuzuwenden: danach zu fragen und zu überlegen, was ihnen wirklich hilft; zu tun, was gerecht ist, was sie brauchen – und nicht unseren ängstlichen Begierden zu folgen, aus Angst, selbst zu kurz zu kommen. Und das alles in der Hoffnung auf die Vollendung durch Gott: Er freut sich, wo wir heute in unserer Welt Gutes tun. Das ehrt ihn jetzt und in Ewigkeit. Was für eine Kraft, Tag für Tag zu tun, was für immer bleibt und zählt. Wie schön, wesentlich zu leben!

Das merke ich mir: ______________________________

____

Dienstag **13**

GUTES TUN MIT LUST UND FREUDE

Titus 3,1-7

Worauf sind wir aus, Tag für Tag? Glaubende sind stets bereit, Gutes zu tun. Sie missverstehen nämlich Gottes unverdiente Gnade nicht als Eintrittskarte für den Himmel, der nach dem Tod kommt, und warten bis dahin untätig, vielleicht Jahrzehnte lang. Nein, sie gestalten von Gott her, in der Kraft des Heiligen Geistes das Leben hier und jetzt – gerade, weil sie Erben der Ewigkeit sind. Sie vermeiden nicht nur Sünde, sondern sie gestalten das Leben positiv. Sie suchen, was das Leben fördert! Sie sind bereit, in der Gesellschaft Verantwortung zu übernehmen und halten sich an geltende Gesetze. Das heißt für uns heute in einer Demokratie konkret, staatliche Behörden ernstzunehmen. Unsere Haltung prägt unser Verhalten: Wohlwollen anderen gegenüber, den Frieden suchend und gütig, d. h. dem Anderen auch dann das Gute gönnen, wenn er es nicht verdient hat. Menschlichkeit bleibt auf der Strecke, wo wir nicht mehr Nein sagen können zu unseren eigenen Wünschen und unserem Begehren. Mitmenschlichkeit verkümmert, wo wir alle und alles nur unter dem Gesichtspunkt sehen, was es uns bringt. Wo unser Genuss und unser Glück alles regieren, verliert das Leben. Aber Vorsicht: Wir tun das Gute mit Lust und Freude, und das Gute zu tun, tut uns sogar gut!

Das merke ich mir: ______________________________

____

DAS GUTE EINÜBEN

Titus 3,8-15

14 Mittwoch

Erneut geht es darum, Gutes zu tun! Es ist nutzlos, wenn Glaubende hauptsächlich mit strittigen Auslegungsfragen beschäftigt sind und darüber das Tun vergessen. Wer etwa über das Weltende spekuliert, wann Jesus wiederkommt, welche Zeichen schon geschehen sind usw. – der verfehlt, was Jesus mit seinen Endzeitreden erreichen wollte: Das Tun seines Willens (Mt 24,46)! Wer ständig damit beschäftigt ist, über das Verhältnis von Schöpfung und Evolution zu streiten, aber nicht schöpfungsgemäß lebt, Gott nicht dankt usw., das nützt niemandem. Wer so von der Gnade redet, dass sie uns nicht verändert und zu guten Werken befreit, der entehrt Gott und stiehlt Menschen, was Gott ihnen zugedacht hat: Seine Gnade hat Kraft. Ja, wir sind und bleiben Lernende beim Tun des Guten (V.14). Es kommt darauf an, das Gute konkret einzuüben. Spontanität ist nicht das Gütesiegel des Guten. Nein, es kommt darauf an, das Gute wiederholt zu tun. Auf diese Weise geht es uns in Fleisch und Blut über, dadurch bilden wir gute Gewohnheiten aus. Und wie schön ist es, im Leben ganz auf das Gute ausgerichtet zu sein: da bleibt unser Leben nicht fruchtlos. Im Gegenteil: Menschen tut es gut, sie danken Gott dafür und Gott freut sich daran, jetzt und in alle Ewigkeit!

Das merke ich mir: ______________________________

____

WAS ZUM TUN DES GUTEN BEWEGT

Philemon 1-25

15 Donnerstag

„Philemon, nimm deinen entlaufenen Sklaven Onesimus als Bruder in Christus auf. Er ist durch mich zum Glauben gekommen. Bitte, behandle ihn nicht mehr als Sklaven." Warum sagt Paulus es nicht so einfach, sondern so umständlich? Weil er das neue Verhalten richtig gut begründen will! Eine Aufforderung allein nämlich bewegt Menschen, auch Glaubende, selten zum Tun des Guten. Was aber dann? (1) Der Glaube: Er verändert die Wahrnehmung. Ein Sklave ist nicht nur eine Arbeitskraft. Auch ein Sklave ist ein Mensch, ja, mehr noch, er glaubt wie du an Christus. Darin gleicht ihr beide euch, ihr habt die gleiche Würde. Durch den Glauben sehen wir Menschen im Lichte Gottes und nicht mehr nur von dem her, was sie uns nützen. (2) Die Liebe: Die hat Philemon und er lebt ihr gemäß. Das schätzt Paulus wert, und wie! Und die erfährt nun nur eine Erweiterung auf den Sklaven Onesimus. An die vorhandene Liebe wird angeknüpft – darum auch die Bitte, denn das neue Verhalten soll von Herzen kommen. (3) Die enge Verbindung zwischen Paulus und Philemon: Gute und für uns wichtige Beziehungen sind eine Kraft zum Handeln. Was unser Tun für einen anderen bedeutet, bewegt uns, das zu tun, was den anderen freut. Glaube und Liebe haben verändernde Kraft!

Das merke ich mir: ______________________________

____

Freitag **16**

GESEGNETES LÜGEN?

2. Mose 1,1-22

Israels riesiger Kinderreichtum war ein klares Zeichen für Gottes reichen Segen. Und trotzdem wurden die Israeliten unterdrückt und mussten Sklavenarbeit verrichten. Auch heute kann es uns als Glaubenden so ergehen: zwar von Gott reich gesegnet zu sein, aber von Menschen hart bedrängt zu werden. Beides zugleich. Was für Hebammen! Sie befolgen das Gebot des Pharaos, des Königs, nicht und sie reden sich heraus, sie „lügen" – und Gott tut ihnen Gutes dafür. Gibt es ein gesegnetes Lügen? Nein, aber die Hebammen zeigen, was es wirklich heißt, in der Wahrheit zu leben. Das bedeutet nicht, einfach zu sagen, wie es ist. Hätten sie nämlich das getan, dann wären viele Kinder getötet worden. Aber weil sie sich ganz an Gott gebunden wussten, haben sie dem König nicht dabei geholfen, werdendes Leben zu töten. Dazu hatte auch der König kein Recht. Wir müssen nicht einfach jedem alles sagen, um in der Wahrheit zu leben. Im Gegenteil, echte Wahrhaftigkeit prüft, wer auf welche Auskunft von uns berechtigt Anspruch hat. Es geht nicht um Notlügen, durch die wir uns billig aus unserer Verantwortung stehlen. Ganz und gar nicht, es geht vielmehr um die letzte Bindung an Gott – das befreit zum Tun des Guten, gerade auch durch unser Reden und Schweigen.

Das merke ich mir: ______________________________________

____

Samstag **17**

STAUNEN, DANKEN, DIENEN

2. Mose 2,1-10

Eine kluge Frau, ein kluges Mädchen, ihre List und das Mitleid der Tochter des Pharaos – das wird erzählt. Erst aus dem ganzen Kontext und der Fortsetzung der Geschichte wird deutlich: Gerade auf diese ganz menschliche Weise bereitete Gott den Befreier für sein unterdrücktes Volk vor. Am Hof des Pharaos wurde Mose erzogen – da hat er sehr viel gelernt. Das half ihm, viele Jahre später, im Auftrag Gottes Israel aus der Sklaverei zu befreien und das Volk Israel weise und klug zu leiten. Bis heute macht Gott das so: Er bereitet uns Menschen zu, damit wir ein Segen für andere werden. Es braucht keine optimalen Umstände, keine ideale Familie, unser ganz normales Leben genügt – wie wir geworden sind, was wir geworden sind, darin und dadurch wirkt Gott zum Segen für andere. Vielleicht kann uns das helfen, ein tieferes Ja zu unserer Lebensgeschichte zu finden. Wir müssen sie nicht beschönigen. Manchmal können auch schwere Erfahrungen Lebensförderliches bewirken: Verstehen, Mitfühlen, Güte. Manchmal sind aber auch unsere Stärken für andere eine echte Hilfe. Durch alles kann Gott Leben und Glauben fördern – staune darüber, danke Gott dafür und diene ihm und deinen Mitmenschen mit dem, was dir gegeben ist, mit dem, was du geworden bist!

Das merke ich mir: ______________________________________

____

KW 8 bearbeitet von Gesine Westhäuser,
Dipl. Sparkassenbetriebswirtin, 57078 Siegen
E-Mail: gesine.westhaeuser@t-online.de

WOCHENSPRUCH
Dazu ist erschienen der Sohn Gottes, dass er die Werke des Teufels zerstöre.
1. Johannes 3,8b

GEBORGEN IN GOTTES NÄHE

Psalm 91

So sehr mir dieser wunderbare bildhafte Text auch beim Lesen gut tut: Es bleiben Fragezeichen. Ich stolpere über steile Aussagen und hebe vorsichtig den Finger zum Widerspruch: Die Verheißungen und unsere Lebenswirklichkeit stimmen oft nicht überein. Ein Blick auf Vers 1 hilft mir im Umgang mit diesem Spannungsverhältnis, denn Ausgangspunkt ist die dort umrissene Beziehung zwischen Gott und dem Menschen.
So eng bei Gott zu wohnen, ist etwas anderes, als ihn dann und wann bei Schwierigkeiten zu besuchen. Bei ihm zu wohnen, bedeutet, sich bei ihm voll und ganz eingenistet zu haben und fest in ihm verwurzelt zu sein. Klingt das nicht ähnlich zugespitzt, perfekt und absolut wie die Verheißungen? So unperfekt unsere Beziehung zu Gott oft aussieht, so bruchstückhaft ist auch unser Erleben der erfüllten Zusagen.
Ich habe eine Zeichnung vor Augen, in der ein Mensch Gott vorwirft, ihn nicht genug beschützt zu haben, da ein Stein an seinen Kopf prallt. Was der Mensch nicht sieht, weil Gott übergroß bei ihm steht: Gott hält mit ganzem Körpereinsatz permanent einen regelrechten Steinhagel von dem Menschen ab. Suche immer wieder Gottes Nähe und bitte ihn um einen wachen Blick für Momente, in denen er Gefahr von dir abwendet.

Das merke ich mir: ______________________

____

____

Liebe stellt den anderen Menschen in den Mittelpunkt. Selbstlos. Ohne Eigennutz. Einfach so.
Gesine Westhäuser

Montag 19

WO IST MEIN PLATZ IM LEBEN?

2. Mose 2,11-25

Das Fremdsein zieht sich durch diesen Text wie ein roter Faden. Mose ist ein Wanderer zwischen den Kulturen: zwar gebürtiger Hebräer, aber aufgewachsen am Hof des Pharaos und daher von klein auf geprägt durch die ägyptische Kultur. Im Bewusstsein seiner Wurzeln macht er sich auf zu seinen Landsleuten, taucht dann jedoch fluchtbedingt erneut in eine andere Kultur ein. Impulsiv, kämpferisch, mit einem Blick für Benachteiligte. Jemand, der auch übers Ziel hinausschießen kann, um Gerechtigkeit herzustellen. Diese Charakterzüge Moses treten hier mehrfach zutage. Zugleich wirkt er nachdenklich und sensibel, als er sein Fremdsein anspricht, obwohl er in Midian eine Familie gründet. Denn dort wird er als Ägypter gesehen (V.19). Was geht in einem Menschen vor, der bereits in jungen Jahren ein derart unstetes und konfliktreiches Leben führt? Gut vorstellbar, dass er innerlich auf der Suche nach Heimat ist. Dass er sich entwurzelt vorkommt, mit der ernüchternden Erkenntnis, an keinem Ort wirklich dazuzugehören. Wer ist Mose? Ganz sicher jemand, den Gott sieht und den er begleitet und bewahrt, egal ob Mose sich dessen bewusst ist oder nicht. Ebenso für dich: Gott ist mit dir gemeinsam unterwegs, auch in Umwegen, Sackgassen und im Stau.

Das merke ich mir: ______________________________

____

Dienstag 20

BACK TO THE ROOTS!

2. Mose 3,1-22

Gott sieht die Not der Israeliten und startet seine Rettungskampagne, in der Mose die Hauptrolle zukommen soll. Wie geht Gott bei dieser Berufung vor? 1. Er bindet Moses ungewöhnliche Lebensumstände ein, denn sein Fremdsein und sein Sinn für Gerechtigkeit prägen seine Persönlichkeit. Einblicke in den Alltag der Herrscher und der Unterdrückten zu haben, wird nun zu einer wichtigen Fähigkeit bei dieser Mammutaufgabe. Gottes Weg mit Mose beginnt nicht erst hier, sondern bereits bei der Errettung als Baby. Mose, der Wanderer zwischen den Kulturen, erhält seine Platzanweisung und seine Antwort auf die Frage nach dem Wozu: zurück zu seinen Wurzeln. 2. Gott beruft an einem ungewöhnlichen Ort: nicht in einem Tempel, nicht in den eigenen vier Wänden, sondern jenseits der Steppe, in der Mose die Schafe üblicherweise weidet, und abseits des Weges. Erneut ist es ein unbekanntes Umfeld, das auch noch mit einer ungewöhnlichen Naturerscheinung einhergeht. 3. Gott beruft in einer unmissverständlichen Klarheit. Der berühmte Zettel, der vom Himmel fällt. Es ist unerheblich, wie vertraut Mose mit dem Gott der Israeliten ist. Was zählt: Gott ist einzigartig und überzeugt durch seine pure Gegenwart. Wann hast du Gott ähnlich deutlich reden gehört?

Das merke ich mir: ______________________________

____

SPRUNG INS EISKALTE WASSER

2. Mose 4,1-17

Mittwoch 21

Dem zügigen Ja aus Moses Mund im vorangegangenen Textabschnitt folgen nun sehr verständliche Zweifel an der eigenen Überzeugungskraft. In einer Art Salamitaktik schichtet Mose einen Einwand auf den nächsten, bis ihm die Argumente ausgehen und er Ross und Reiter nennt (V.13). Gott wendet sich Mose zu, zeigt große Geduld und sagt ihm auf vier verschiedene Weisen konkrete Unterstützung zu. Dennoch beißt er damit bei Mose auf Granit. Sind dessen Einwände nur vorgeschoben? Will er in Wirklichkeit in Midian seine Ruhe haben? Misstraut er Gottes Zusagen? Mich beeindruckt, dass Gott zwar ungehalten wird über Moses Abwehrhaltung, aber trotzdem ein fünftes und letztes Angebot macht: Mose soll die Spezialmission gemeinsam mit seinem redegewandten Bruder Aaron angehen. Eine passgenaue Lösung, die sicherlich für Mose nicht nur rhetorische, sondern auch mentale Unterstützung ist. Diskutierst du mit Gott? Hältst du ihm deine Liste mit Gegenargumenten vor und hoffst auf Auftragsänderung? – Gott beruft nicht die Befähigten. Er befähigt die Berufenen. – Sag Gott ehrlich deine Ängste und Sorgen. Bitte ihn um seine Hilfe und dein Vertrauen in seine Hilfe. Und bitte ihn um Weggefährten, die dir beistehen und euch zu einem Team werden lassen.

Das merke ich mir: ______________________________

____

UNTERWEGS AUF NEUEN WEGEN

2. Mose 4,18-31

Donnerstag 22

Mehrere Kurzepisoden stecken in diesem Text. 1. Die Rolle des erstgeborenen Sohnes: Er gehört Gott und ist bestimmt, ihm zu dienen. Gott weist dem Volk Israel diese Rolle zu und kündigt hier bereits die 10. Plage an (2. Mose 11,5). Die religiöse Bedeutung der Erstgeburt ist uns heute fremd. Dennoch die Frage: Wie wird deutlich, dass du ein Kind Gottes bist und ihm dienst? 2. Die Rolle der Beschneidung: Sie ist ein Zeichen für den Bund zwischen Gott und seinem Volk und drückt Zugehörigkeit, Gehorsam und Treue aus. Unbeschnitten zu sein, führt zum Ausschluss aus dem Volk (vgl. 1. Mose 17,9-14). Trotzdem ist Gottes Tötungsplan schwer verdaulich, denn schließlich befindet sich Mose gehorsam auf dem Weg zu den Israeliten. Das Unbeschnittensein seines Sohnes steht jedoch noch als Störfaktor zwischen ihm und Gott. Was ist zwischen Gott und dir wegzuräumen? 3. Die Rolle der Wunder: Gottes Zusagen erfüllen sich. Mose ist mit Allmacht ausgestattet und bewirkt bei seinen Landsleuten die Erkenntnis, dass Gott sich ihnen zuwendet, sie hört, sieht und seine Befreiungsmission beginnt. Wo erlebst du, dass Menschen Gottes Handeln erkennen und du dabei eine Vermittlerrolle innehast, die dir nicht durch eigenes Können aus dir selbst heraus zukommt?

Das merke ich mir: ______________________________

____

Freitag 23

WAR DAS SO GEPLANT?

2. Mose 5,1 – 6,1

Mose und Aaron treten als Team auf und erreichen noch weniger als nichts. Auch die israelitischen Aufseher sprechen an höchster Stelle vor und verhärten nur die Verhältnisse. Ja, Gott hatte Mose bereits bei seiner Berufung angekündigt, dass der Pharao in seinem Starrsinn das Volk nicht einfach ziehen lässt, sondern erst durch eine härtere Gangart dazu gezwungen werden soll. Und nein, Gott hatte nicht prophezeit, dass das Leid der Israeliten noch unerträglicher werden soll. Ungerechtigkeit und Ausbeutung schreien zum Himmel. Der Pharao zieht die Daumenschrauben an und regiert unerbittlich mit eiserner Faust. Folglich kippt die Stimmung: Aus Glauben und Ehrerbietung am Ende von Kapitel 4 werden Klage und Vorwürfe, die die beiden Anführerbrüder, plötzlich Feinde des eigenen Volkes, prompt an Gott weitergeben. Wie gehst du damit um, wenn eine Situation aus dem Ruder zu laufen scheint? Wenn du mit Gottes Rückendeckung und in seinem Auftrag eine anspruchsvolle Aufgabe angegangen bist, aber deine Mission nun vor den Augen aller ins Gegenteil verkehrt wird und sogar andere Menschen darunter leiden müssen? Wie leicht oder wie schwer fällt es dir dann zu vertrauen, dass Gott die Lage entgegen äußerem Anschein dennoch in der Hand hat?

Das merke ich mir: ______________________________

____

Samstag 24

EIN AUSSICHTSLOSER KAMPF?

2. Mose 7,1-13

Gott nutzt am Ende von Kapitel 4 Moses Stab, um den Israeliten zu zeigen, dass Mose in Gottes Auftrag und mit seiner Macht ausgestattet unterwegs ist. Dasselbe Wunder soll nun auch den Pharao überzeugen, verfehlt aber sein Ziel. Ein schier aussichtsloser Kampf. Absprachegemäß treten Mose und Aaron als Team auf. Denn Mitstreiter sind in Krisenzeiten Gold wert, weil sie sich gegenseitig stärken und ergänzen. Zugleich ist ihre Beziehung gefährdet, da Krisen einen Keil zwischen sie treiben können. Der Bibeltext gibt keinen Einblick hinter die Kulissen des Brüderpaars. Auf öffentlicher Bühne treten sie jedenfalls geschlossen auf, und Gott stellt sich zu den beiden. Er hält sein Versprechen, begleitet sie Schritt für Schritt und schenkt ihnen die richtigen Worte. Vers 12 macht deutlich: Egal, wie gefährlich, klug und listig der Pharao, seine Berater und Sklaventreiber auch sein mögen, Gott ist stärker. Die Herausforderung ist, daran festzuhalten, wenn die äußeren Umstände dagegenstehen. Es frustriert, wenn Gottes Macht scheinbar keine Wirkung erzielt. Wenn sie Menschen nicht zum Umdenken anregt. Wenn sie gefühlt einfach nur verpufft. Bitte Gott in diesen Sackgassen darum, dass er dir dein Vertrauen in ihn erhält und eingreift.

Das merke ich mir: ______________________________

____

KW 9 bearbeitet von Karin Schüttendiebel,
ehrenamtliches DECV-Vorstandsmitglied,
Filmbildnerin aus Niedersachsen,
31515 Steinhude
E-Mail: karin.schuettendiebel@ec.de

ROADSONG – EIN LIED FÜR DIE REISE

Psalm 123

Diese Woche werden der Auszug aus Ägypten sowie Stationen vor dem Einzug nach Jerusalem beleuchtet. Auf dem Weg – unterwegs sein. Im Gegensatz zum Pendeln bedeutet Pilgern auf ein Ziel zuzulaufen und dabei den Weg bewusst zu nutzen. So dass man dem Ziel auch innerlich näherkommt. Dabei helfen Lieder. Genauso wie der Song für die besonders lange Autofahrt die Laune heben soll, damit man durchhält bis ans Ziel. Besonders eingängig ist der hier in Psalm 123 vorliegende Songtext allerdings nicht. Wir stolpern sofort über den Vergleich zum Sklaven. Solch eine Haltung kennen wir (hoffentlich) nur aus Filmen: der vorsichtige Blick zum Herrn und das Hoffen auf seine Gnade. Nicht aufrecht, sondern gebeutelt und der vermeintlichen Willkür ausgesetzt. In Vers 3 und 4 zeigt sich Unzufriedenheit: „Wir haben es satt." Es muss sich etwas ändern. Dabei ist aber nicht Gott der Unzufriedene. Sondern er ist derjenige, der die Zustände ändern kann und der darum gebeten wird. Alle Psalmen von 120-134 sind solche Songs für die Pilgerreise, die einen auf dem Weg zum nächsten Ziel begleiten. Gibt es ein Ziel, auf das du im Moment zusteuerst? Welches Lied – welcher Roadsong – kann dir auf dem Weg helfen? Tipp: Psalm 121 ist toll und mehrfach vertont.

Das merke ich mir: ______________________

____

____

MONATSSPRUCH MÄRZ

ENTSETZT EUCH NICHT! IHR SUCHT JESUS VON NAZARETH, DEN GEKREUZIGTEN. ER IST AUFERSTANDEN, ER IST NICHT HIER.

Markus 16,6

Tue alles in Liebe! Und alles hat seine Zeit! – Wenn ich die Liebe für etwas nicht aufbringen kann, höre ich also besser damit auf? Oder bete ich für die Liebe?

Karin Schüttendiebel

WOCHENSPRUCH

Gott aber erweist seine Liebe zu uns darin, dass Christus für uns gestorben ist, als wir noch Sünder waren.

Römer 5,8

Montag 26

EINE WOCHE OHNE WASSER

2. Mose 7,14-25

Der Nil ist die Lebensader Ägyptens. Ohne ihn wäre das antike Ägypten nicht zu solch einer reichen Zivilisation geworden. Der Nil „überschwemmte“ das Land im wahrsten Sinne des Wortes mit fruchtbarem Boden und war die Wasserquelle für die Kornkammer des Orients. Durch ein ausgeklügeltes System wurde das Wasser über weite Strecken gepumpt. Ähnlich wie beim Öffnen eines Wasserhahns war das kostbare Gut einfach verfügbar. Wenn bei uns das Wasser mal für ein paar Stunden abgestellt wird, können wir uns vorher Wasser abfüllen oder haben „bottled water“ vorrätig. Doch was, wenn nicht? Ich selbst wurde einmal überrascht und hatte nichts dergleichen. Ich hatte nichts zu trinken und keine Gelegenheit einzukaufen. Kein verfügbares Wasser. Wie hätte ich das eine Woche aushalten sollen? Der Nil als Quelle und als lebensbringender Strom war eine ganze Woche lang nicht mehr zugänglich. Trotz aller Infrastruktur blieb der Kontakt zum belebenden Wasser aus. Lebensquell? Wasser des Lebens? Hier drängt sich der Christusbezug auf. Ich halte es kaum ein paar Stunden ohne Wasser aus – ich wünschte mir, dass ich ein solches Verlangen in Bezug auf meine Gottesbeziehung hätte. Die Infrastruktur ist da. Der Strom fließt. Wie groß ist dein Durst?

Das merke ich mir: ______________________________

____

Dienstag 27

SPRACHLOS

2. Mose 11,1-10

Dieser Abschnitt ist sprachlich sehr schwierig. Wer sagt was wann zu wem mit welchem Ergebnis? Ich musste mir erstmal eine Skizze machen. Es gibt im Grunde vier Sprechersituationen: 1. Gott spricht zu Mose (V.1.2.9). 2. Mose spricht zum Pharao (V.4-8a). 3. Mose zitiert Gott (V.4b-7a). 4. „Regieanweisungen“ bzw. Erzähler (V.3.8b.10). Nur der Pharao sagt nichts. Eine direkte Reaktion erhalten wir auch nicht von ihm, nur Mose redet sich scheinbar in Rage (V.8b). Ist der Pharao gelangweilt: Prima, schon wieder eine Plage? – Ist er einfach sprachlos? Der Thronfolger wird sterben. Doch der Pharao bleibt stur. Es wird immer wieder darauf hingewiesen, dass Gott selbst diese Starrsinnigkeit (2. Mose 7,3.10/V.1) und Begriffsstutzigkeit (2. Mose 7,13.11/V.10b) herbeigeführt habe. Überhaupt verfolgt Gott hier einen Plan. Er weiß, wie oft Mose vor den Pharao treten wird und wann endlich der Tag der Befreiung und damit der Auszug aus Ägypten stattfindet (2. Mose 12,40.41). Mose reagiert wütend (V.8c). In Vers 1 wird angekündigt, der Pharao würde einlenken. Aber dass er das nicht einfach aufgrund der Ankündigung der 10. Plage tut, kann Mose nicht aushalten. Wilder Aktionismus oder stilles Abwarten? Hast du Geduld, Gott handeln zu lassen?

Das merke ich mir: ______________________________

____

EINE NEUE ZEIT

2. Mose 12,1-20

Mittwoch **28**

Gott setzt eine neue Zeitordnung fest. Ab sofort beginnt mit diesem Monat das neue Jahr und in der Mitte des Monats gibt es ein neues Fest: Passa. Passa bedeutet „Vorüberschreiten". Der Herr „schreitet vorüber" und verschont die vorbereiteten Häuser (V.27). Ein Lamm, makellos und jung, also rein und unschuldig, soll geschlachtet werden. Das Blut wird als Zeichen des Schutzes (V.13) an den Hauseingang gestrichen, das Fleisch gebraten und in derselben Nacht restlos verzehrt. Dazu gibt es Brot. Ohne Sauerteig. Diese Weisung wird so oft benannt. Warum? Sauerteig ist ein Teil vom vorherigen Brotteig, den man weiter füttert und gären lässt, bis man mit diesem das neue Brot backt. Wobei man wieder einen Teil vom Teig für die nächste Runde zurück behält. Und so weiter und so fort. Jetzt soll der alte Sauerteig entfernt werden. Mit der Reinigung wird ein Neustart gesetzt. Sieben Tage lang wird nur ungesäuertes, also neues und reines Brot gegessen. Ein weiterer Grund: Sauerteig benötigt Zeit. Und die haben die Israeliten nicht mehr. Reisefertig und in Eile sitzen sie beieinander und warten, dass Gott sie endlich aus Ägypten führt. Du bist vielleicht nicht in Eile, aber aufräumen tut der Seele gut. Was solltest du rauswerfen und wo neu starten?

Das merke ich mir: ______________________________

____

UNVORSTELLBAR!

2. Mose 12,21 – 33.51

Donnerstag **29**

Die Tür wird versiegelt, mit Blut bestrichen, verschlossen und geschützt. Keiner verlässt das Haus (V.22), keiner betritt das Haus (V.23). Denn Gott selbst geht durch die Straßen und nimmt jedes erste Leben. Alle Erbfolgen sind ausgehebelt. Alle Erstgeborenen sind tot. Auch die Tiere bleiben nicht verschont. Jedes Haus ist betroffen! (V.30) Ein drastischer Schritt, um die 430 Jahre in der Fremde nach einem exakten Plan zu beenden. Die Dimensionen, die hier benannt werden, sind außerhalb dessen, was Menschen organisieren können. Planungen, die 50 Jahre überschreiten, bedürfen bereits eines Generationenvertrages. Hier geht es um exakt 430 Jahre. Der EC ist gerade einmal 143 Jahre alt (*02.02.1881). 430 Jahre? Unvorstellbar! Von heute zurückgerechnet, würden wir noch vor dem 30-jährigen Krieg im Zeitalter der Reformation landen. Gottes Perspektive ist eine andere und er schreibt die Geschichte seines Volkes und auch mit uns in anderen Maßstäben, als es uns vorstellbar ist. Unsere Perspektive auf die Unendlichkeit – die Ewigkeit – ist da noch weniger vorstellbar. Und doch freue ich mich darauf! Was wird das für ein Fest! Wie weit reichen deine Pläne und Vorstellungen?

Das merke ich mir: ______________________________

____

1 Freitag

WIR SCHAUEN DER WAHRHEIT INS AUGE

Markus 10,32-45

Jesus kündigt zum dritten Mal seinen Tod an. Kein Wunder, dass seine Wegbegleiter Angst haben. Sie wurden schon zweimal über die Umstände informiert und nun rennt Jesus sehendes Auges nach Jerusalem in sein Unglück? Er nimmt seine Jünger beiseite und erklärt es ihnen noch einmal. Seine Worte beschreiben die Unausweichlichkeit der Situation. So wird es sein. So muss es sein. Analog zu den tausenden von Lämmern, die zum Schutz des Volkes Israel beim ersten Passa ihr Leben lassen mussten, um das Volk Israel zu retten, wird es nun ein einziges „Opferlamm" geben, um die ganze Welt zu retten. Den „Menschensohn". Der Sohn Gottes als einer von uns Menschen, als einer von Gottes Geschöpfen. Der bestimmte Artikel weist allerdings auch auf die herausgehobene Stellung hin: der Menschensohn. Der Eine. Der Auserwählte. Der, der sterben wird. Und dann mutet Jesus seinen Jüngern die unglaubliche Hoffnung auf seine Auferstehung zu. Diese Wahrheit ist der Clou an dem Ganzen. Aber eben auch ziemlich abstrakt. Die Angst sitzt tief – sie ist zutiefst menschlich. Was macht dir Angst? Wo schlottern dir wider besseren Wissens die Knie, schnürt sich die Kehle zu und lässt dich der Kreislauf im Stich? Welche Wahrheit kann dir eine Hoffnung sein?

Das merke ich mir: ____________________

____

2 Samstag

WENN DU IN WENIGEN TAGEN STIRBST?

Markus 10,46-52

Was würdest du mit deiner Zeit anfangen? Eine Möglichkeit, eine Lösung bei einer Fragestellung oder einem Problem zu finden, ist die Hilfsfrage „What would Jesus do?". In dem vorliegenden Text können wir nicht nur hypothetisch, sondern ganz praktisch sehen, wie Jesus mit der Situation des nahenden Todes umgeht. Er geht seinem „Tagesgeschäft" nach. Er predigt und tut Wunder. Er hält inne (V.49) und er nimmt sich Zeit für andere. Zudem nimmt er (positiven) Einfluss auf Menschen. So auch hier. Aus „Sei still!" (V.48) wird „Nur Mut!" (V.49). Und das „Steh auf, er ruft dich!" schließt ab mit „er folgte Jesus auf seinem Weg" (V.52). Welches Erbe willst du einmal hinterlassen? Ja, klar, du bist nicht der Messias! Aber die Orientierung an ihm ist unbestritten sinnvoll.

Bist du jemand, der andere ermutigt? Bist du anderen dienlich? Bist du ein Vorbild? In welchen Bereichen? Wo eher nicht? Du liest heute in der Bibel, das ist ziemlich stark! Kannst du diese Stärke weitergeben? Wann hast du das letzte Mal selbst eine Andacht gehalten oder ein Thema ausgearbeitet? Was fängst du mit der Zeit an, die dir noch bleibt?

Das merke ich mir: ____________________

____

KW 10 bearbeitet von Andy Müller,
Referent für Jugendevangelisation
beim Dt. EC-Verband, Kassel
E-Mail: andreas.mueller@ec.de

WOCHENSPRUCH
Wer seine Hand an den Pflug legt und sieht zurück, der ist nicht geschickt für das Reich Gottes.
Lukas 9,62

SCHWACHSTELLE

Psalm 141

Versuch jetzt bitte nicht an einen Elefanten in rosa Badehose zu denken, der eine Arschbombe vom 5-Meter-Brett macht. Und, woran hast du gedacht? Ich habe während des Schreibens an dieses Bild denken müssen. Das, was wir konsumieren, was wir sehen, hören, selbst sprechen, das prägt uns und unser Umfeld. Wenn ich an den einen oder anderen Satz denke, den meine Kinder von sich geben, dann entdecke ich oft meine eigenen Sätze wieder. David ist mit seinem Gebet ein echtes Vorbild. Er möchte nichts Unrechtes reden oder denken; nichts tun, was Gott nicht gut findet. Aber nicht nur das. Er möchte sich auch etwas sagen lassen. Ehrliche, konstruktive Kritik annehmen und darauf reagieren. Rache überlässt er Gott und den Richtern. Respekt David. Dein Gebet ist vorbildlich. Vor allem deshalb, weil es zeigt, dass jeder Versuch, diesem eigenen erbetenen Anspruch selbst gerecht zu werden, scheitern wird. Mir hilft es, Gott mit meinen Schwachstellen immer wieder in den Ohren zu liegen. Zum einen, weil ich mir so immer wieder bewusst mache, wo ich Schwierigkeiten habe. Zum anderen, weil ich mir so von Gott helfen lassen kann, diese Schwachstellen mehr und mehr zum Guten zu verändern. Welche Schwäche möchtest du Gott heute vor die Füße legen?

Das merke ich mir: ____________________

____

____

Mir hilft es mir immer wieder, mir klarzumachen, wie Jesus mit mir und meinen Fehlern umgeht, um dann in Liebe mit meinen Mitmenschen oder mir selbst umzugehen.
Andy Müller

4 Montag

HOSIANNA!

Markus 11,1-11

Mit dem elften Kapitel im Markusevangelium werden die letzten Tage von Jesus in Jerusalem beschrieben. Der Konflikt zwischen Jesus und seinen Gegnern spitzt sich mehr und mehr zu. Aber am Anfang steht der triumphale Einzug in Jerusalem. Die Szene erinnert an die damals von den Römern durchgeführten Triumphzüge. Sie ähnelt aber noch viel mehr der Ankunft eines Promis. Die sind oft schon vor den Toren der Stadt empfangen worden und dann ging es, ähnlich wie bei Jesus, rein in die Menge und in die Stadt. In Vers 9 lesen wir von Menschen, die vor Jesus hergegangen sind und die mit ihm unterwegs waren. Die riefen „Hosianna". Das ist ein Bittruf, der so viel heißt wie „Herr, hilf doch!" oder „Gib Segen!". Die Antwort auf diesen Ruf ist Jesus selbst, der in die Stadt einzieht. Mit ihm beginnt etwas Neues. In den vielen Fragen und Entscheidungen, die mich jeden Tag beschäftigen oder die ich jeden Tag aufs Neue treffen soll, denke ich das immer wieder: Hosianna – Jesus, hilf mir! Hilf mir bei meinen Entscheidungen! Hilf mir bei meinen Sorgen! Hilf mir in der Schule, auf der Arbeit, in der Uni! Segne mich in meinem Umfeld! Starte deinen Tag mit einem „Hosianna" und dem Wissen, dass Jesus dir den Rücken stärkt.

Das merke ich mir: ____________________

____

5 Dienstag

UNFRUCHTBAR

Markus 11,12-25

Solche Wutausbrüche ist man eigentlich nicht gewohnt. Dass Jesus mal lauter geworden ist, kennt man. Den Rauswurf der Händler im Tempel kann man nachvollziehen. Aber einen Feigenbaum zu verfluchen, der keine Frucht bringt in einer Zeit, die nicht mal der Erntezeit entspricht, scheint irrational und als ob Jesus an diesem Tag eher übel gelaunt war. Die Feigenbäume, übrigens zur Zeit Jesu die verbreitetsten Obstbäume, werden schon im Alten Testament (u. a. bei Micha) erwähnt. Sie tragen zweimal im Jahr Früchte: im Mai/Juni und zwischen August und Oktober. Jesus sucht etwa im April nach Feigen. Klar ist, dass die Feigen da noch nicht reif sind. Aber es sollten schon kleine Früchte erkennbar sein. Diese sind, wenn auch nicht besonders lecker, essbar. Das Einzige, was Jesus aber findet, sind Blätter. Auch keine Reste aus der Herbsternte. Nur Blätter. Jesus macht hier wahrscheinlich eine Anspielung auf Micha 7. Der Prophet vergleicht sich mit jemandem, der nach der Ernte keine Frucht mehr an den Pflanzen findet, auch keine Feige. Wenn man weiterliest, dann kann man entdecken, dass Jesus mit dem fehlenden Obst in Wirklichkeit das Fehlen von „echten Gläubigen" bemängelt, die Frucht bringen. Bringst du als Christ Frucht in diese Welt?

Das merke ich mir: ____________________

____

WER IST JESUS FÜR DICH?

Markus 11,27-33 **6** Mittwoch

Mit welchem Recht trittst du so auf? Die Elite hat natürlich mitbekommen, was kurz vorher im Tempel durch Jesus passiert ist (Mk 11,15-19). Die Nachfrage, wer Jesus die Befugnis zu seinem Handeln gegeben hat, ist logisch, denn die Nachfragenden sind die Hausherren und sie sind diejenigen, die die Regeln aufstellen und auf die Einhaltung achten. Also, mit welchem Recht, Jesus, tust du das? Jesus nutzt geschickt die Bekanntheit von Johannes und den Glauben, dass die Taufe des Johannes von Gott eingesetzt wurde. Die Priester, Schriftgelehrten und Ratsmitglieder finden keine für sie passende Antwort und verstecken sich hinter scheinbarer Unwissenheit. Mit welchem Recht tritt Jesus hier auf? Er verrät es der Elite nicht. Wir können es heute wissen: weil er Gottes Sohn ist und er tut es, weil Gott ihm das Recht übertragen hat. Vielleicht denkst du in diesem Moment: „Ja, ist mir schon lange klar, dass es so ist. Jesus ist Gottes Sohn." Oder du liest diesen Text und stellst dir auch die Frage: „Wer ist dieser Jesus eigentlich?" Was würdest du jemandem antworten, der dich heute fragt: Wer ist dieser Jesus? Wer ist er für dich? Versuche doch einmal, ohne viel Herumgerede eine Antwort auf diese Frage zu finden.

Das merke ich mir: ______________________________

____

ECKSTEIN

Markus 12,1-12 **7** Donnerstag

Jesus macht durch dieses Beispiel eins deutlich: Gott geht den Menschen nach. Immer wieder schickt er Knechte zum Weinberg, der hier als Bild für das Volk Israel steht. Die Knechte (oder übertragen = Propheten Gottes) werden missachtet und verstoßen. Gott wird vom eigenen Volk nicht mehr akzeptiert. Deshalb schickt er seinen Sohn, um Klärung zu bringen und in der Hoffnung, dass er ernst- und wahrgenommen wird. Aber selbst vor Gottes Sohn haben sie keinen Respekt, sondern sind nur auf ihre Macht und auf ihren Gewinn aus. Jesus verwendet ein Beispiel aus dem Alten Testament, was die Zuhörer zu 100 % kennen.

In Psalm 118,22.23 z. B. wurde vorausgesagt, dass der Messias von den jüdischen Führern, von den Bauleuten, verworfen würde. Aber nach seinem Tode würde er von den Toten auferweckt und den ersten Platz bei Gott einnehmen. Er würde zum „Eckstein" des Hauses Gottes werden. Übrigens zu einem Haus, das nicht nur für Israel, sondern nach Vers 9 auch für andere Völker und Menschen ein Zuhause sein wird. Der Eckstein hat eine tragende Rolle. Die Pächter bauten nur auf ihren Vorteil. Auf wen oder was willst du dein Leben aufbauen?

Das merke ich mir: ______________________________

____

8 Freitag

WEM STEHT WAS ZU?

Markus 12,13-17

Gruppen, die sich gegenseitig verachten, gehen gemeinsam gegen Jesus vor. Hier sind es die Pharisäer und die Anhänger des Herodes, mit dem Ziel Jesus Ärger zu machen und ihn bloßzustellen. Die Frage nach der Steuer war geschickt. Die Juden hassten die römischen Besatzer. Außerdem waren es Heiden in ihren Augen. Wenn Jesus jetzt etwas gesagt hätte, dass die Steuerzahlungen legitimiert, dann hätte er sich sehr unbeliebt bei ihnen gemacht. Sollte er gegen die Steuerzahlungen reden, dann würde er durch die Herodianer vor die römische Verwaltung kommen. Jesus reagiert sehr klug. Das Bild auf dem Denar zeigt den Kaiser. „Also gebt ihm, was ihm zusteht." Beim Kaiser ist die Antwort klar. Aber was heißt es, wenn Jesus dazu auffordert, dem Herrn das zu geben, was des Herrn ist? Alles, was du an Gutem auf dieser Welt entdeckst, ist durch Gott entstanden. Schau in den Spiegel. Du bist ein Ebenbild Gottes. Also gib Gott etwas zurück von dem, was er dir Gutes getan hat. Das kann zum Beispiel ein Teil deiner Zeit sein, in der du dich von ihm mit deinen Begabungen gebrauchen lässt. Oder ein Teil deines Geldes, das du abgibst, damit die Gute Nachricht weitergeben werden kann. Oder das kann auch ein bewusstes „DANKE, Gott" sein. Was gibst du heute?

Das merke ich mir: ______________________________

____

9 Samstag

VÖLLIGER IRRTUM

Markus 12,18-27

Jetzt kommen auch noch die Sadduzäer zu Jesus. Sie waren die Liberalen damals, die (wie man gelesen hat) unter anderem mit der Auferstehung nichts anfangen konnten. Die Gruppen vereint alle ein und dasselbe. Sie können Jesus nicht leiden. Er redet anderes von Gott und zeigt damit auch, dass es den verschiedenen Gruppen, die wir in den letzten Tagen kennengelernt haben, mehr um ihre Macht, ihren Einfluss und um ihr Ego geht, als darum, Gott groß zu machen und seinen Willen zu tun.

Die Sadduzäer halten sich, da sie sich auf die Gesetze von Mose berufen, für schlau. Jesus zeigt ihnen deutlich, dass sie falsch liegen. Er erinnert sie an die Berufung von Mose (die mosaischen Bücher waren den Sadduzäern sehr wichtig). Hier bezeichnet sich Gott selbst mit den Worten: Ich BIN der Gott von Abraham, Isaak und Jakob. Die waren schon tot, als Gott das zu Mose sagt. Er sagt nicht: Ich war der Gott, sondern ich bin der Gott.

Nach dem Tod beginnt etwas Neues, etwas, das außerhalb unserer Erfahrung und unserer Vorstellungskraft liegt. Aber eines bleibt: Gott selbst! Er war, er ist und er bleibt unser Gott und damit an unserer Seite!

Das merke ich mir: ______________________________

____

KW 11 bearbeitet von Thomas Bast,
Gemeinschaftspastor, 17192 Waren (Müritz)
E-Mail: t.bast@mgvonline.de

WOCHENSPRUCH
Wenn das Weizenkorn nicht in die Erde fällt und erstirbt, bleibt es allein; wenn es aber erstirbt, bringt es viel Frucht.
Johannes 12,24

Lied: FJ5! Nr. 118

WOHNLICH

Psalm 132

König David hatte sich auf die Suche gemacht. Nach einer tollen Wohnung. Nicht für sich, sondern für seinen Herrn. Das hat er sich wirklich etwas kosten lassen. Daran hat er leidenschaftlich gearbeitet. Gott in seiner Nähe zu haben, das war seine Sehnsucht. Er selbst durfte ihn nicht bauen, aber schließlich stand er doch da: der Tempel in Jerusalem, die Wohnung und der Ruheplatz Gottes. Dieses Engagement wurde zu einem Lied, zum Psalm, zum Gebet des Volkes. Das wurde gejubelt, wenn man zu den Festen nach Jerusalem pilgerte. Wunderbar, wenn sich ein Mensch so für Gott interessiert, engagiert und investiert. Nimm dir König David zum Vorbild! Und doch ist dies nur die eine Seite der Medaille, die erste Hälfte des Psalms (bis V.10).

Denn wir stellen fest: Wichtiger als das, was David tut, ist das, was Gott tut. Gott hatte sich schon vorher auf die Suche gemacht. Er selbst hat sich Jerusalem (Zion) als Wohnung ausgesucht. Nicht David baute Gottes Haus, sondern Gott baut David ein Haus (2. Sam 7,16). Gott will bei uns wohnen, durch seinen Geist, auch ohne Tempel. Und wo er wohnt, da bringt er seinen Segen mit. Du darfst einziehen in die Wohngemeinschaft mit Gott.

Das merke ich mir: ______________________

____

____

Eine krasse Herausforderung, die nur gelingen kann, wenn ich mich selbst, in allem was ich tue, von Gott lieben lassen.
Thomas Bast

PASSWORT LICHTSTRAHLEN-APP
Liebe_2024

Montag 11

LIEBLICH

Markus 12,28-34

Die richtigen Fragen zu stellen, ist eine Kunst. Und wenn es jemandem gelingt, dann ist das sehr hilfreich. Die Frage des Schriftgelehrten führt in das Zentrum des Glaubens. Im „wichtigsten Gebot" zeigt sich, was Gott überhaupt am wichtigsten ist: die Liebe zu Gott und zum Mitmenschen. Dabei zitiert Jesus das Schema, das „Höre Israel" aus 5. Mose 6,4f (siehe auch Gal 5,14). Auch wir kennen die Inhalte und wissen vielleicht, was diese Worte bedeuten. Aber oft sind wir so beschäftigt mit unseren Plänen, Programmen, Projekten, Problemen und wie wir uns präsentieren. Da verlieren wir schnell aus den Augen, auf was es wirklich ankommt. Jesus will uns heute auf das ausrichten, was in Gottes Augen unverzichtbar ist. Wenn es hier um das Wichtigste geht, dann müssen wir uns fragen: Wie steht es bei mir mit der Liebe zu Gott und zu den Menschen? Wie kann sich diese Liebe (neu) in mir entzünden und wachsen und leidenschaftlich werden? Wie kann die Liebe zu Gott mein Herz, meine Seele, mein Denken, meine Kraft ganz in Anspruch nehmen? Wie sieht das praktisch aus? Ich bin überzeugt: Wenn du die Fragen ehrlich stellst, bist du schon unterwegs auf dem Weg dieser Liebe.

Das merke ich mir: ______________________________

____

Dienstag 12

FRAGLICH

Markus 12,35-40

Die Frage, die sich durch das ganze Evangelium zieht: Wer ist dieser Jesus eigentlich? Ist er der von Gott versprochene Christus (= Messias), die Schlüsselperson für Gottes Geschichte? Den Profi-Theologen war Jesus von Anfang an fraglich. Manche hatten ihre Antwort schnell gefunden und festbetoniert. Hier sehen wir, wie auch Jesus Fragen stellt, dass er geschickt feste Vorstellungen und verkehrte Lebensweisen hinterfragt. Jesus bohrt Löcher in die theologischen Mauern seiner Gegner und hält ihnen warnend einen Spiegel vor die Augen.

Leider bleiben seine Fragen ohne Antwort. Wer keine Argumente mehr hat, der schweigt. Oder er versucht, den unbequemen Frager zu beseitigen. Genau das soll mit Jesus gemacht werden. Wer ehrlich nach Jesus fragt und sich von ihm hinterfragen lässt, der merkt, was auch das Zitat aus Psalm 110 sagt: Der Christus ist nicht nur Sohn Davids, schon gar nicht nach unseren Wünschen, er ist mehr. Jesus ist viel mehr. Er ist der Sohn Gottes und der Herr über alle. Wo ist Dein Leben für Jesus fraglich? Darf er dich in Frage stellen?

Das merke ich mir: ______________________________

____

REICHLICH

Markus 12,41-44

Mittwoch **13**

Wie reich muss diese Frau sein!? Ja, wie reich muss man sein, dass man es sich leisten kann, seine letzten paar Cent Gott zur Verfügung zu stellen? Klar, die Frau ist bettelarm – im Blick auf ihr Geld. Die Frau ist hilfsbedürftig – im Blick auf ihren sozialen Status als Witwe. Die Frau ist zu bemitleiden – in den Augen der Tempelbesucher, der Reichen, der Jünger und in unseren Augen. Aber sie ist unglaublich wohl-habend an Vertrauen, dass Gott sie versorgen wird. Sie ist vermögend an Liebe, Hingabe und Großzügigkeit. Und sie ist reich an Ansehen bei Jesus, der sie uns als Vorbild vor Augen stellt. Sie hat „mehr gegeben als alle anderen", weil sie mehr hat als alle anderen.

Diese Art von Reichtum ist ein Reichtum, nach dem wir streben sollen. Reichtum, der nicht schwindet. Jesus idealisiert die Armut nicht. Armut ist nicht schön. Vielleicht gibt es Bereiche in deinem Leben, wo du dir arm vorkommst: arm an Gesundheit, arm an Ansehen, arm an Einfluss, arm an Begabungen, vielleicht auch arm an Geld. Dann bitte Jesus um seinen Reichtum. Diesen Reichtum gibt es nur geschenkt.

Das merke ich mir: ______________________________

____

ENDLICH

Markus 13,1-13

Donnerstag **14**

Schon immer haben sich Menschen für die Zukunft interessiert. Und Jesus nimmt die Frage seiner Jünger ernst. Er bereitet seine Leute für die Zeit zwischen seinem ersten und zweiten Kommen vor. Im Umgang mit der „Endzeit" gibt es zwei Seiten, von denen Christen gerne vom Pferd fallen: Die eine Seite ist, dass Menschen leben, als ginge die Geschichte immer so weiter.

Die andere Seite ist eine Endzeithysterie, die mit den Zukunftsängsten der Menschen spielt und sie manipuliert. Ein „Endzeit-Fahrplan" wird suggeriert oder sogar der Weltuntergang berechnet. Wichtig ist eine nüchterne Balance. Jesus befähigt uns, trotz Kriegs- und Katastrophenstimmung, vertrauensvoll in die Zukunft zu schauen und angemessen mit der Gegenwart umzugehen. Dazu ermutigt er uns, auch in Verfolgungssituationen, an ihm festzuhalten und uns nicht erschrecken zu lassen. Durchhalten lohnt sich. Vor allem dürfen wir den roten Faden von Gottes Geschichte nicht aus den Augen verlieren: Er ist der Sieger, der sein Ziel erreicht. Diese Gute Nachricht müssen alle erfahren.

Das merke ich mir: ______________________________

____

Freitag 15

SCHRECKLICH

Markus 13,14-23

Schrecklich ist kein schönes Wort. Noch weniger die Zustände, Umstände und Verhältnisse, die hier beschrieben werden. In erster Linie bezieht sich die Vorhersage Jesu wohl auf die schreckliche Zeit vor der Zerstörung Jerusalems, 70 n. Chr. Hier herrschte der furchtbare jüdisch-römische Krieg, in dem auch die Christen aus Jerusalem fliehen mussten. Dann beschreiben die Worte der Ermahnung auch Situationen im Laufe der letzten 2000 Jahre bis zum Wiederkommen Jesu. Christen mussten und müssen immer wieder Verführung erleben und schreckliche Erfahrungen machen. Jesus will keinen Horror verbreiten, sondern schlafende Christen wachrütteln. Dabei bin ich immer wieder erstaunt, wie ehrlich die Bibel ist und wie genau sie zur Wirklichkeit dieser Welt passt.

Ob wir irgendwann solch eine Zeit erleben müssen? Ich hoffe nicht. Aber ich weiß es auch nicht. Sicher ist, dass Gott seine Leute im Blick hat, auch in schrecklichen Zeiten, und geben kann, was nötig ist. Sicher ist, dass er die Zügel der Weltgeschichte fest in seinen Händen hält. Sicher ist, dass er mit seinen Leuten zum Ziel kommt, auch wenn es hart auf hart kommt.

Das merke ich mir: ______________________________

____

Samstag 16

PÜNKTLICH

Markus 13,24-37

Noch nie waren wir dem Ende so nahe wie jetzt. Das wissen wir. Und dieses Ende wird tatsächlich kommen. Himmel und Erde werden vergehen. Das wissen wir. Der Menschensohn steht vor der Tür. Und er kommt auf jeden Fall pünktlich. Das wissen wir. Zumindest können wir das wissen, wenn wir dem Wort Jesu trauen. Aber etwas wissen wir nicht: nämlich wann genau „pünktlich" sein wird. Wann der Menschensohn zur Tür reinkommt. Und, wie überraschend, Jesus selbst weiß es auch nicht. Und wir wissen übrigens auch nicht, wie das alles genau geschehen wird. Aus unserem Wissen und Nichtwissen müssen wir die richtigen Schlüsse ziehen.

Nämlich: wachsam sein! Wachen heißt nicht, Däumchen drehen auf dem Sofa. Wer wachsam ist, übernimmt Verantwortung für seine Aufgaben. Jeder Diener im Gleichnis hat seine Aufgabe. Welche ist deine? Wer wachsam ist, hält den Kontakt mit der himmlischen Befehlszentrale, der hat ein Ohr an Gottes Herz und das andere bei den Menschen. Wer wachsam ist, der lebt im Heute, steht mit beiden Beinen auf dieser Erde und freut sich trotzdem auf das Kommen seines Herrn.

Das merke ich mir: ______________________________

____

KW 12 bearbeitet von Jan Reitzner, Vikar,
37081 Bexhövede
E-Mail: janreitzner@web.de

VERGEBUNG – UND DANN?

Psalm 130

Wer zum Tempel in Jerusalem wollte, musste einen langen Weg zurücklegen. Die Pilger waren oft Wochen unterwegs. Und dann sahen sie dieses einmalige Bauwerk! Doch es dauerte anschließend noch lange, bis sie wirklich im Tempel waren: Viele rituelle Waschungen und komplizierte Reinigungsrituale waren vorgeschrieben, bevor man auf die Pilgerstraße durfte. Das war der letzte steile Anstieg, bevor es in den Vorhof des Tempels ging. Vermutlich haben die Pilger auf diesen letzten Metern „Wallfahrtslieder“ gesungen, wie Psalm 130. Darin beschreibt der Pilger seine tiefe Sehnsucht nach dem Tempel. Noch ist er unten im Tal von Jerusalem, in der Tiefe (V. 1). Aber seine Sehnsucht gilt dem Tempel, ja vielmehr dem lebendigen Gott. Es geht ihm nicht um die atemberaubende Kulisse des Tempels, sondern um die Vergebung. Deshalb brachten die Menschen Opfertiere: Sie hatten ein Schuld-Problem. Weil bei Gott Erlösung, Vergebung und Gnade sind, hatten sie sich auf den Weg gemacht. Gott hat das Monopol auf die Sündenvergebung. Und das ist gut so: Denn ihn allein sollen wir fürchten (V. 4). Nimmst Du die Vergebung deiner Schuld als Selbstverständlichkeit achselzuckend hin – oder kommst du noch ins ehrfürchtige Staunen über die Macht und Liebe unseres Gottes?

Das merke ich mir: ____________________

____

____

WOCHENSPRUCH

Der Menschensohn ist nicht gekommen, dass er sich dienen lasse, sondern dass er diene und gebe sein Leben zu einer Erlösung für viele.
Matthäus 20,28

Was heißt hier eigentlich Liebe? Ist sie Gefühl, Entscheidung oder Tat? Die Antwort finden wir nur bei Gott: Er selbst ist die Liebe.

Jan Reitzner

Montag 18

DIE FROMMEN UND DAS LIEBE GELD

Markus 14,1-11

Immer wieder geht es in den Gemeinden um das Geld: „Allein diese alte Kirche zu heizen, kostet doch schon Unsummen!“ Oder: „War diese neue Sound-Anlage wirklich nötig?“ Oft höre ich dann auch gleich Alternativ-Vorschläge: „Warum spenden wir das Geld nicht stattdessen für die Tafel oder schicken es in ärmere Regionen?“ Der Streit ums Geld ist richtig und notwendig, aber er ist auch sehr gefährlich. Denn Geld kann schnell zum Götzen werden. Die Jünger hatten Jesus als sehr bescheidenen Mann kennengelernt. Umso größer der Schock, als das kostbare Öl an seine Füße verschwendet wurde: Fast ein Jahresgehalt floss dahin! Wie konnte Jesus das zulassen? Aber Jesus richtet ihren Blick weg vom Geld hin auf sich selbst: Ich werde für mein Begräbnis gesalbt. Judas war schon die ganze Zeit für das Geld der Jünger zuständig und bereicherte sich daran (Joh 12,6). Als er jetzt Jesus das ganze Geld verschwenden sah, da ging er zu den Hohepriestern. Alles davor hatte er mitgetragen, aber diese Verschwendung war ihm offensichtlich zu viel. Der Götze des Geldes hatte von ihm Besitz ergriffen und jetzt triumphierte er. Die Geschichte ist eine eindrückliche Warnung: Hängt euer Herz nicht an Geld, sondern an den lebendigen Gott!

Das merke ich mir: ______________________________

____

Dienstag 19

KÖNIG UND LAMM

Markus 14,12-16

Jesus bleibt der Herr des Geschehens. Er hat alles genau im Blick. Er weiß, dass schon jemand für sie einen wahrhaft königlichen Saal vorbereitet hat. Obwohl doch eigentlich zum großen Fest alles überfüllt sein müsste! Ganz anders als zu Weihnachten: Maria und Josef fanden keine Herberge. Jesus aber liegt auf Polstern und feiert das letzte Abendmahl mit seinen Jüngern. Er ist nicht das arme, kleine Baby. Er ist der König der Könige. Soeben wurde er an Palmsonntag feierlich als König von allem Volk anerkannt. Morgen wird er öffentlich gekrönt werden. Schließlich wird er den Weg antreten zum höchsten Ort Jerusalems: dem Kreuz auf Golgatha. Dann wird ihm alles zu Füßen liegen.

Ja, die Passionsgeschichte erzählt vom Herrschaftsbeginn des Königs aller Könige. Zugleich erzählt sie aber vom Passahlamm. Ein Schaf ist geduldig, gutmütig und vor allem völlig wehrlos. Genauso wird Jesus zur Schlachtbank gehen, ohne sich zu wehren. Beide Geschichten überlagern sich immer wieder: der machtvolle König, der souverän das Geschehen bestimmt, und das leidende Lamm, das die Sünden der Welt trägt. Entdeckst du beide Seiten an Jesus?

Das merke ich mir: ______________________________

____

AUSSICHTSLOS

Markus 14,17-26

Mittwoch 20

Jesus und seine Jünger feiern ein rauschendes Fest: Eigens haben sie die Halle hergerichtet, es gibt leckeren Lammbraten und es wird Wein gereicht. Doch mitten in diese Stimmung hinein kündigt Jesus an: Ich werde sterben müssen. Stellt euch mal die Wirkung vor, die das auf alle Anwesenden gehabt haben muss! Und Jesus setzt gleich noch einen drauf: Einer von meinen engsten Freunden wird mich verraten.

Wie hättet ihr euch wohl gefühlt, wenn ihr Petrus, Andreas oder einer der anderen Jünger gewesen wärt? Hättet ihr die anderen angeschaut, ob sich jemand verrät? Hättet ihr weiterfeiern können? Oder wärt ihr sofort verstört zu Jesus gelaufen und hättet ihn gefragt, was das soll? Ich hätte wohl geschwiegen. Mit Situationen, aus denen es keinen guten Ausweg mehr gibt, komme ich nicht klar. Ich versuche immer positiv zu denken: Da findet sich doch noch eine Lösung! Aber das stimmt nicht immer. Das Leben von Jesus ist zutiefst tragisch: Es gibt keinen heldenhaften Weg aus der Misere heraus. Wir sind in keinem Marvel-Comic oder einem Hollywood-Film. Die Passionsgeschichte nimmt kein gutes Ende: weder für Jesus noch für Judas.

Das merke ich mir: ______________________________

____

IMMER ÄRGER MIT JESUS ...

Markus 14,27-31

Donnerstag 21

Wann hast du dich das letzte Mal über Jesus geärgert? Ich meine: so richtig geärgert. Weil er das kostbare Salböl für sich beansprucht, statt es den Armen zu geben? Weil er der Ausländerin sagt, dass er nur zu Israeliten gesandt ist? Weil er bei den Händlern die Peitsche zückt, statt ihnen alles zu erklären? Weil er Judas nicht aufhält? Wer aufmerksam die Bibel liest, muss eigentlich verstört sein. Jesus sagt es in aller Klarheit: Ihr werdet euch alle (!) über mich ärgern. An sich ist das auch nicht schlimm. Wer in der Bibel immer nur seine eigene Position bestätigt findet, der liest gar nicht richtig. Gott ist ja größer als unsere Gedanken! Wenn mich etwas irritiert, ist das genau richtig. Dann schlage ich in der Studienbibel nach, frage Freunde und bete darüber. So trete ich in eine lebendige Beziehung mit diesem Gott ein, den ich immer näher kennenlernen möchte. Nur eins darf nicht passieren: Dass unser Ärger so groß wird, dass wir von Jesus gar nichts mehr wissen wollen. Petrus konnte einfach nicht glauben, dass der König Israels sich als harmloses Lamm abschlachten lassen würde. Das war zu viel für ihn.

Wann wird es dir zu viel – und wohin bringst du deinen Ärger dann?

Das merke ich mir: ______________________________

____

Freitag 22

WAS WÜRDE JESUS FRAGEN?

Markus 14,32-42

Wenn ich Jesus im Himmel endlich leibhaftig begegne, habe ich eine lange Reihe von Fragen. Manches ist sehr persönlich: Warum musste mein Freund so schwer erkranken? Andere Fragen behalte ich mir für die große Bibelstunde vor: Da habe ich schon reserviert! Überhaupt geht es mir so, dass ich ganz viele Fragen an Jesus habe. In unserer heutigen Geschichte ist es genau umgekehrt. Die Jünger wussten immer nicht, was sie Jesus antworten sollten. Oft löchern wir Jesus mit Fragen in unserem Gebet. Aber was würde Jesus dich wohl fragen? Es lohnt sich, darüber nachzudenken. Hättest du eine Antwort für ihn? Wir müssen aufpassen, dass unser Gebet nicht zum Monolog wird. Sonst reden wir schnell nur mit uns. Wir lassen Jesus dann gar nicht durch die Bibel antworten. Beim Gebet reden wir ja nicht mit der Wand, sondern mit dem lebendigen Gott! Wir sollten so leidenschaftlich mit Gott im Gebet ringen, wie Jesus es getan hat. Und uns zugleich so bedingungslos seinem Willen unterwerfen, wie er es tat. Wir sollten Jesus im Gebet alles fragen. Aber wir sollten es auch zulassen, dass er uns durch die Bibel etwas fragt. Am Ende führen auch die schmerzhaften Fragen nur näher zu Gott.

Das merke ich mir: ______________________________

____

Samstag 23

MIT DEM NACKTEN LEBEN ENTKOMMEN

Markus 14,43-52

Amos war eigentlich Schafzüchter. Aber dann berief ihn Gott persönlich zum Propheten und er kannte kein Halten mehr. Israel und Juda haben sich so gottlos verhalten, dass das Gericht kommen wird. Und was für ein Gericht! Die Assyrer werden einfallen und alles vernichten. Als Gipfel und Höhepunkt seiner Gerichtsrede kündigt er an: Wenn Gott Gericht hält, wird selbst der stärkste Held nur mit dem nackten Leben entkommen (Amos 2,16). Wahrscheinlich war es Markus selbst, der gerade noch im Bett gelegen hatte. Daher hatte er nur seinen Schlafanzug an: ein einfaches Leinengewand. Als die Soldaten ihn packen wollen, flieht er schnell. Er weiß um die Todesgefahr für die Freunde von Jesus. So rettet er lieber sein nacktes Leben. Der Tag des letzten Gerichts bricht an, als die Mächte der Finsternis Jesus gefangen nehmen. Gott hält Gericht mit seinem Volk und der ganzen Welt. Das Erstaunliche aber hat schon Amos angekündigt: Das Gericht vernichtet die Gottlosen nicht. Gewiss: Markus flieht nackt über den Ölberg. Aber er entkommt! So seltsam es klingen mag: Eigentlich ist alles wieder wie am Anfang. Markus entkommt dem Tod, der als Fluch seit Adam über der Menschheit lag: im Adamskostüm.

Das merke ich mir: ______________________________

____

BIBLISCHES BUCH

1. PETRUS

Im Zentrum des 1. Petrusbriefes steht der Gedanke, dass Christen anders sein sollten, wie ihr Herr anders ist: „Als gehorsame Kinder" sollen sie heilig sein (1,14 f.), einander „beständig lieb [haben]" (1,22), „alle Bosheit und allen Betrug und Heuchelei und Neid und alle üble Nachrede" ablegen (2,1) und „ein rechtschaffenes Leben" führen (2,12). Wie Christus sollen sie „allesamt gleich gesinnt, mitleidig, brüderlich, barmherzig, demütig" sein, „nicht Böses mit Bösem oder Scheltwort mit Scheltwort" vergelten, sondern segnen (3,8 f.). In einer Welt voller Hass lebt die Gemeinde also die Liebe, nicht nur untereinander, sondern auch nach außen. Christen sollen „allezeit bereit [sein] zur Verantwortung vor jedermann, der von euch Rechenschaft fordert über die Hoffnung, die in euch ist, und das mit Sanftmut und Gottesfurcht" (3,15 f.). Das Vorbild ist Jesus selbst. Er hat „einmal für die Sünden gelitten, der Gerechte für die Ungerechten, damit er euch zu Gott führe" (3,18). Wir sollen uns „mit demselben Sinn" wappnen (4,1), ihn als „Vorbild" nehmen (2,21). Zum Leiden „um guter Taten willen" sind wir „berufen", so wie auch Christus, „der unsere Sünde selbst hinaufgetragen hat an seinem Leibe auf das Holz, damit wir, der Sünde abgestorben, der Gerechtigkeit leben" (2,20.24). Hier wird das Thema „Berufung" deutlich, das wie ein roter Faden den Brief durchzieht. Christus war berufen, das Kreuz war kein Unfall, sondern die freie Tat eines souveränen Gottes (vgl. 1,20; 2,4-8.21-25; 3,18-22). In ihm erfüllt sich das Heil, das schon die alttestamentlichen Propheten zu sehen gehofft haben (vgl. 1,10-12). Durch ihn sind auch die Christen „auserwählt", „ausersehen", „wiedergeboren ... zu einer lebendigen Hoffnung" (1,1-3).

Aus all dem leitet der Apostel sein Gottvertrauen ab: Gott hält die Welt in seiner Hand. Er erfüllt seine Verheißungen. Er gibt den Demütigen Gnade (5,5), weswegen sich auch die Christen unter seine Hand beugen sollen, „damit er euch erhöhe zu seiner Zeit" (5,6). „Alle eure Sorge werft auf ihn; denn er sorgt für euch. [...] Der Gott aller Gnade aber, der euch berufen hat zu seiner ewigen Herrlichkeit in Christus Jesus, der wird euch ... aufrichten, stärken, kräftigen, gründen" (5,7.10 f.).

Vielleicht liegt gerade in diesem unerschütterlichen Gottvertrauen die größte Herausforderung für uns heute. Denn leiden fällt schwer, wenn einem der Glaube daran fehlt, dass Gott es nicht nur gut meint, sondern mit meinem Leben und der Welt auch zu seinem Ziel kommen wird. Doch Gott hat diese Welt nicht verlassen, im Gegenteil. Sein Wort gilt, auch wenn Himmel und Erde vergehen.

Dr. theol. Thomas Weißenborn,
Dozent am mbs-Bibelseminar, Marburg
E-Mail: thomas.weissenborn@m-b-s.org

BIBLISCHES BUCH

1. KORINTHER

„Ich hielt nichts dafür, dass ich etwas wüsste unter euch als allein Christus, den Gekreuzigten." (1. Kor 2,2).

Von so manchen „Kinderkrankheiten" ist die junge Gemeinde in der wirtschaftlich fluorierenden, belebten griechischen Hafenstadt Korinth befallen: religiösem Starkult, Saufgelage, wildem Treiben in den Gottesdiensten, groben sexuellen Verirrungen ...

Hinter diesen Missständen erkennt Paulus u. a. ein Missverständnis im Umgang mit den Geistesgaben. Sie wurden nicht mehr als Dienstgaben gebraucht, sondern zur Selbstdarstellung. Dazu kam, dass die Einheit der Gemeinde durch religiöse Schönredner auf dem Spiel stand. Einzelne Gemeindeglieder meinten, im Hochgefühl geistlicher Erfahrungen, bereits von allen irdischen Begrenzungen frei zu sein und nahmen sich Freiheiten heraus, die die Gemeinde in der Öffentlichkeit in Verruf brachten.

Paulus, der in den Jahren 55-56 die Gemeinde (Apg 18,1-18) gründete, geht in einer zeitübergreifenden Weise auf die Schwierigkeiten ein. Seine „Therapie" ist das Wort vom Kreuz, Jesus Christus selbst. Ihn stellt er in die Mitte des Briefes. Überzeugt davon, dass wenn Jesus Christus wieder im Mittelpunkt des Glaubenslebens steht, die Gemeinde die notwendige Bodenhaftung, Ausrichtung und Kraft erhalten wird, Missstände zu überwinden. Bemerkenswert ist, dass er angesichts der groben theologischen und ethischen Missstände, die es nicht nur in der Korinthischen Gemeinde gab, in keine Gesetzlichkeit (Kasuistik) zurückfällt, sondern auf die Kraft des Gekreuzigten und Auferstandenen vertraut.

Im Verlauf des Briefes lassen sich vier Motive erkennen, die zu den Grundpfeilern christlicher Dogmatik und Ethik wurden. Als Lehrer der Christenheit argumentiert Paulus:

- Eschatologisch / zielorientiert –
  Wozu hat Christus uns frei gemacht?
- Christologisch / christusorientiert –
  Was verherrlicht Christus?
- Ekklesiologisch / gemeindeorientiert –
  Was dient den Mitmenschen und unserer Gemeinde?
- Anthropologisch / schöpfungsorientiert –
  Was dient unserer Geschöpflichkeit?

Damit gibt der Korintherbrief auch Kritiken an die Hand, um in ganz praktischen Fragen des (Gemeinde-) Lebens den Willen Gottes zu erkennen.

Johannes Wegner, Gemeinschaftspastor in Backnang
und Beauftragter für Pastoraltheologie
E-Mail: Johannes.Wegner@lgv.org

KW 13 bearbeitet von Ruben Ullrich,
Referent für Jugend und junge Erwachsene,
34121 Kassel
E-Mail: ruben.ullrich@ec.de

EINFACH MAL REDEN

Psalm 88

Der Psalm 88 gilt als einer der traurigsten und deprimierendsten in der großen Sammlung der Bibel. Hier gibt es kein „dennoch“, keinen Lichtstrahl. Hier wird reine Klage vorgebracht, Schmerz geteilt. Es ist interessant, dass der Mensch, der dieses schreckliche Schicksal erlebt, sich aber trotzdem an Gott wendet. Diese Person könnte sich ja auch einfach von Gott abwenden, ihren Frust und ihre Enttäuschung, ihr Leid einfach in sich hineinfressen. Aber nein, sie wendet sich auch in dieser Situation, auch in diesem Leid an Gott. Der schweigt zwar scheinbar, aber zumindest hat diese Person einen klaren Adressaten für die Dinge, die sie beschäftigen.
Und hier kann ich anknüpfen, kann ich einen Bezug zu meinem Leben finden. Denn auch bei mir ist es so, dass Dinge manchmal allein dadurch kleiner oder weniger schlimm werden, indem ich sie teile. Wenn ich sie ausspreche. Wenn ich mich jemandem anvertraue. Ja, definitiv Gott anvertraue, aber auch Freunden oder meiner Frau. Dadurch ist vielleicht noch keine Lösung da, noch nichts verändert, aber manchmal brauche ich es einfach, mal zu reden. Einfach mal zu klagen. Einfach mal zu weinen. Auch darüber, dass Gott in meinem Leben oder im Leben anderer nicht das tut, was ich mir wünsche.

Das merke ich mir: ______________________

____

____

MONATSSPRUCH APRIL

SEID STETS BEREIT, JEDEM REDE UND ANTWORT ZU STEHEN, DER VON EUCH RECHENSCHAFT FORDERT ÜBER DIE HOFFNUNG, DIE EUCH ERFÜLLT.

1. Petrus 3,15

Für mich die Maxime meines Lebens und Inspiration, Motivation und Leitsatz. Let's do it!

Ruben Ulrich

WOCHENSPRUCH

Der Menschensohn muss erhöht werden, damit alle, die an ihn glauben, das ewige Leben haben.
Johannes 3,14b.15

Montag 25

ZWEI SEITEN EINER MEDAILLE

Markus 14,53-65

Es beginnt. Die Passion Christi. Beim Lesen ist mir nochmals aufgefallen, wie verbissen die Menschen damals gewesen sein müssen. Wie sehr sie wollten, dass Jesus für die vermeintliche Gotteslästerung verurteilt wird. Und wie überzeugt sie gleichzeitig davon gewesen sein müssen, genau das Richtige zu tun. Mit welchem Selbstbewusstsein sie Jesus vor den jüdischen Rat und vor den römischen Verwalter geführt haben. Immer in dem Glauben: Wir tun das Richtige. Wir tun das, was Gott von uns will. Wir bestrafen die Gotteslästerung und lassen den töten, der sie ausspricht. Und wie gleichzeitig aber auch Jesus überzeugt davon ist, das Richtige zu tun. Denn nach den widersprüchlichen Aussagen und der Frage des Hohepriesters, ob er der Christus sei, sagt Jesus: „Ich bin es!" Was für eine Aussage! Ich bekomme jetzt noch Gänsehaut, wenn ich mir diese Situation vorstelle. Zwei Seiten, zwei Standpunkte, beide absolut von ihrer Sache überzeugt. Beim Lesen dieser Bibelstelle ist mir nochmal deutlich geworden, dass es einfach zu einer Eskalation, zum Tod Jesu kommen musste. Weil keine Seite einknicken wollte. Ich wünsche dir, dass du erkennen kannst, wann es auch mal gut ist, vom eigenen Standpunkt abzuweichen und auf die andere Seite zuzugehen.

Das merke ich mir: ______________________________

____

Dienstag 26

TRÄNEN LÜGEN NICHT

Markus 14,66-72

„Und er fing an zu weinen." Ein einfacher und kurzer Satz am Ende dieser Bibelstelle, der mich doch immer wieder tief berührt. Was erzählen diese Tränen von Petrus für eine Geschichte? Was wollen sie uns sagen? Sicherlich ist Petrus traurig über die Worte, die ihm scheinbar so einfach über die Lippen gekommen sind. „Ich habe keine Ahnung, wovon du sprichst", sagt er zu dem Dienstmädchen. „Gott soll mich strafen, wenn ich lüge!", sagt er zu anderen. Diese Worte, die seine Beziehung zu Jesus so eindeutig leugnen, kommen wie aus der Pistole geschossen. Unmittelbar, schnell und direkt. Vielleicht wollen diese Tränen aber auch von einem Moment der Klarheit, der Erkenntnis erzählen. Auch wenn Petrus schon davor viele Male Jesu Wirken erlebt hat, so hat er vielleicht in diesem Moment noch einmal neu begriffen, wer Jesus war. Wen er da verleugnet hat. Gottes Sohn. Durch das Eintreffen von Jesu Worten wird Petrus also mit zwei Wahrheiten konfrontiert: seinem Scheitern und Jesu Göttlichkeit. Und ich kann sehr gut nachempfinden, dass ihn das zum Weinen bringt.
Hast du das schon mal erlebt? Was sind deine Gedanken zu den Tränen von Petrus?

Das merke ich mir: ______________________________

____

Hätte, hätte, Fahrradkette

Markus 15,1-15

Mittwoch **27**

Die Lage spitzt sich dramatisch zu. „Der gesamte jüdische Rat" hat eine Entscheidung getroffen. Sie sehen Jesus als eine so große Gefahr, seine Worte als eine so große Gotteslästerung an, dass der komplette Rat einer Meinung ist. Alle Unstimmigkeiten sind ausgeräumt, die Meinung der Gelehrten ist klar: Jesus muss weg. Ihre Überzeugung geht so weit, dass sie es sogar schaffen, die Volksmenge dazu zu bringen, gegen die Freilassung von Jesus zu sein. Doch was spielt Pilatus hier für eine Rolle? Auf der einen Seite wirkt er, obwohl er der Verwalter dieser Region und damit ein Abgesandter des römischen Reiches war, wie ein Statist. Er wird benutzt, lässt sich benutzen und wirkt hilflos. Auf der anderen Seite scheint er etwas zu spüren. Scheint er etwas wahrzunehmen. Traut er der ganzen Sache irgendwie nicht. Denn er will Jesus die Möglichkeit geben, sich zu erklären. Und er will der Menge die Wahl lassen, ob er Jesus oder Barabbas freilassen soll. Und ähnlich wie Petrus in der Bibelstelle von gestern, passiert alles sehr schnell, wird Pilatus förmlich in dem Strom der Ereignisse mitgerissen. Hätte er wirklich die Möglichkeit gehabt, dem Rat zu widersprechen? Hätte er wirklich Jesus retten können? Was denkst du?

Das merke ich mir: ____

____

Das ist der Weg

Markus 15,16-23

Gründonnerstag **28**

Keine Szene aus dem Film „The Passion" ist mir so sehr in Erinnerung geblieben, wie die Szenen, die in dieser Bibelstelle beschrieben werden. Jesus wird gefoltert, erniedrigt, verspottet, geschlagen und vorgeführt. Die Soldaten der Römer machen keinen Hehl daraus, was sie von Jesus halten und genießen scheinbar ihr Tun. Nutzen die Schutzlosigkeit von Jesus als Ventil für ihren Frust und die Gewalt. „Es lebe der König der Juden!" Welch ein Hohn in Anbetracht des nahen Kreuzestodes von Jesus. Und dennoch, auch in dieser so unmenschlichen Gewalt, ein Zeichen von Menschlichkeit. „Sie wollten ihm Wein zu trinken geben, der mit Myrrhe versetzt war." Myrrhe hat betäubende Wirkung und hätte Jesus sein Leiden vielleicht ein wenig erleichtert. Aber er lehnt ab. Gibt sich ganz dem Moment, der Qual, den Schmerzen und dem Leid hin. Was für ein Glauben, was für ein Wille und was für eine Liebe! Jesus wusste schon zu diesem Zeitpunkt, dass sein Tod notwendig ist, um die Menschen, um uns zu retten und den Weg zu Gott aufzuzeigen. Es scheint wahrlich unglaublich und dennoch verlangt es genau das von mir: Glauben. Was bist du bereit, für deine Überzeugungen zu geben?

Das merke ich mir: ____

____

29 Karfreitag

JESUS WIRD GEKREUZIGT UND STIRBT

Markus 15,24-41

Der Höhepunkt und gleichzeitig der Tiefpunkt der Passionsgeschichte. Jesus wird gekreuzigt und stirbt. Er stirbt so, wie es prophezeit wurde, und er geht mit einem Schrei. Ein letzter Schrei. Vielleicht vor Erleichterung? Weil die Schmerzen endlich vorbei sind, weil der Plan endlich vollbracht ist? Vielleicht ein Schrei der Anklage? Gegen Gott, gegen die Menschen, gegen all das, was Jesus erleben musste? Vielleicht ein Schrei der Angst? Vielleicht hat Jesus so kurz vor dem Tod doch noch Zweifel bekommen an all dem, was er noch vor ein paar Stunden so selbstbewusst verteidigt hat. Doch all diese Fragen werden irrelevant angesichts dessen, was sein Tod auslöst: Der Vorhang im Tempel zerreißt von oben bis unten in zwei Teile. Dieser Vorhang, der eigentlich das Allerheiligste vom Rest des Tempels trennt, zerreißt. Im Allerheiligsten konnten Priester nach komplexen Ritualen mit Gott in Kontakt treten. Nur die wenigsten Menschen durften das tun. Doch jetzt ist dieser Vorhang zerrissen. Diese unglaubliche Geschichte findet darin ihren Höhepunkt, dass die Trennung zwischen Gott und Mensch nicht mehr existiert. Jesus hat alles dafür getan, hat alles auf sich genommen, damit die Trennung aufgelöst wird. Was für ein Geschenk!

Das merke ich mir: ______________________________

____

30 Karsamstag

SEI EIN LEBENDIGER FISCH

Markus 15,42-47

Zuvor erschien der Rat der Juden als eine geschlossene und einheitliche Masse Menschen. Die Bibel beschreibt, dass der komplette Rat der Juden Jesus tot sehen wollte. Da wird nicht von Zweiflern gesprochen oder von Juden, die anderer Meinung waren. Nein, das Markusevangelium spricht davon, dass alle der gleichen Meinung waren. Und jetzt lernen wir mit Josef von Arimatäa doch jemanden aus dem Rat kennen, der darauf wartet, „dass Gottes Reich in der Welt anbricht.“ Es sind also scheinbar doch nicht alle einer Meinung gewesen. Es haben sich vielleicht nur nicht alle getraut, etwas zu sagen. Und so sieht Josef nach der Kreuzigung von Jesus seine Chance, doch noch etwas Gutes zu tun. Doch was wäre gewesen, wenn er seine Gedanken schon vorher laut geäußert hätte? Vielleicht hätten sich noch mehr Leute ihm angeschlossen und hätten den Glauben an Jesu Worte und seine Taten bekundet. Wieso hat Josef das nicht schon vorher getan? Natürlich kann ich mir vorstellen, was es für eine unglaubliche Drucksituation für Josef gewesen sein muss. Aber vielleicht wäre alles ganz anders gelaufen, wenn er den Mut zum Widerstand gegen den Rat gehabt hätte. Wo siehst du Möglichkeiten, gegen den Strom zu schwimmen? Für eine gute Sache?

Das merke ich mir: ______________________________

____

KW 14 bearbeitet von Marco Gogg,
Leitender Referent EC-West, 35325 Mücke
E-Mail: marco.gogg@ec-west.de

WOCHENSPRUCH
Christus spricht: Ich war tot, und siehe, ich bin lebendig von Ewigkeit zu Ewigkeit und habe die Schlüssel des Todes und der Hölle.
Offenbarung 1,18

KAUM ZU GLAUBEN

Markus 16,1-8

Wovor hatten die beiden Angst? War es vielleicht der Engel? Oder hatten sie Angst davor, was die Römer mit ihnen machen werden? Vielleicht wurden sie ja gesehen? Man hätte ihnen unterstellen können, sie hätten den toten Körper gestohlen. Stell dir mal vor, du siehst etwas, das noch niemals jemand gesehen hat. Du hörst eine Nachricht, die völlig unglaublich erscheinen mag oder du begegnest jemandem, den es nur in Märchen und Mythen gibt. Und dieser Jemand gibt dann noch den Auftrag, das, was sowieso niemand glauben wird, weiterzuerzählen. Als Sahnehäubchen bekamen dann auch noch zwei Frauen diesen Auftrag, denen man damals nicht die gleiche Glaubwürdigkeit entgegenbrachte wie den Männern.
Warum tut Gott das? Er hätte doch bestimmt einen besseren Weg finden können, um allen mit absoluter Sicherheit zu bestätigen, dass Jesus nicht mehr tot ist. Ich vermute, sein Motiv war die Beziehung zu den beiden Marias. Er wollte, dass sie ihn (neu) kennenlernen und dadurch glauben lernen.
Wie cool ist es, wenn du Gott so gut kennst, dass du auch mit den heftigsten Erlebnissen in deinem Leben rechnest. Selbst wenn es natürlich nicht geht – Gott ist nicht natürlich. Er ist übernatürlich.

Das merke ich mir: ______________________

____

____

Obwohl ich sofort mit meinem eigenen Scheitern rechne, möchte ich es dennoch wagen, alles aus Liebe zu tun. Denn das allein ist schon Liebe.
Marco Gogg

1 KAUM ZU GLAUBEN 2.0

Ostermontag

Markus 16,9-20

Wie schnell sich manchmal das Blatt wenden kann, sehen wir in den wenigen Versen ziemlich deutlich. Die Jünger sind extrem am Zweifeln, was ihre Freunde so berichten. Sie können es einfach nicht glauben, dass Jesus lebt. Diejenigen, die sahen, wie er die unglaublichsten Wunder getan hatte, wollen es einfach nicht in ihren Kopf bekommen, dass der, der am Kreuz hing, nicht mehr tot sein soll. Und genau hier spricht Jesus das eigentliche Problem an. Es geht nicht um den Kopf, sondern um ihr Herz. Glaube geschieht nicht im Kopf, als etwas, das rational verständlich ist, sondern im Herzen, als etwas, das aus Vertrauen und Hoffnung heraus entsteht. Die Kehrtwendung geschieht nun genau hier. In einem Moment ärgert sich Jesus noch über den Unglauben der Jünger, im nächsten sendet er sie in die Welt zu anderen Menschen, um dort Zeichen zu tun, die einfach unglaublich sein werden. Vielleicht mussten sie den eigenen Zweifel überwinden, um für unglaubliche Dinge bereit zu sein, die auch andere nicht glauben werden. Es könnte sein, dass auch wir den Zweifeln in unseren Herzen begegnen müssen, damit wir dem Heiligen Geist vertrauen können, durch uns Zeichen und Wunder zu tun, um den Menschen das Evangelium zu predigen.

Das merke ich mir: ______________________________

____

2 HOFFNUNG, DIE TRÄGT

Dienstag

1. Petrus 1,1-12

Gottes Auftrag an uns ist, eine lebendige Hoffnung zu sein. Als lebende Menschen sind wir in der Lage, Beziehung zu anderen Menschen zu haben. Wir können uns Herausforderungen stellen und daran wachsen, wir zeigen Empathie und Mitgefühl füreinander. Eine lebendige Hoffnung kann ähnlich verstanden werden. Hoffnung ist kein starrer Begriff, der wie ein Gesetz umgesetzt werden muss und dadurch seinen Zweck erfüllt. Hoffnung wird dadurch für andere Menschen relevant, dass sie den Mitmenschen in den Blick nimmt. So kann die Hoffnung in Zeiten der Trauer darin liegen, für deinen Nächsten da zu sein, ihm oder ihr zur Seite zu stehen. Wenn dein Gegenüber jedoch erkennt, wie sündig er als Mensch ist, gibt es für ihn keine größere Hoffnung als das Kreuz, welches ihn davon befreit. Die größte Hoffnung liegt aber wohl darin, dass wir wissen dürfen, dass alles in dieser Welt nur ein Vorgeschmack ist. Es wird eine Zeit kommen, die aufgrund ihrer Schönheit und Heiligkeit mit Worten kaum zu beschreiben ist. Die Hoffnung auf dieses Leben gibt uns Kraft für schwere Zeiten, für Zeiten der Einsamkeit und der Krankheit. Und letztlich ist es die Hoffnung auf ein Leben nach dem Tod, wodurch der Tod seine Macht verliert.

Das merke ich mir: ______________________________

____

BEGIERDE VS. HEILIGUNG

1. Petrus 1,13-16 — Mittwoch 3

„Ich will aber!“ Ein Satz, den Eltern von kleinen Kindern immer wieder hören. Man könnte meinen, das hört irgendwann auf. Oftmals aber findet der Satz nur eine andere Form. „Ist doch meine Sache“ oder „Ich kann machen, was ich will.“ Meistens aber braucht es gar keine Worte, denn es findet im Verborgenen statt. Wir kennen das Gefühl, etwas zu tun, weil wir es wollen, obwohl es uns auf kurz oder lang nicht guttun wird. Die Bibel spricht hier nicht von der klassischen Sünde, sondern gebraucht das Wort Begierde. Das trifft es eigentlich ganz gut, denn es geht hier nicht in erster Linie um die Beziehung zu Gott, die durch Sünde gestört wird, sondern um ein heiliges Leben. Also das Leben, das in den Augen Gottes als absolut perfekt und vollkommen angesehen wird. Ein großer Gegner dieses heiligen Lebens ist diese Begierde. Dieses Verlangen, einfach das zu tun, worauf man gerade Lust hat und was sich im ersten Moment so gut anfühlt. Welche Sachen es in deinem Leben sind, kannst nur du beantworten. Was dir aber auf dem Weg helfen kann, sind andere Menschen, das Wort Gottes, Gebet und die unglaublich schwere Eigenschaft, ehrlich zu sich selbst zu sein.

Das merke ich mir: ______________________________

____

MINDESTENS RESPEKT

1. Petrus 1,17-21 — Donnerstag 4

Die Bibel liest sich sehr gut als Liebesbuch Gottes an die Menschen. In der Kinderstunde hört sie sich eher wie ein tolles Geschichtsbuch an. Manche lieben die Wunder, andere die Gesetze. Alles davon hat seinen Moment und macht die Bibel in ihrer Vielfältigkeit auch aus. Der Schwerpunkt, den Petrus hier legt, ist jedoch ein anderer. Er möchte unmissverständlich vermitteln, dass die Erlösung durch das Kreuz und die Beziehung zu Gott Auswirkungen auf unser Leben haben. Woran erkennen andere Menschen dich als Christen? Wenn Christen ihr Leben auf die gleiche Art und Weise wie ihre Nachbarn, die Jesus nicht kennen, leben, ist doch irgendwas verkehrt. Es ist auch nicht ausreichend, dass es im Herzen ja zu einer Lebensveränderung gekommen ist. Nein, es soll sichtbar werden. „Leben in Gottesfurcht“ meint sicher nicht ein Leben in Angst, sondern hat viel mehr mit Respekt zu tun. Wer einen Menschen respektiert, der redet nicht schlecht über ihn und hört zu, wenn dieser etwas zu sagen hat. Diesen Respekt fordert Gott nicht als Gehorsam, sondern hat ihn sich sehr teuer durch die gesamte Bibel erkämpft. Schau dir das Kreuz an und du wirst feststellen: Dieser Gott hat alles gegeben. Das Mindeste für ihn ist mein Respekt.

Das merke ich mir: ______________________________

____

Freitag **5**

KEINE EINTAGSFLIEGE

1. Petrus 1,22 – 2,3

Petrus nimmt in 1,24 Verse aus Jesaja 40,6-8 auf. Er verweist auf die Botanik mit ihren vergänglichen Eigenschaften. Blumen und Gras halten nicht lange, aber das Wort Gottes ist nicht so. Es bleibt bestehen. Hört sich ja erstmal ganz gut an, aber allein die Tatsache, dass die Bibel schon sehr alt ist, haut heutzutage niemanden mehr vom Hocker. Ganz im Gegenteil, oftmals wird sie als veraltet und überholt dargestellt. Wer aber genau hinsieht, erkennt, dass es Petrus nicht um das geschriebene Buch geht. Er weist auf die Worte Gottes hin, die Leben verändern. Diese Veränderung bleibt bestehen und ist eben nicht wie eine Eintagsfliege, die vielleicht einen Tag lang den Höhepunkt des Lebens erreicht, aber schon am nächsten wieder vergessen ist (um mal die Botanik zu verlassen).
Die Veränderung, die durch das Kreuz geschehen ist und in deinem Leben sichtbar wird, bleibt bestehen für alle Zeiten und über den Tod hinaus. Im nächsten Kapitel wird dieser Gedanke aufgegriffen und wir werden dazu ermutigt, nicht nur an dieser Beständigkeit festzuhalten, sondern neugierig zu sein, welche Schätze noch vergraben sind und entdeckt werden können.

Das merke ich mir: ______________________________

____

Samstag **6**

MEHR ALS NUR EIN STEIN

1. Petrus 2,4-10

War in den vorherigen Versen noch die Botanik die Grundlage der Vergleiche, wechselt Petrus nun in die Architektur. Christus ist der Eckstein und die Grundlage, auf dem ein neuer Tempel gebaut werden kann. Doch dieses Mal mit dem entscheidenden Unterschied, dass er aus lebendigen Steinen gebaut wird. Diese lebendigen Steine sind die Gläubigen selbst. Hört sich erstmal nicht so attraktiv an. Wer möchte schon ein Stein sein? Lebendig oder nicht – Stein bleibt Stein. Ja, das könnte man denken, aber Petrus führt seine Gedanken weiter aus und erklärt uns die Bedeutung seines Vergleichs. Denn als Stein des Tempels sind wir nicht in eine Mauer eingeschlossen, aus der wir nicht mehr heraus können, sondern sind Teilhaber an der Herrlichkeit des Reiches Gottes. Das Mandat wurde grundlegend geändert. Waren wir zuvor noch gefallene Geschöpfe, so nennt Petrus die Gläubigen jetzt Priester, Erwählte, Heiliges Volk. Nicht einfach so, sondern durch Christus, der das Fundament des Tempels bildet. Und ja, Steine können auch nerven. Das kennt jeder, der barfuß seinen Zeh an einen Stein stößt. Die Frage lautet doch daher: Lebe ich als Beobachter in einer Welt und haue mir den Zeh an oder werde ich Teil des Tempels?

Das merke ich mir: ______________________________

____

KW 15 bearbeitet von Christoph Höcht,
Hausvater und Dozent an der Evangelistenschule
Johanneum, 42281 Wuppertal
E-Mail: hoecht@johanneum.net

PREISEN – IST DAS SO EINFACH?

Psalm 134

Einmal im Jahr findet das Altstadtfest bei uns auf dem Marktplatz statt. Eine Bude war für mich als Kind immer sehr faszinierend: der Wurst-Marktschreier. Die ganze Bude war voll von verschiedenen Würsten und mit lauter Stimme und blumigen Worten hat er die Vorzüge seiner Würste angepriesen. Dabei ist eine Wurst nach der anderen in eine Tüte gewandert. Zu jeder Wurst wusste er etwas Positives zu sagen. Am Ende 3 kg Wurst für 15 Euro. Da musste man einfach zugreifen. Die Vorzüge einer Person oder Sache begeistert hervorheben – das nennt man preisen.
In unserem Psalm heute werden wir aufgefordert, Gott zu preisen. Also seine Vorzüge, seine positiven Eigenschaften und seine Taten zu benennen und vor uns, aber auch vor anderen zu bekennen. Gott zu preisen – dazu kann man die Hände erheben und mit feierlicher Stimme mit Gott reden. Man kann aber auch ganz schlicht und einfach beten und staunend darüber reden, wie genial, wie gnädig und wie groß unser Gott ist. Erwähne einzelne Taten Gottes, für die du dankbar bist: wie Gott handelt, was er tut oder wie er dich gesegnet hat. Lass heute an diesem Tag einmal das Preisen mehr Platz einnehmen als deine tägliche Bitte.

Das merke ich mir: ______________________

____

____

WOCHENSPRUCH

Gelobt sei Gott, der Vater unseres Herrn Jesus Christus, der uns nach seiner großen Barmherzigkeit wiedergeboren hat zu einer lebendigen Hoffnung durch die Auferstehung Jesu Christi von den Toten.

1. Petrus 1,3

Die Liebe als Kriterium meines Handelns. Wie Christus zuerst mein Gegenüber und seine Situation wahrnehmen und dann wie Christus handeln – das wäre mein Ziel.

Christoph Höcht

8 Montag

ANDEREN EIN VORBILD WERDEN

1. Petrus 2,11-17

Petrus fordert die Gemeinde in der Diaspora auf, vorbildlich zu leben. Menschen in der Diaspora, das sind zum Glauben an Jesus Christus gekommene Griechen, Juden oder römische Staatsbürger. Also Menschen, die weiterhin an ihrem Ort unter den ihnen bekannten Mitbürgern leben – nun unter anderem Vorzeichen. Vor ihrem Leben steht ein (+). Es ist gekennzeichnet und geprägt durch Kreuz und Auferstehung. Sie leben anders als zuvor: nach dem Vorbild Jesu. Machen manche Dinge nicht mehr mit (Anbetung von Göttern, Saufgelage, Betrug, Bestechung, ...). Umso genauer werden sie nun beäugt und beobachtet. Man schaut ihr Handeln genau an. Das soll geprägt sein von Liebe, guten Taten, Großzügigkeit und Barmherzigkeit. Wie geht es dir mit den Ansprüchen in diesem Text? Bei manchem kann ich gut mitgehen, aber einige Sätze fordern mich heraus: „Ordnet euch dem Kaiser unter, der über allem steht!" (V.23). Das ist für mich als Christ so lange machbar, wie der Machthaber nicht meinen Widerstand provoziert. Aber wir alle kennen diese Welt, in der Machthaber ihr Volk unterdrücken oder als Despoten herrschen. Hier wird es plötzlich ganz schwer für mich als Christ! Vorbild zu sein, kann dann heißen, auf die Straße zu gehen und gegen den Kaiser zu protestieren.

Das merke ich mir: ____________________

____

9 Dienstag

WIE LANGE MUSS ICH UNRECHT ERDULDEN?

1. Petrus 2,18-25

Ich bin kein Sklave, aber als Angestellter bei der Evangelistenschule Johanneum habe ich trotzdem einen Chef. Er lässt mir sehr viele Freiheiten, aber trotzdem habe ich ihm zu folgen und muss seine Anweisungen und Arbeitsaufträge umsetzen. Natürlich könnte ich mich gegen ihn und seine Entscheidungen auflehnen, aber das würde das hervorragende Arbeitsklima und meine gesamte Arbeit stark belasten. In Vers 18 heißt es, Sklaven sollen sich ihren Herren unterordnen. Da stellen sich mir die Nackenhaare auf, weil ich Sklaverei niemals als gut empfinde und sofort rufen will: Ein Sklave muss doch gegen seinen Herrn für seine Freiheit kämpfen! Aber hier wird der Fokus auf eine andere Ebene gelenkt: „Erträgt aber jemand Leid, obwohl er nur Gutes getan hat, dann findet das Gottes Anerkennung." Oftmals kann man aus Situationen nicht ausbrechen oder sie einfach ändern. Man erlebt wie die Sklaven damals, dass andere den Ton angeben und bestimmen. Da ist es tröstlich zu wissen: Gottes Anerkennung ist mir sicher, wenn ich trotzdem weiter als Vorbild meinen christlichen Glauben lebe. Wenn ich weiterhin Gutes tue und vielleicht dadurch die eine oder andere Situation ODER den einen oder anderen Menschen verändern kann.

Das merke ich mir: ____________________

____

Ehrt euch gegenseitig in Liebe

1. Petrus 3,1-7

Mittwoch 10

„In der Antike standen Frauen grundsätzlich unter der Vormundschaft und der vollständigen ökonomischen Abhängigkeit eines Mannes und in der Regel waren sie auf das Hauswesen und auf die Reproduktionsarbeit beschränkt!“, so las ich in einem Fachartikel. Legt man dieses Bild zugrunde, so merkt man, wie revolutionär und modern dieser Text ist: „Nehmt Rücksicht auf eure Frauen, so wie sie es als die Schwächeren brauchen; achtet und ehrt sie.“ Das ist der Auftrag an den Mann der Antike – und auch an uns heute. Wir dürfen uns in gegenseitiger Liebe und Ehrerbietung auf Augenhöhe begegnen. Keine Hierarchie in der Ehe. Keine festgelegten Aufgabenfelder oder Rollenbilder. Männer, die ihre Frauen ehren und Frauen, die ihre Männer ehren. Und ich finde es bezeichnend, dass anscheinend schon damals die Frauen offener fürs Evangelium waren. Denn sie werden hier ermutigt, mit einem „freundlichen und ausgeglichenen Wesen“ aufzutreten und so ihre Männer zu begeistern und ihnen den Weg zu Jesus zu öffnen. Ich wünsche mir solche Frauen, die Männer durch ihr Leben und ihren Glauben für Jesus begeistern. So, dass es am Ende wirklich eintrifft: ein Mann und eine Frau gemeinsam vertieft im Gebet zu Jesus!

Das merke ich mir: ______________________________

____

Segen für den anderen

1. Petrus 3,8-12

Donnerstag 11

„Der Herr sieht mit Freude auf solche Menschen, die nach seinem Willen leben“ (V.12). Und damit das nicht nebulös bleibt, folgen in Vers 8-9 gleich sechs Aufforderungen, was wir konkret tun oder nicht tun sollen. Aber es sind alles andere als leichte Herausforderungen, die wir da lesen. Ich denke da an ein Beispiel aus meinem Leben: Großstadt Nürnberg: „Was guckst du?“, pöbelt mich einer an. „Guck du mich doch nicht an, dann merkst du gar nicht, dass ich dich angucke!“, gifte ich zurück. „Willst du eins auf die Fresse?“ „Sag das nicht nochmal, sonst greift deine Zahnbürste morgen ins Leere!“ Vielleicht kennst du solche Dialoge. Und da heißt es: „Droht nicht mit Vergeltung, wenn man euch beleidigt.“ Ich hatte manchmal mit Menschen zu tun, die hätte ich am liebsten ungespitzt in den Boden gerammt. Aber mein Jugendleiter hat mir geraten: „Christoph, fang an für diese Menschen zu beten und erbitte Gottes Segen für sie. Dann wird sich etwas ändern!“ Ich habe das versucht und es hat sich wirklich etwas geändert. Zuerst habe ich mich geändert. Meine Einstellung zum anderen, weil ich täglich für ihn gebetet habe. Und damit hat sich auch die Situation geändert, weil ich mich gar nicht mehr auf die Konfrontation mit ihm eingelassen habe.

Das merke ich mir: ______________________________

____

Freitag **12**

DAS ÜBERZEUGT!

1. Petrus 3,13-17

Heute stellt sich vielfach die Frage: Mit welcher Strategie kann man noch Menschen zu Jesus führen? Was soll man den Menschen verkündigen, um sie zu Christus zu führen? „Kehrt um und glaubt an das Evangelium!" Wenn man heute nach Ansätzen in der Evangelisation fragt, dann finde ich Vers 15b wichtig: allzeit bereit zu sein, von der Hoffnung zu reden, die wir als Christen haben. Im Angesicht von Krieg, Umweltzerstörung, Tod und Zukunftsangst haben wir den Menschen doch eine Botschaft zu sagen, eine Hoffnungsbotschaft: Der lebendige Gott hat diese Erde und uns Menschen nicht vergessen. Er hat uns nicht aufgegeben. Er kam, sah und besiegte den Tod. Am Ende kann ich nie tiefer fallen als in Gottes ausgebreitete Hände. Der Tod hat jede Macht über mich verloren, weil Jesus mein Sieger ist. Wenn ich einmal bei Jesus bin, dann haben alle Leiden und alle Entbehrungen ein Ende. Und Jesus kann auch hier und heute schon Menschen und Situationen verändern, wenn sie sich auf seine Wege einlassen! Was wäre deine Hoffnungsbotschaft für die Menschen um dich herum? Was könntest du ihnen erzählen? Darf ich dich herausfordern, heute mit einem Menschen über deine Hoffnung und über Jesus Christus zu reden?

Das merke ich mir: ______________________________

____

Samstag **13**

GELITTEN UND BELOHNT

1.Petrus 3,18-22

Dieser Abschnitt greift einige unserer Themen der letzten Tage wieder auf: Leid aushalten und Leid ertragen. Auch Christus hat gelitten – für UNS. Er starb am Kreuz für alle Menschen, die sich innerlich und äußerlich von Gott losgesagt oder getrennt haben. Er starb für unsere Fehler und unsere Sünde. Jesu Leiden für UNS geht so weit, dass er auch den Weg ins Totenreich nicht scheut und dort in der absoluten Gottesferne den Menschen Heil und Rettung verkündet – wie hoffnungsvoll! Gerade auch dann, wenn wir Menschen verloren haben, die Jesus nicht gekannt haben, und von denen wir nicht wissen, was mit ihnen ist: ob es für sie noch eine Chance der Rettung gibt. Ich glaube, dass Jesus auch heute noch im Totenreich seine Rettungsmission fortsetzt, weil er will, dass keiner verlorengeht! Und wenn du heute noch einen Grund brauchst, Gott zu preisen, dann sieh dir die letzten beiden Verse an: auferstanden von den Toten! Christus sitzt zur Rechten Gottes auf dem Ehrenplatz! Und alle Engel, alle Mächte und Gewalten unterstehen seiner Herrschaft! Christus ist der, an dem sich alles entscheidet – er verändert unser Leben zum Guten hin und stellt sich zu uns im Tod und führt uns zum ewigen Leben. Halleluja – Ehre sei dir, Jesus.

Das merke ich mir: ______________________________

____

KW 16 bearbeitet von Christian Hönemann,
Pfarrer, 34134 Kassel
E-Mail: Christian.Hoenemann@ekkw.de

Lied: FJ5! Nr. 186

WOCHENSPRUCH
Christus spricht: Ich bin der gute Hirte. Meine Schafe hören meine Stimme, und ich kenne sie und sie folgen mir; und ich gebe ihnen das ewige Leben.
Johannes 10,11a.27-28a

JIPPIEH, IMMER DASSELBE!!

Psalm 136

Na? Gib es zu: Ab dem fünften Mal „Für immer bleibt seine Güte bestehen!" hast du diesen Satz nicht mehr mitgelesen, stimmts? Ha, erwischt!! Es nervt ja auch! Man stellt sich vor, dass beim Passahfest im Tempelgottesdienst die Gemeinde jeweils bei diesem Kehrvers mit einstimmen sollte. Puh, ewig dasselbe! Aber: Ist nicht gerade das der Inhalt des Verses? Dass Gott für seine Leute immer dasselbe tut, nämlich dass er sich ewig für die „Güte" – man könnte auch „Liebe", „Gnade" übersetzen – entscheidet? Er ist offensichtlich nicht genervt und lässt sie einfach mal weg. Seine Liebe zieht sich durch die ganze Geschichte! Warum? Ich mag den ersten, so schlichten Satz aus der Lutherübersetzung (V.1): Weil er freundlich ist! Hey, es könnten auch ganz andere „Götter" (V.2) das Sagen haben: launische, ignorante, verpeilte, genervte? Haben sie aber nicht! Ich erinnere mich bis heute, wie ich als Kind eines Nachts wach wurde und mir dieser einfache Satz aus unserem Tischgebet einfiel. Mir kamen Menschen in den Sinn, die freundlich sind. Und ich habe mir vorgestellt: Ja, so ist Gott auch. Wow, was für ein Glück, dass ausgerechnet ER „freundlich" ist! Könntest du eine 6- oder 7-zeilige Strophe für deine persönliche Geschichte mit Gott ergänzen?

Das merke ich mir: ______________________

____

____

... ob vielleicht Nichts-Tun die einzige Möglichkeit wäre, nichts lieblos zu tun? Aber wie sagte es van Gogh: Je mehr man liebt, um so tätiger wird man sein.

Christian Hönemann

Montag 15

DAS ENDE IST NAHE!!

1. Petrus 4,1-11

Für Petrus stand im damaligen Chaos das „Ende aller Dinge“ kurz bevor (V.7a). Gott sei Dank wurden der Menschheit seitdem doch nochmal zwei Jahrtausende geschenkt. Vor 4 Jahren fühlte ich mich plötzlich auch wie im Weltuntergangs-Blockbuster. Verwaiste Orte, vermummte Gestalten, leere Regale – Szenen wie aus der Hollywood-Werkstatt! Unser Text hätte damals kluge Stichworte zu sagen gehabt und tut es auch für die Zukunft – nicht nur für Krisen: 1. Besonnenheit und Gebet sind besser als panische Angst, Klopapierhamsterkäufe oder ein Ignorieren der Gefahr (V.7b)! 2. Ausdauernde Liebe und Gemeinschaft zählen (V.8a): Beeindruckend, wie Leute durch Anrufe, Mutmach-Botschaften am Gartenzaun unterstützt wurden, wie Alte Beachtung fanden, usw. 3. Vergebung: Viele, oft unwissentlich falsche Entscheidungen fordern heraus, mit „Liebe wieder zugedeckt“ zu werden (V.8b). Ist das geschehen? 4. Gastfreundschaft (V.9): Wie viele Menschen haben füreinander eingekauft! 5. In Gemeinden schlug die Stunde der Technik-Nerds: Was für eine Bedeutung bekam die Gabe des „Knöpfchen-Drückens“! Hat nicht jede Gabe Gottes ihren Wert? (V.10f) Was hast du im Rückblick aus der Corona-Krise gelernt? Oder ist alles schon vergessen?

Das merke ich mir: ____________________________________

Dienstag 16

VERFOLGT UND VERGNÜGT?

1. Petrus 4,12-19

Der Abschnitt ist mir als Person, die in Religionsfreiheit aufwachsen durfte, irgendwie unangenehm. Klar, einen verächtlichen Blick, eine höhnische Bemerkung musste ich für meinen Glauben auch schon mal einstecken. Ab und zu vielleicht auch zu Recht. Nicht immer waren mein frommer Spruch oder meine Meinungsäußerung durchdacht oder in der Situation passend. Manchmal ging es mir auch schlicht ums Rechthaben oder darum, eine vermeintliche „fromme Pflicht“ zu erfüllen. Nicht jeder Ärger hat seinen Grund darin, dass es mir um Jesus geht (V.15). Er kann sogar gerechte Konsequenz sein (V.17). Wirkliche Verfolgung wegen meines Glaubens ist mir bislang fremd. Gott sei Dank! Und wenn ich Petrus hier richtig verstehe, ist das nichts, was man sich wünschen sollte. Aber: „Seltsam“ wäre es nicht, wenn es eines Tages so käme (V.12)! Schließlich folgen wir einer Person nach, die selbst bekämpft wurde – dafür, dass sie nichts anderes als göttliche Liebe und Barmherzigkeit verkörpert, praktiziert und gelehrt hat! Ein Blick in die Historie und in die Welt verdeutlichen: Selbstverständlich ist unsere Freiheit nicht! Das soll aber niemandem Angst machen (V.16)! Aufgabe heute: Sei dankbar für deine Freiheit und nutze sie fröhlich!

Das merke ich mir: ____________________________________

DAS DOPPELTE „NICHT-GENUG-SYNDROM“

1. Petrus 5,1-7

Mittwoch 17

Es scheint beim Thema „Leitung“ zwei gefährliche Krankheiten zu geben. Die eine ist das „Ich-bin-nicht-genug-Syndrom“. Es kann dazu führen, dass die Person quasi zum Leiten gezwungen werden muss (V.2). Wie schade, wenn sie ihr Leitungstalent mutlos versteckt, statt es zu entfalten! Die Krankheit kann sich aber auch ganz anders auswirken: dass Leitende ihre Unsicherheit hinter einem besonders dominanten Auftreten verbergen (V.3). Bloß nichts erklären, bloß keine Fehler zugeben! Die andere Krankheit ist das „Ich-bekomme-nicht-genug-Syndrom“. Mit ihr neigen Leitende dazu, ihre Position für eigenen Gewinn auszunutzen (V.2b): mehr Ansehen, mehr Macht, mehr Geld für eigene Bedürfnisse usw.! Achtung: Diese Seuche ist sogar für Nichtleitende ansteckend (V.5): „Ich will auch mehr Einfluss! Ich lasse mir gar nichts sagen!“ Vielleicht musste Petrus sowohl die erste (Lk 5,8) als auch die zweite Krankheit (Lk 9,46) durchmachen, bevor er beiden Seiten empfehlen kann, sich vertrauenswürdig Gottes Behandlung zu beugen. Für die erste gilt: „Du bist genug – durch seine Gnade (V.5f). Du wirst sehen!“ Für die zweite: „Gott sorgt für das Genug. Erzähl ihm doch, was dir fehlt (V.7)!“ Bitte Gott heute für dich und andere um „starke Immunität“ oder „Genesung“!

Das merke ich mir: ______________________________

____

WENN DER LÖWE BRÜLLT …

1. Petrus 5,8-14

Donnerstag 18

Als ich damals darüber nachdachte, ob der hauptamtliche Dienst das Richtige sein könnte, war das für mich eine große Frage: Wie wird mein Glaube in 10 oder 20 Jahren aussehen? Was, wenn eines Tages „der Löwe brüllt (V.8)“, mich schwierige Lebenssituationen, Krankheiten, Schicksalsschläge in Zweifel stürzen und ich den Glauben verliere – was soll ich denn dann verkündigen, wie meinen Beruf weiter ausüben? Ist es nicht zu riskant, diesen Weg einzuschlagen? Ich wusste: Ich werde mich verändern. Auch mein Umfeld wird sich verändern. Der Einzige, der sich nicht verändern wird, ist Jesus selbst! Ich kann mich nur auf ihn verlassen, weder auf mich, noch auf andere. Er muss kontinuierlich „wieder aufrichten und stärken, Kraft verleihen und Halt geben (V.10).“ Anders geht es nicht. Ich glaube bis heute: Das Beste, was man tun kann, wenn der „Löwe brüllt“, ist die Flucht zum „obersten Hirten“ (V.4). Denn „wohin sonst sollten wir gehen“ (Joh 6,68)? Das Beste ist, mit Jesus über seine Zweifel, Fragen, Schwierigkeiten ganz offen ins Gespräch zu gehen. Er kennt doch selbst diese Situationen (siehe z. B. Lk 22,39-46) und weiß, wie es in mir aussieht. Also warum ein Blatt vor den Mund nehmen? – Möchtest du heute etwas mit ihm besprechen?

Das merke ich mir: ______________________________

____

Freitag 19

„HEILIG BISTE!“

1. Korinther 1,1-9

„Setzt euch mal bitte hin! Paulus hat auf unsere Fragen geantwortet!“ – Nur schwer kann der Gastgeber Gaius für Ruhe sorgen. Gerade ist eine Horde von Hafensklaven in sein bereits gut gefülltes Peristyl, den schicken, von Säulen umgebenen Innenhof seiner Villa, hineingeplatzt. Laut und ungelenk platzieren sich zwei verschwitzte Gestalten ausgerechnet zwischen dem edlen Krispus und seiner Frau. „Schnauze jetzt!“, kräht Chloe energisch. Augenblicklich verstummt das Gegröle. Dankbar setzt Gaius erneut an: „Wer schon länger als drei Jahre dabei ist, der hat Paulus noch kennengelernt. Er hat uns bei der Gemeindegründung unterstützt (Apg 18,1-22). Sicher kennt ihr alle unsern alten Synagogenleiter Sosthenes, der ist zu ihm gereist (V.1). Ich wollte euch heute aus dem Brief vorlesen, den Paulus uns geschrieben hat.“ Er beginnt zu lesen. Alle hören gebannt zu. „Haste gehört, Dacus, heilig biste (V.2)!“, ruft plötzlich Tertius dazwischen. Von links erhebt sich höhnisches Gelächter. Phöbe schaltet sich ein: „Hey, denkt ihr, ihr seid besser, oder was? Er ist genauso von Jesus berufen, wie ihr auch! Seid mal alle miteinander froh, dass Gott treu ist (V.9)!“ – Kennst du auch einen „Dacus“? Zeig ihm heute, dass du ihn als Person schätzt.

Das merke ich mir: ______________________________

____

Samstag 20

„EINER VON UNS BEIDEN IST KLÜGER ALS DU!?“

1. Korinther 1,10-17

Endlich kann Gaius weiterlesen. Er schafft es gerade bis Vers 17, als er von einer jungen Händlerin erneut unterbrochen wird: „Moment, Chloe, was habt ihr dem Paulus denn erzählt?“ - „Na, von dem ständigen Angezicke hier!“ Ein Raunen geht durch die Menge. Auf einmal hebt Krispus huldvoll seine Hand und spricht zu Chloe gewandt: „Ihr werdet doch nicht leugnen, dass sich solche, welche sich im Anwesen des Erastus versammeln, doch tatsächlich eher durch vermeintlich-rhetorische Eloquenz, denn durch sophistische Qualität hervortun!“ Tertius erblickt die verwirrten Gesichter ringsum und übersetzt: „Er meint, die Apollos-Freaks bei Erastus zwei Straßen weiter labern nur oberflächliches Zeug!“ – „Ach so“, zustimmendes Murmeln macht sich breit. „Jau, kannste echt nich hingehen. Wirklich glauben tun die auch nich!“ ruft einer bestätigend. – Chloe platzt der Kragen: „Seht ihr, genau an sowas habe ich gedacht! Ständig denkt einer, er wäre klüger als der andere, statt dass wir uns endlich als Geschwister verstehen“ (V.11)! Wie steht es um deine Kontakte zu deinen „ungläubig-liberalen“, „gesetzlich-verbohrten“ oder „überenthusiastisch-abgehobenen“ Schwestern und Brüdern? Wo kannst du eine Brücke bauen zu denen, die Jesus genauso liebhat wie dich?

Das merke ich mir: ______________________________

____

PSALM 23

1 DER HERR IST MEIN HIRTE.
MIR FEHLT ES AN NICHTS.
2 DIE WEIDEN SIND SAFTIG GRÜN.
HIER LÄSST ER MICH RUHIG LAGERN.
ER LEITET MICH ZU KÜHLEN WASSERSTELLEN.
3 DORT ERFRISCHT ER MEINE SEELE.
ER FÜHRT MICH GERECHT DURCHS LEBEN.
DAFÜR STEHT ER MIT SEINEM NAMEN EIN.
4 UND MUSS ICH DURCH EIN FINSTERES TAL,
FÜRCHTE ICH KEINE GEFAHR.
DENN DU BIST AN MEINER SEITE!
DEIN STOCK UND DEIN STAB
SCHÜTZEN UND TRÖSTEN MICH.
5 DU DECKST FÜR MICH EINEN TISCH
VOR DEN AUGEN MEINER FEINDE.
DU SALBST MEIN HAAR MIT DUFTENDEM ÖL
UND FÜLLST MIR DEN BECHER BIS ZUM RAND.
6 NICHTS ALS LIEBE UND GÜTE BEGLEITEN MICH
ALLE TAGE MEINES LEBENS.
MEIN PLATZ IST IM HAUS DES HERRN.
DORTHIN WERDE ICH ZURÜCKKEHREN –
MEIN GANZES LEBEN LANG!

GEBET ZU BEGINN EINES NEUEN TAGES

VORBEI IST DIE NACHT, MIT IHREM ENDE
STARTET EIN NEUER TAG FÜR MICH.

NOCH SIND DIE AUGEN MÜDE,
DIE GLIEDER SCHWER UND DER MAGEN LEER.

DOCH DIE GEDANKEN KREISEN SCHON, DER
TERMINKALENDER IST VOLL, DIE ZEIT IST KNAPP.

BEVOR ICH MICH IN DIE ROUTINE DES ALLTAGS BEGEBE,
MÖCHTE ICH AUFTANKEN BEI DIR.

ICH MÖCHTE ZUR RUHE KOMMEN, VOR DIR
DURCHATMEN, MICH NICHT HETZEN LASSEN UND
DIESEN TAG MIT DIR GESTALTEN.

HILF MIR, NICHT LEER ZU LAUFEN, IMMER WIEDER
INNEZUHALTEN, NACH DIR ZU FRAGEN, MICH NICHT
TREIBEN ZU LASSEN.

ICH MÖCHTE DIESEN TAG AUS DEINER HAND NEHMEN, MIT
DIR GESTALTEN UND HEUTE ABEND WIEDER IN DEINE HAND
ZURÜCKGEBEN.

Steffi Pfalzer

KW 17 bearbeitet von Michael Adler,
Leiter Rechnungswesen
im Deutschen EC-Verband, 34134 Kassel
E-Mail: michael.adler@ec.de

WOCHENSPRUCH
Ist jemand in Christus, so ist er eine neue Kreatur; das Alte ist vergangen, siehe, Neues ist geworden.
2. Korinther 5,17

Lied: FJ5! Nr. 160

LOBPREIS VOM FEINSTEN

Psalm 96

Psalmen sind Lieder, die die Israeliten beim Pilgern gesungen haben. Gesang erreicht uns Menschen auf eine ganz besondere Art, die nicht (nur) verstandesmäßig zu erfahren ist. Der Psalmist fordert uns heraus, ein neues Lied für Gott zu singen. Der Blick geht zur Hilfe Gottes, zur Herrlichkeit und zu seinen Wundertaten. Die Pracht und Größe Gottes werden dabei in den Mittelpunkt gestellt. Der Aufruf zur Anbetung spiegelt die Majestät Gottes wider. Die ganze Schöpfung soll jubeln und jauchzen.
Wenn ich die Augen schließe und die Bilder dieses Psalms auf mich wirken lasse, dann wird das Herz ganz weit. Dann ahne ich etwas von der Herrlichkeit Gottes, von der in diesen Versen die Rede ist. Dazu sind wir heute aufgerufen: die vor uns liegende Woche mit weitem Herzen und einem Lied zu begrüßen. Gott ist da. In allem, was uns begegnet; Gott hat den Überblick und herrscht als König. Gottes Gerechtigkeit wird am Ende auf dieser Erde regieren, auch wenn jetzt gerade nicht so viel davon zu sehen ist. Gott ist König – er allein. Ihm kann ich vertrauen, dass er die kommende Woche mit allem, was kommt, in seiner Hand hat. Danke dafür.

Das merke ich mir: ______________________

____

____

Geschieht wirklich alles in meinem Leben aus Liebe? Die Motivation meines Handelns ist Jesus wichtiger als der Erfolg …
Michael Adler

Montag 22

UNBEGREIFLICH

1. Korinther 1,18-25

Das Geschehen am Kreuz kann man nicht allein mit dem Intellekt verstehen. Ein guter Mensch, der Sohn eines liebenden Gottes, der Messias der Juden, stirbt vor 2000 Jahren, an einen Pfahl genagelt. Wozu soll das gut sein? Das ist eine Torheit, ein Skandal. Mit Weisheit und Philosophie nicht zu verstehen. Mit einem Herzen, das Gott angerührt hat, kann ich sagen, dass ich ein solcher Lump bin. Ich kann sagen, dass Gott genau das für mich gemacht hat. Seinen Sohn geopfert, für mich. Wer selbst Kinder hat, versteht das noch ein wenig besser. Das eigene Kind zu opfern, damit wildfremde Menschen dadurch gerettet werden. So ist Gott. Das kann man nicht begreifen, sondern nur glauben. Jesus ist gottlos gestorben (vgl. Mt 27,46), mit der Last von 6 Millionen vergasten Juden auf den Schultern, mit der Last von 100.000 getöteten Babys jährlich allein in Deutschland, mit der Last von 100 Millionen Lügen jeden Tag? Das ist die Rettung für mich und für jeden einzelnen Menschen. In diesem Geschehen liegen Kraft und Stärke für heute, in meinem Alltag und für die Zukunft an Gottes Hand. Wir müssen niemandem ein schlechtes Gewissen einreden, sondern wir sind verloren und Jesu Tod am Kreuz ist die einzige Rettung für uns Menschen.

Das merke ich mir: ______________________________

____

Dienstag 23

DIE „NICHTSE" SIND ERWÄHLT

1. Korinther 1,26-31

Wir werden staunen, wer einmal in der Ewigkeit alles bei Gott sein wird. Unsere Hierarchien und Standesdünkel zählen überhaupt nicht mehr. Gott hat sein Reich mit Fischern, Zöllnern und Handwerkern gebaut. Auch heute haben die Menschen leichter einen Zugang zu Gottes Reich, denen nicht ihre Intelligenz, ihre akademischen Titel oder ihr gesellschaftliches Ansehen im Weg stehen. Gott hat das ganz bewusst so gemacht. Es gibt in Gottes Reich nichts, worauf ich stolz sein könnte, außer auf Jesus. Bei Gott hat jeder seine Chance, egal was der Mensch für eine Ausbildung oder Stellung hat. Das erinnert mich an meine Prüfung in Staatsbürgerkunde vor 46 Jahren. Das Thema war Kommunismus. Alle Menschen sind gleich. Manche Ideen hätten aus der Bibel sein können. Aber es geht eben nicht darum, dass alle Unterschiede zwischen den Menschen aufgehoben werden, sondern darum, dass Gott die Menschen besonders sieht, die am Rand stehen. Leute, die nie eine Chance haben, im Rampenlicht zu stehen. Diejenigen, die in Vierteln wohnen oder hausen, wo sogar Polizisten nicht mehr alleine hingehen. Diese Menschen ruft Gott ganz besonders. Vielleicht kennst du ja einen von diesen „Nichtsen" und darfst diesem Menschen die Liebe Gottes zeigen.

Das merke ich mir: ______________________________

____

LEISE TÖNE

1. Korinther 2,1-5

Die einfache Botschaft vom Sterben Jesu am Kreuz hat Paulus auch mit simplen Worten in Korinth verkündigt. Nicht eindrucksvoll und mit gewaltiger Ausdrucksweise, sondern schlicht und einfach, wie diese Botschaft eben ist. Vorgestern ging es um diese Botschaft vom Kreuz. Nicht mit Weisheit zu begreifen, sondern im Glauben anzunehmen. Heute geht es um den Überbringer der Botschaft vom Kreuz. Nicht als vollmundiger Redner, dessen weise Worte überzeugen. Sondern als Verkündiger einfacher Worte, mit Angst und Zittern gesprochen, um zu bezeugen. Paulus geht diesen Weg ganz bewusst, um die Blickrichtung auf die Botschaft vom Kreuz zu lenken, und nicht so sehr auf den Übermittler der Botschaft. Leise Töne für die wichtigste Botschaft der Welt. Hier ist die Anfrage an mich heute: Wenn ich von Jesus rede, will ich da andere über-zeugen, damit ich Recht behalte, oder will ich be-zeugen, was mir Jesus bedeutet, damit mein Gegenüber die Freiheit hat, Ja oder Nein zu sagen zum Glauben? Jesus ruft uns zum Zeugendienst auf. Wir können nicht schweigen von dem, was wir mit Jesus erlebt haben. Frage: Was habe ich in der letzten Zeit mit Jesus erlebt, was ich gerne bezeugen möchte?

Das merke ich mir: ____________________

____

WEISHEIT DURCH DEN HEILIGEN GEIST

1. Korinther 2,6-16

Niemand kann meine Gedanken lesen. Ich kann von niemand anderem die Gedanken lesen. Vielleicht erahne ich die Gedanken meiner Frau oder meiner Kinder, aber wirklich wissen kann ich sie nicht. Jeder Mensch kennt nur seine eigenen Gedanken. Wirklich? Gott weiß alles. Er kennt auch meine verborgensten Gedanken. Soweit nix Neues. Aber jetzt kommt der Hammer. Gott lässt uns Menschen an seinen Gedanken teilhaben. Er schenkt uns seinen Heiligen Geist (V.12). Dadurch bekommen wir Menschen Weisheit, um Gottes Rettungstat am Kreuz zu verstehen. Durch den Heiligen Geist können wir erkennen, wie viel Liebe und Kraft im Tod Jesu am Kreuz stecken. Liebe zu uns Menschen in einem Maße, das wir wahrscheinlich nie ganz ermessen können. Kraft dafür, Jesus am Kreuz dahinzugeben und das Sterben des Sohnes auszuhalten. Ein Geheimnis, das wir nur durch den Heiligen Geist verstehen können. Weisheit, die man nicht auf Universitäten lernt, sondern von Gott geschenkt bekommt. Dieses Geschenk können, dürfen und sollen wir annehmen. Wir sind aufgerufen, dem Heiligen Geist in unserem Leben immer mehr Raum zu geben. Hören auf Gott, der im Heiligen Geist zu uns spricht, wird uns immer mehr von der Weisheit Gottes erkennen lassen.

Das merke ich mir: ____________________

____

Freitag 26

IHR SEID NOCH NICHT SOWEIT

1. Korinther 3,1-4

Paulus vergleicht die Situation in der Gemeinde in Korinth mit den Entwicklungsstadien eines Kindes. Die Großen vertragen mehr und andere Speise als die Kleinen. Dabei hat er die geistliche Entwicklung der Menschen im Blick. Womit könnte man das heute vergleichen? Ihr seid noch nicht soweit. Wer diesen Satz von seinen Eltern hört, ist meist entrüstet und schaut bei Geschwistern ganz genau, ab welchem Alter sie was dürfen. Was steckt dahinter? Im Grunde nehmen Eltern nur ihren Erziehungsauftrag wahr, indem sie altersbedingte Verbote aussprechen. Erst ab einem bestimmten Alter hat man die Reife, bestimmte Dinge zu verstehen. Darum geht es Paulus hier in der Gemeinde in Korinth. Diese Gemeinde hat sich (noch) nicht so weit entwickelt, dass Paulus die großen Weisheiten Gottes dort offenbaren könnte. Der Heilige Geist (siehe gestern) bringt diese Entwicklung und Weisheit. Je mehr Gottes Geist Menschen durchdringen kann, desto mehr erkennen diese Menschen die Weisheit Gottes. Streit dagegen dämpft diese Entwicklung. Wo stehe ich heute in der Entwicklung meines Glaubens? Lasse ich mich von Gottes Geist verändern, um Jesus ähnlicher zu werden? Jesus hilft dir dabei.

Das merke ich mir: ______________________________

____

Samstag 27

WACHSTUM SCHENKT ALLEIN GOTT

1. Korinther 3,5-8

In diesem Abschnitt geht Paulus auf die „Grüppchenbildung“ in der Gemeinde ein. Wer hat die meisten Fans? Er macht klar, dass es nicht auf denjenigen ankommt, der am beliebtesten ist, sondern auf das Wachstum im Glauben. So verschieden die Mitarbeiter auch sind, Paulus oder Apollos, das Glaubenswachstum schenkt allein Gott. Und wie sieht das heute aus? Es gibt unterschiedliche Typen von Pastoren. Der eine ist mehr der tiefgründige und seelsorgerliche Typ und der andere mehr der mitreißende Typ. Jeder hat auf seine Art seine Gabe, die zugleich Aufgabe ist. Dass eine Gemeinde wachsen kann, schenkt allein Gott. Das ist die gemeinsame Zielsetzung. Weder der seelsorgerliche noch der mitreißende Typ können auf das Ergebnis ihrer Arbeit stolz sein. Das Ergebnis ist Gott zuzurechnen. Darum geht es auch bei dem Lohn, den wir empfangen werden (V.8). Unser Einsatz und unsere Mühe werden belohnt werden und nicht das Ergebnis. Das befreit von Erfolgsdruck. Was ist heute für mich dran? Wo und wie darf ich heute an Gottes Reich mitbauen und mich einbringen? Bauherr ist Jesus, aber wir dürfen mithelfen. Der lebendige Gott adelt uns, indem er uns an seinem Reich mitbauen lässt.

Das merke ich mir: ______________________________

____

KW 18 bearbeitet von Dr. Thomas Kröck,
Studienleiter für Development Studies,
35085 Ebsdorfergrund
E-Mail: thomas.kroeck@acf.de

ANBETUNG UND ENGAGEMENT

Psalm 149

Dieser Psalm besteht aus zwei sehr verschiedenen Teilen. Während die Verse 1-5 für die „Generation Lobpreis“ sehr eingängig sind, können wir mit den Versen 6-9 wenig anfangen. Im Alten Testament musste sich Gottes Volk mit Waffen gegen seine Feinde verteidigen, aber Jesus sagt deutlich, dass wir nicht mit Waffengewalt für ihn kämpfen sollen (Mt 16,52). Wir sollen Gott loben, weil er sich den Armen und Elenden zuwendet (V.4). Das macht deutlich, dass wir in einer Welt leben, die von Ungerechtigkeit und Gewalt geprägt ist. Wir haben mit Mächten zu kämpfen, die sich in Egoismus, Gleichgültigkeit, Vorurteilen und Hass zeigen. Dazu brauchen wir geistliche Waffen (Eph 6,10-20), um das Böse durch das Gute zu überwinden (Röm 12,21).

Die Verse 6-9 können auch ein Hinweis sein, dass Gott selbst am Ende das Gericht vollziehen und die Mächte des Bösen besiegen wird (2. Thess 1,6-10). Brauchst du Lobpreis, um deinem harten Alltag zu entfliehen, oder gibt dir die Konzentration auf Gott und seine Größe die Kraft und Hoffnung, um dich im Alltag zu engagieren und der Gleichgültigkeit und dem Zerstörerischen mit Gottes Liebe und Güte zu begegnen?

Das merke ich mir: ______________________

____

____

MONATSSPRUCH MAI

ALLES IST MIR ERLAUBT, ABER NICHT ALLES DIENT ZUM GUTEN. ALLES IST MIR ERLAUBT, ABER NICHTS SOLL MACHT HABEN ÜBER MICH.

1. Korinther 6,12

Wenn Gottes Liebe unser Leben verändert, kann unser Verhalten seine Liebe zu den Menschen und der nichtmenschlichen Schöpfung bezeugen.

Thomas Kröck

WOCHENSPRUCH

Singet dem Herrn ein neues Lied, denn er tut Wunder.

Psalm 98,1

Montag 29

GEMEINDEBAU OHNE PHOTOSHOP

1. Korinther 3,9-17

In den Abschnitten aus dem 1. Korintherbrief, mit denen wir uns in dieser Woche beschäftigen, geht es um die christliche Gemeinde. Nachdem Paulus das Bild eines Ackers gebraucht hat, vergleicht er die Gemeinde jetzt mit einem Bauwerk. Wie ein Tempel (V.16.17) soll die Gemeinde ein Ort sein, an dem Menschen Gott begegnen können. Möglich ist das, weil Jesus Christus die Trennung zwischen Gott und den Menschen überwunden hat. Auf diesem Fundament wird die Gemeinde gebaut (siehe Eph 2,19-22). Dabei will Gott uns als seine Mitarbeiter und Mitarbeiterinnen gebrauchen und gibt uns große Verantwortung. Jedoch geht es nicht darum, schnell aus billigem Material eine beeindruckende Fassade zu errichten, so wie manche Fotos, die in den sozialen Medien erscheinen, bearbeitet wurden und nicht der Realität entsprechen. Es geht nicht um einen schönen Schein, sondern um Substanz, die auch in schweren Zeiten Bestand hat. Dazu ist es nötig, dass wir uns an Jesus halten und seine Kraft uns verändert (Kol 2,18-19). Coole Aktionen sind interessant, aber das Ziel muss sein, dass Menschen fest bei Jesus andocken und sich von ihm verändern lassen.

Das merke ich mir: ______________________________

____

Dienstag 30

GEMEINDE IST KEIN FAN-CLUB

1. Korinther 3,18-23

Menschen, die Jesus nachfolgen und zeigen, wie dies im Alltag konkret wird, können wichtige Vorbilder sein, an denen sich andere orientieren. Auch Paulus fordert die Christen in Korinth auf, seinem Vorbild zu folgen (1. Kor 4,16). Trotzdem warnt er in diesem Abschnitt davor, sich dem Fan-Club eines christlichen Leiters anzuschließen. Auch wenn wir von Menschen profitieren können, die sich intensiv mit dem Glauben beschäftigt und viele Erfahrungen gesammelt haben, sollen wir unsere Identität nicht an solchen Vorbildern festmachen. Paulus ist nicht dagegen, Wissen zu erwerben und weise zu urteilen und zu handeln. Er wurde selbst von einem bedeutenden jüdischen Theologen unterrichtet (Apg 22,3) und ermutigt dazu, Gottes Wort zu studieren (1. Tim 4,13). Aber Wissen und Weisheit sollen nicht dazu genutzt werden, sich über andere Menschen zu stellen und Macht zu missbrauchen. Heute spricht man von religiösem Machtmissbrauch (siehe www.ead.de/arbeitskreis-religioeser-machtmissbrauch/). Paulus macht deutlich: Diese Lehrer sollen keine Macht über euch ausüben, sondern euch unterstützen. Als Christen gehören wir zu Christus (V.23) und sollen uns nicht von christlichen Idolen abhängig machen.

Das merke ich mir: ______________________________

____

GEMEINDE IST KEINE CASTING-SHOW

1. Korinther 4,1-5

1 Mittwoch

Heute geht Paulus weiter auf die Rolle von christlichen Leitern ein und nimmt Apollos und sich selbst als Beispiele (V.6). Sie sind nicht auf der Karriereleiter unterwegs mit dem Ziel, Superstars zu werden, sondern sollen als Diener und Verwalter zuverlässig und treu für andere Menschen da sein. Es geht nicht darum, eigene Gedanken und Ideen zu verbreiten, um Anerkennung zu bekommen, sondern in der Verantwortung vor Gott die Bibel sorgfältig auszulegen und auf die aktuellen Fragen zu beziehen. Paulus will nicht bei einer religiösen Casting-Show Punkte sammeln und auch nicht selbst stolz sein auf das, was er erreicht hat. Gott wird seinen Dienst und sein Leben beurteilen. Das bedeutet nicht, dass wir kritische Reflexion, gegenseitiges Hinterfragen und Ermahnen ablehnen sollen. Paulus fordert uns vielmehr dazu auf, miteinander im Gespräch zu sein und einander zu ermutigen, Jesus nachzufolgen (Kol 3,16). Aber es kann auch entspannen, zu wissen, dass nicht Menschen, sondern Gott das letzte Urteil fällt, wie Jesus im Gleichnis vom Unkraut unter dem Weizen (Mt 13,24ff.) zeigt. Versuche heute auf Jesus zu hören, statt den Beifall anderer zu suchen.

Das merke ich mir: ______________________________

____

GEMEINDE IST NOCH NICHT AM ZIEL

1.Korinther 4,6-13

2 Donnerstag

Um den Fan-Club ihrer Lehrer hervorzuheben (V.6), stellten die Christen in Korinth sich als klug, reich, satt, stark, mächtig und geachtet dar (V.8.10). Ähnlich wie die Gemeinde in Laodizea (Offb 3,17). Ist das nicht wirklich so, wenn wir als Christen Kinder des allmächtigen Herrschers und des Schöpfers des Universums sind, Töchter und Söhne des Königs? Paulus stellt im Kontrast dazu dar, welche Erfahrungen er und Apollos als von Gott Gesandte machen. Ihr Leben und Dienst waren oft von Verachtung, Mangel, Schwäche und Verfolgung geprägt (V.9-12). Paulus hat erlebt, dass Gottes Kraft gerade in seiner Schwäche spürbar war (2. Kor 12,9). Wir sind dazu berufen, mit Christus zu herrschen, wenn er seine Herrschaft sichtbar aufrichten wird (Mt 19,28). Aber jetzt leiden die Nachfolger Jesu unter der Not der Welt, sehnen sich nach Gerechtigkeit und erfahren Ablehnung (Mt 5,3-12). Wir haben eine feste Hoffnung auf die sichtbare Herrschaft Gottes, wenn er alle Ungerechtigkeit und Not überwinden wird. Wir sind noch nicht am Ziel, aber diese Hoffnung kann uns Kraft geben, jetzt auf Luxus und Anerkennung zu verzichten, uns für Gottes Ziele einzusetzen und Menschen zu dienen, auch wenn wir belächelt oder abgelehnt werden.

Das merke ich mir: ______________________________

____

Freitag 3

GEMEINDE: FÜRSORGE STATT MOBBING

1. Korinther 4,14-21

In den Abschnitten, die wir in dieser Woche lesen, spricht Paulus sehr konfrontativ zu den Christen in Korinth. So auch am Ende dieses Abschnitts: „Soll ich mit dem Stock zu euch kommen oder mit Liebe und Nachsicht?" Will er die Korinther schlechtmachen und erniedrigen? Ist das Mobbing? In diesem Abschnitt macht er deutlich, warum er auf Missstände in der Gemeinde hinweist. Es geht Paulus um die Beziehung zu Christus, darum, dass Gottes Herrschaft sichtbar wird, und dass die Gemeinde in Korinth mit anderen Gemeinden übereinstimmt und mit ihnen Gemeinschaft haben kann (V.15.17.20). Es geht ihm darum, dass die Christen in Korinth wirklich Jesus nachfolgen. Paulus bemüht sich um die Gemeinde nicht, weil es sein Job ist, für den er bezahlt wird, sondern weil ihm die Menschen in Korinth am Herzen liegen. Er vergleicht sein Verhältnis zu ihnen mit dem eines Vaters zu seinen Kindern. Dabei geht es ihm nicht um Unterordnung und Abhängigkeit, sondern um Liebe, Fürsorge und Vertrauen. Die Beziehung zu seinem engen Mitarbeiter Timotheus ist ein Beispiel dafür. Lässt es dich kalt, wenn andere den Weg mit Jesus verlassen, oder bist du bereit ihnen nachzugehen?

Das merke ich mir: ____________________

____

Samstag 4

NEUSTART STATT GRENZENLOSER FREIHEIT

1. Korinther 5,1-8

Im heutigen Abschnitt geht es um konkretes Fehlverhalten. Ein Mitglied der Gemeinde lebte offensichtlich in einer sexuellen Beziehung zu seiner Stiefmutter. Dies war im jüdischen Gesetz verboten (3. Mose 18,8) und wurde auch von der Gesellschaft im Umfeld der Gemeinde abgelehnt. Die Gemeindeglieder dagegen waren stolz auf ihre Freiheit. Paulus nimmt diese Angelegenheit sehr ernst und fordert, dass die betreffende Person aus der Gemeinde ausgeschlossen wird. Zur Begründung spricht Paulus vom jüdischen Passahfest (siehe 2. Mose 12), das möglicherweise kurz bevorstand. Dazu sollte der Sauerteig aus den Häusern entfernt und sieben Tage lang ungesäuertes Brot gegessen werden. Das geschlachtete Passahlamm symbolisiert die Rettung der Israeliten in Gottes Gericht an den Ägyptern. Das Passahfest macht deutlich, worum es Paulus geht: ein Neuanfang, in dem das, was die Beziehung zu Gott und die Gemeinde zerstörte, entfernt wird und das Angebot der Vergebung durch das Opfer Christi in den Mittelpunkt gerückt wird. Auch wenn sich das, was Paulus hier schreibt, sehr drastisch anhört: Es geht ihm um Rettung und einen Neuanfang (V.5.7). Zur Fürsorge füreinander (siehe Abschnitt von gestern) gehört es auch, offensichtliche Sünden anzusprechen.

Das merke ich mir: ____________________

____

KW 19 bearbeitet von Jörg Raddatz,
OGV Gemeinschaftspastor, Ostfriesland
E-Mail: j.raddatz@ogv.de

WOCHENSPRUCH
Gelobt sei Gott, der mein Gebet nicht verwirft noch seine Güte von mir wendet.
Psalm 66,20

Lied: FJ5! Nr. 106

ECHT JETZT?!

Psalm 129

Beim Lesen habe ich erstmal Bauchschmerzen. Hat sich da jemand gemütlich eingerichtet in der Opferrolle? Und dabei rückblickend Tatsachen verdreht? War das Volk Israel nicht auch Täter und – menschlich betrachtet – unrechtmäßiger Landbesetzer und kriegerischer Eroberer? Schon sind wir mitten in einer bis heute heiklen Diskussion. Dann stelle ich mir die Israeliten vor, wie sie voller Vorfreude Richtung Jerusalem pilgern und unterwegs Dank- und Loblieder singen. Wie sie bewusst zurückblicken, sich erinnern an manche befreienden Erfahrungen (z. B. aus der Sklaverei in Ägypten) mit diesem treuen und gerechten Gott und dankbar staunen. Wie sie die Schätze dieser Erinnerungskultur auch in schwierigen Situationen abrufen und daraus Zuversicht schöpfen. Denn weder der Pharao noch die Philister, weder Assur noch Babylon, weder die Shoa noch anderer Terror konnten das Volk Gottes auslöschen. Nachdenklicher und dankbarer Rückblick: Das ist auf jedem Lebensweg hilfreich. Und wenn dieses Erinnern dann eigene Schuld nicht ausblendet, sondern – durch Christus befreit – zu ihr steht, ist der Weg frei zu hoffnungsvoller Verantwortung. „In allem werden wir bedrängt, aber nicht erdrückt ... zu Boden geworfen, aber nicht vernichtet“ (2. Kor 4,8f.).

Das merke ich mir: ______________________

____

____

Tatkräftige Liebe – mehr als nur Gefühl. Gefällt mir.
Jörg Raddatz

6 Pfingstmontag

AUFRUF ZUM DISSEN(S)?

1. Korinther 5,9-13

Das eine Problem in Korinth: Christen in der Gemeinde nahmen sich im Namen vermeintlicher christlicher Freiheit einiges heraus (z. B. sexueller Verkehr mit der Stiefmutter, 5,1). Paulus verurteilt hier nicht etwa Christen, die immer wieder scheitern und schuldig werden. Sondern solche, die ihre Zügellosigkeit ausleben und sie gleichzeitig geistlich unterfüttern. Das „alles ist mir erlaubt" aus 6,12 ist vielleicht sogar ein geflügelter Ausdruck dieser Haltung, den Paulus zitiert. Er hatte im Brief davor deutliche Konsequenzen im Umgang damit gefordert. Und war wohl gründlich missverstanden worden. Das war das andere Problem: Einige in der Gemeinde fühlten sich bestätigt in ihrer unheilvollen Weltflucht und Vermeidungstaktik. Rückzug ins fromme Getto: Hauptsache ich und mein (Glaube an) Jesus bleiben unbehelligt. Die Herausforderungen sind heute nicht anders: Wie gelingt es, Jesus nachzufolgen und dabei glaubwürdig das Evangelium zu „verkörpern"? Wie finden wir einen guten Weg zwischen kompromissloser Zwanghaftigkeit und unverbindlicher Beliebigkeit? Jesus als das Passalamm (5,7) macht den Weg frei für Wahrhaftigkeit (5,8) und Liebe (13,1ff.). Konkret: Habe ich jemanden, dem ich erlaube, mir nahezutreten und mich zu ermahnen?

Das merke ich mir: ______________________________

____

7 Dienstag

GNADENLOS IM STREIT?

1. Korinther 6,1-11

Noch so ein Problem bei den Korinthern: „Alltägliche" Streitereien werden nicht miteinander, sondern vor öffentlichen Gerichten ausgetragen. Paulus findet das fast skandalös für Leute, die Jesus nachfolgen. Spannend, wie er argumentiert und für eine andere Konfliktlösungsstrategie wirbt. Aber bedient Paulus hier nicht zu Unrecht Klischees (V.1 Ungerechte) und fördert so eine weltfremde Demokratie-Distanz? Können wir nicht dankbar sein für unsere Rechtsprechung, die zwar nicht unfehlbar, aber im Vergleich doch nachvollziehbar gerecht ist? Und hat er nicht die Obrigkeit als von Gott eingesetzte Instanz bezeichnet? Alles richtig. Aber für Paulus ist das Wort vom Kreuz (1. Kor 1,18ff.) maßgebend für seine ethischen Weisungen im Brief, eben auch für das soziale Miteinander in der Gemeinde. Damit knüpft er an herausfordernde Worte Jesu aus der Bergpredigt an: leistet keine Gegenwehr, wenn man euch Böses antut (Mt 5,39). Wer Jesus nachfolgt und ihm vertraut, wer sich am Maßstab des Kreuzes orientiert, der ist „rein gewaschen, geheiligt, gerecht gemacht" (V.11). Gelebte Taufexistenz heute: Ich muss mir weder alles gefallen lassen noch gnadenlos auf mein Recht pochen. Ich darf gelassen Konflikte ansprechen und austragen (vgl. Mt 18,5ff.).

Das merke ich mir: ______________________________

____

ICH BIN SO FREI ...

1. Korinther 6,12-20 8 Mittwoch

... und kann machen, was ich will, denn in Christus ist ja „alles erlaubt". Zugespitzt: Einige Korinther ließen sich mit Tempelprostituierten ein und sangen dabei „Großer Gott, wir loben dich". Könnte man zumindest zwischen den Zeilen von Paulus heraushören. In ihrer ambitionierten Geistlichkeit spielte das Körperliche für einige Korinther keine Rolle mehr, so dass sie sehr freizügig mit Ernährung und Sexualität umgingen. Paulus argumentiert grundsätzlich: 1. Christliche Freiheit führt zum Guten (V.12). Wenn wir Jesus nachfolgen, ist unser Verhalten von der Liebe bestimmt und die ist rücksichtsvoll und aufbauend und nicht destruktiv (vgl. 1. Kor 13). 2. Diese Freiheit lässt keinen Spielraum für Dinge, die mich gefangen nehmen (V.12). Leidenschaften, Begehrlichkeiten – es gibt vieles, das Macht über unsere willentlichen Entscheidungen gewinnen möchte. „Folge deinem Herzen", klingt gut. Aber es kommt drauf an, womit wir unser Herz (aus biblischer Sicht das Willenszentrum) füttern. Fastenzeiten können helfen, zu checken, ob ich noch Herr im eigenen Haus bin bzw. ob Jesus und seine Herzenswünsche für mein Leben noch Priorität haben. 3. Spitzensatz zum Mitnehmen, Meditieren, Machen: „euer Leib ist ein Tempel des Heiligen Geistes" (V.19).

Das merke ich mir: ______________________________

____

GEMEINSCHAFT – MAß NEHMEN AN JESUS

Philipper 2,5-11 9 Himmelfahrt | Donnerstag

Paulus schreibt aus dem Gefängnis und wird konkret: Die Philipper könnten seine Freude vollkommen machen (Phil 2,2!), wenn sie an einem Strang ziehen würden. Dabei sollen sie sich vom Weg Jesu leiten lassen, den er im – damals wohl vertrauten – „Christus-Hymnus" nachvollzieht. Ich sehe drei wichtige Schritte für unsere christlichen Gemeinschaften heute: 1. Eigene Ansprüche loslassen: So wie Jesus nicht an seinem himmlischen Platz festhielt (V.6), so sollen wir uns auch in unserem Miteinander nicht von Eigennutz (Phil 2,3) leiten lassen, sondern von Achtung des anderen. 2. Hören und gehorchen (V.8): In den Evangelien lesen wir öfter, dass Jesus die Stille und bewusste Ausrichtung auf den Willen seines himmlischen Vaters suchte. Wie viel mehr sind wir darauf angewiesen! Letztlich ist aber auch die Gemeinschaft der Christen ein wichtiges Korrektiv auf unserem geistlichen Weg. Dietrich Bonhoeffer: „Der Christus im eigenen Herzen ist schwächer als der Christus im Worte des Bruders (und der Schwester). Jener ist ungewiss, dieser ist gewiss." 3. Im gemeinsamen Christus-Bekenntnis Gott die Ehre geben (V.11): Gemeinde ist kein Selbstzweck, sondern Teil der Mission Gottes zu seinen Menschen in dieser Welt. Konkret: Wo ist dein Platz darin?

Das merke ich mir: ______________________________

____

Freitag **10**

EHE, SEX UND SCHEIDUNG – KLARTEXTE

1. Korinther 7,1-16

Zunächst mal beachtlich und für die damalige Zeit revolutionär: Paulus stellt Mann und Frau gleichberechtigt nebeneinander und redet beide gleichermaßen an (7x im ganzen Abschnitt). Nachdem er sich in den Kapiteln zuvor gegen Beliebigkeit wendet, die auch krasser Sünde Vorschub leistet (V.5f.), richtet er sich hier gegen christlichen Radikalismus, der am liebsten alle Beziehungen zur Welt abbrechen möchte. Dabei ist für ihn die Ehe nicht nur Schutz vor „Unzucht" (V.2.5b), sondern ein Platz der wechselseitigen Liebe, sexuellen Erfüllung und Unterstützung. Enthaltsamkeit geht auch in der Ehe, dient dann aber der geistlichen Übung (V.5). Im zweiten Teil geht es vor allem um „Mischehen" zwischen „Heiden" und Christen. Interessant: Paulus stellt damaliges (und vielleicht auch unser) Denken auf den Kopf: Nicht der in Christus „Heilige" verunreinigt sich am „unreinen Heiden", sondern umgekehrt „heiligt" der Christ den Nichtchristen (V.14). Bestandsschutz also für eine bestehende Ehe, in der beide Seiten zusammenbleiben wollen. Bereitwilliges Loslassen, wo sich der nichtchristliche Partner trennen möchte (V.15). (Ist Vers 16 eine Warnung an Kandidaten auf dem Weg zu einer „Mischehe"?) Und: Es gibt auch das Charisma der Ehelosigkeit (V.7).

Das merke ich mir: ______________________________

____

Samstag **11**

UNSERE BERUFUNG

1. Korinther 7,17-24

Wir reagieren heute zurecht rebellisch auf jede Form moderner Sklaverei und Ausbeutung. Deshalb klingen Paulus Sätze z. T. schwierig; als wollte er gesellschaftliche Gegebenheiten kritiklos hinnehmen und nicht der transformatorischen Kraft des Evangeliums vertrauen. Waren es nicht gerade Vertreter christlicher Werte, die sich für die Abschaffung der Sklaverei stark machten? Aber wir müssen noch mal zurück in die Zeit des Paulus und zu seiner Argumentationskette gegen die radikalen „Weltflüchtigen" in Korinth. Für sie war klar: Der Glaube an Jesus, das ist schon der Himmel; da gelten alle bisherigen familiären und gesellschaftlichen Strukturen nichts mehr. Ja, sagt Paulus, tatsächlich sind wir als Christen frei von allem Standesdünkel. Keine/r gilt mehr als der oder die andere. Aber der Ruf zu Jesus (V.20) ist zuallererst Berufung zu einer lebendigen Beziehung zu Jesus. Und die führt uns i. d. R. nicht heraus aus unseren bisherigen Lebenszusammenhängen (Familie, Arbeit, Schule, Studium), sondern sie führt uns verändert und mit königlichem Auftrag (vgl. Mt 28,16ff.) wieder hinein. „Ihr seid teuer erkauft" (V.23): Jesus befreit uns aus einer schwerer wiegenden Versklavung und nimmt dafür selbst das Sklavenlos auf sich (Phil 2,7).

Das merke ich mir: ______________________________

____

KW 20 bearbeitet von Christian Petersen,
Referent für Freiwilligendienste beim
Deutschen EC-Verband, 34134 Kassel
E-Mail: christian.petersen@ec.de

Lied: FJ5! Nr. 177

WOCHENSPRUCH
Christus spricht: Wenn ich erhöht werde von der Erde, so will ich alle zu mir ziehen.
Johannes 12,32

HERR, ICH SUCHE DEINE RUHE

Psalm 131

Pilgern. Raus aus dem Alltag. Ruhe finden. Stress, Hektik und Betriebsamkeit zurücklassen. Fernab von Anforderungen und Aufgaben. Schauen auf das, was wesentlich ist. Gott. Die Beterin von Psalm 131 scheint diese Erfahrung gemacht zu haben. Hochmut und Überheblichkeit, also ein Vergleichen mit anderen, hat sie abgelegt und zur Ruhe gefunden. Sie vergleicht sich mit einem gestillten Kind an der Brust der Mutter. Ein Sinnbild für Ruhe und Geborgenheit. Sie hat Frieden bei Gott gefunden, ihre Seele ist zur Ruhe gekommen. Eine erfüllende Erfahrung, die sie auch ihrem Volk wünscht, während es auf den Messias wartet. Es lässt sich mutmaßen, dass eher Betriebsamkeit und Aktionismus der tatsächliche Fall war. Wie vielleicht bei uns heute.
Das Gebet fordert heraus: Es ist nicht als Wunsch formuliert, sondern als Ist-Zustand. Gerade am Sonntag, Gottes Ruhetag, fordert es heraus mit der Frage: Wie geht es dir? Welche Gedanken bewegen dich? Das Messen und Vergleichen mit Freunden oder Kollegen? Oder hast du auch schon Gottes Frieden gefunden und Ruhe in ihm? Sonntag ist immer wieder die Erinnerung, Gottes Ruhe und Frieden zu suchen.

Das merke ich mir: ______________________

____

____

Einer Jahreslosung zuzustimmen ist einfach, diese aber mit Leben zu füllen eine Herausforderung.
Christian Petersen

Montag 13

Eine Frage der Priorität

1. Korinther 7,25-40

Im ersten Korinther-Brief greift Paulus viele konkrete und alltagsrelevante Fragen auf. Wenn er sich im heutigen Tagestext mit verschiedenen Fragen um zwischenmenschliche Beziehungen auseinandersetzt, dann hat er womöglich auch ganz konkrete Menschen vor Augen. Gleichzeitig wird in dem Text deutlich, dass Paulus die ersten Anfeindungen gegenüber Christen und eine baldige Wiederkunft von Jesus im Fokus hat. Daher auch seine Empfehlung, ledig zu bleiben. Das erleichtert aus seiner Sicht das Bestehen in der Verfolgungssituation. Die Ehe war aus dieser Perspektive weniger relevant, da sie aufgrund der baldigen Wiederkunft Jesu nicht die Tragweite (beispielsweise mit Blick auf die Versorgungssicherheit der Frauen) hat. Gleichzeitig hat Paulus einen sehr realistischen Blick, wenn er feststellt, dass es verheirateten Paaren schwerer fällt, sich auf Gott und weniger auf sich zu fokussieren. Allen diesen Ausführungen liegt eine für Paulus zentrale Frage zugrunde: Wie frei bin ich für Gott? Habe ich meinen Fokus noch bei ihm oder drehe ich mich um andere Themen (in diesem Fall Beziehungsfragen)? Welche Themen bestimmen zurzeit dein Leben? Besprich das doch heute mal mit Jesus!

Das merke ich mir: ______________________________

____

Dienstag 14

Von Gott und Götzen

1. Korinther 8,1-6

Die Do's und Don'ts der Christenheit waren auch zu Paulus' Zeiten ein wiederkehrender Streitpunkt. Thema heute: Verzehr von Götzenopferfleisch. Natürlich hat Paulus eine Meinung dazu, aber man spürt dem Text ab, dass es Paulus hier nicht nur um das konkrete Problem geht, sondern um die Haltung dahinter. Im heutigen Textabschnitt geht es um die Frage: Wie ist es eigentlich mit Jesus und Götzen? Gibt es noch andere Götter? Und wenn es nur den einen Schöpfergott gibt, kann es denn dann wirklich durch Götzen „belastetes" Fleisch geben? Paulus ist es hier wichtig, die Machtverhältnisse der geistlichen Welt richtigzustellen. Nur einer ist Gott. Dieser Eine ist Anfang und Ziel menschlichen Lebens. Alles andere ist bedeutungslos. Damit gibt er auf die Götzenopferfleischfrage eine theologische Antwort: Es gibt keine Mächte und Gewalten, die Bedeutung haben. Auch vermeintliches Götzenopferfleisch bleibt letztendlich Fleisch eines Geschöpfes Gottes. Gott ist Herr. Er ist der eine, wahre Gott. Welche Götzen versuchen in deinem Leben Gott den Platz streitig zu machen? Wie blickt Gott auf die Streitfragen deines Lebens? Er freut sich, mit dir im Gespräch zu sein.

Das merke ich mir: ______________________________

____

ICH UND DIE ANDEREN

1. Korinther 8,7-13

Nachdem Paulus sich theologisch zum Thema Götzenopferfleisch geäußert hat, wird es nochmal ganz praktisch. Er macht deutlich, es geht nicht nur um die richtige Einsicht im Sinne von „Ich weiß, was richtig ist“, sondern auch um die richtige Haltung im Zwischenmenschlichen. Was ist die Antriebsfeder meiner Aussagen? Geht es mir um die Sache oder geht es mir um mein Gegenüber? Für Paulus ist der Mitmensch wichtiger als die Sache. Theologische Erkenntnis ist gut, aber hilft die Umsetzung sofort meinem Mitmenschen? Paulus macht an diesem Beispiel deutlich, was es heißt, mit persönlich gewonnenen Erkenntnissen und Freiheiten im Miteinander umzugehen. Er wirbt dafür, sich selbst zurückzunehmen, gerade dann, wenn meine gewonnene Freiheit für Mitmenschen zur Anfechtung wird. Meine Erkenntnis ist nie die Handlungsmaxime für alle anderen. Im Gegenteil: Wenn Mitmenschen noch nicht so weit sind, dort mitzugehen, wo ich schon Freiheit habe, dann ist es an mir, mich zurückzunehmen und in ihrem Tempo zu gehen. Das galt damals, aber das gilt auch für die (Streit-)Fragen zwischen Christen heute. Wo sollte ich mich heute etwas zurücknehmen, damit ich meinen Mitmenschen nicht abhänge?

Das merke ich mir: ______________________________

____

MOTIV[E]ATION

1. Korinther 9,1-18

Schon in den ersten christlichen Gemeinden stellte sich die Frage, was eine faire Entlohnung für die Mitarbeiter im verkündigenden Dienst ist. Was muss die Gemeinde aufwenden, worauf hat der Hauptamtliche Anspruch? Wie viel soll es sein? Muss es reichen, so dass die Familie des Mitarbeiters gleich mitversorgt ist? Ein Thema, das bereits zur Zeit des Alten Testaments wichtig war. Und irgendwie kommen mir diese Diskussionen auch aus heutiger Sicht bekannt vor. Aber das ist nicht das Thema heute. Paulus macht deutlich, dass er auch diese Leistungen in Anspruch nehmen könnte. Er tut es aber bewusst nicht. Die frohe Botschaft Gottes soll von Paulus ohne Bezahlung verkündigt werden. Seine Motivation ist nicht die Bezahlung, sondern seine Berufung durch Jesus selbst. Er ist von Jesus berufen und dieser Berufung folgt er. Andere Motive sind für Paulus ohne Bedeutung. Warum reden wir heute über Jesus und Gottes gute Botschaft? Was ist unsere Motivation heute? Ansehen? Follower? Fans? Gott hat uns (und Paulus) seine Liebe zuerst geschenkt. Darum dürfen wir die Freude teilen und anderen davon weitersagen. Wem könntest du heute von Gott erzählen?

Das merke ich mir: ______________________________

____

Freitag 17

ANPASSUNG UM JEDEN PREIS?

1. Korinther 9,19-23

Wenn man den Text heute so liest, dann könnte man schnell den Eindruck gewinnen, dass Paulus ein ganz schöner Wendehals ist, der es jedem recht machen will. „Für den Juden lebe ich wie ein Jude" (V.20). Und dann kommen noch die Gesetzestreuen, die Gesetzlosen und die Schwachen. Der entscheidende Punkt ist der jeweilige Nachsatz: „So will ich sie für Jesus gewinnen." Paulus passt sich nicht nur einfach an, sondern er möchte den Menschen in ihrem Kontext begegnen. Er sucht bewusst die Augenhöhe, um Menschen für Jesus zu erreichen. Heute würden wir von Inkulturation sprechen. Die gute Botschaft muss in die jeweilige Kultur übersetzt werden. Jede Sprache, jede Kultur hat ihre eigenen Deutungen und Bilder. Diese Übersetzungsarbeit beschreibt Paulus damit, dass er „ein Jude wurde". Paulus möchte Menschen für Gott erreichen. Dafür muss er ihre „Sprache" sprechen. Paulus passt sich nicht einfach an. Er bleibt sich in allem treu, aber er baut Brücken zu Menschen, zu denen er sonst keinen Zugang hätte. Er bleibt nicht nur in seiner eigenen sozialen Blase, sondern wagt sich für und mit Jesus raus. Wo kannst oder solltest du heute einen Schritt auf einen Menschen in deinem Umfeld zugehen?

Das merke ich mir: ____________________

____

Samstag 18

ZUM SIEGEN BESTIMMT

1. Korinther 9,24-27

Zugegebenermaßen eine provokante Überschrift, aber laut Paulus sollen wir uns um den Sieg bemühen. Auch wenn es unter Christen manchmal etwas verpönt ist, sollen wir nicht nur Mitspieler oder Mitläufer sein im Wettstreit. Wir sollen die Sieger sein. „Lauft so, dass ihr gewinnt" (V.24), fordert Paulus uns auf. Unser Sieg ist die Ewigkeit mit Gott. Für diesen Preis lohnt es sich zu kämpfen. Paulus vergleicht hier unser Leben mit einem Wettlauf. Allerdings nicht mit dem Sprint, sondern mit einem Marathon. Es geht um Ausdauer, Durchhaltevermögen und den Zieleinlauf. Dafür müssen wir trainieren. Dieses Training bedeutet auch Verzicht. Das macht Paulus in diesem Abschnitt deutlich. Wie motiviert bin ich? Bin ich mir bewusst, dass Nachfolge nicht nur ein Spaziergang ist, sondern auch immer wieder Kampf, Anfechtung und Durchhalten bedeutet? Wie stärke ich mich? Wie bereite ich mich konkret darauf vor? Worauf verzichte ich, weil ich merke, dass es mir nicht gut tut? Wie ist mein Lebenszeugnis? Spürt man mir ab, dass ich eine Hoffnung habe, für die ich alles gebe? Als Christen haben wir einige große Zusagen und Verheißungen von Gott bekommen. Bin ich bereit, diese auch in Anspruch zu nehmen und dafür zu kämpfen und durchzuhalten?

Das merke ich mir: ____________________

____

KW 21 bearbeitet von Andreas Schmierer,
Pfarrer und Studienassistent, 72072 Tübingen
E-Mail: andreas.schmierer@elkw.de

KOMM, HEILIGER GEIST!

Epheser 1,3-14

Eine wahre Lobeshymne, zu der Paulus gleich zu Beginn seines Briefes an die Epheser ansetzt! Doch der Grund für den euphorischen Paulus ist nicht menschlich. Dreimal setzt er an: „weil wir zu ihm/Christus gehören ...“ (V.4.7.11). Darin liegt unsere Hoffnung begründet. Durch Jesus wurden wir zu Kindern Gottes (V.5), in ihm hat uns Gott Vergebung geschenkt. „Komm, Heil‘ger Geist, setz die Herzen in Brand“, heißt es in einem neueren Lied. Mit dem heutigen Pfingstfest feiern wir, dass Jesus uns seinen Geist geschenkt hat. Den Geist, den wir als „Vorschuss“ (V.14) auf die Ewigkeit mit Gott bekommen haben. Aber wie geht das?
Der Heilige Geist ist der Stellvertreter Jesu, macht uns gewiss und erinnert die ersten Jünger und auch uns daran, was Jesus gesagt hat (Joh 14,25f.; 15,26f.). Wo Gottes Geist wirkt, da werden müde Jünger wieder munter und Gottes Kraft wird sichtbar. Der Geist Gottes ist ein Glücksfall für uns. Er bewirkt den Glauben in uns, er macht uns gewiss, dass wir durch Jesus von Sünde, Tod und Teufel errettet sind (V.13) und führt uns schließlich in die Herrlichkeit Gottes, also die Gemeinschaft mit Gott, die nie aufhören wird. Dafür ist Paulus von Herzen dankbar! Wann hast du Gott für dieses große Geschenk zuletzt gedankt?

Das merke ich mir: ______________________

____

____

WOCHENSPRUCH

Es soll nicht durch Heer oder Kraft, sondern durch meinen Geist geschehen, spricht der Herr Zebaoth.
Sacharja 4,6

Liebe soll der Modus meines Handelns sein. In Liebe kann ich alles: ermutigen, trösten, ermahnen, vergeben, Gottes Wort weitersagen, großzügig sein und Gott ehren.

Andreas Schmierer

Pfingstmontag **20**

GOTT LOBEN!

Psalm 150

Was für ein Abschluss des Psalmenbuches! Psalm 150 ist sozusagen der hintere Buchdeckel der Psalmen. In Gottes Heiligtum (V.1), also in den Tempel, müssen wir Christen nicht mehr laufen, wenn wir Gott loben und ihn anbeten. Seit Jesus uns am 1. Pfingstfest seinen Heiligen Geist sandte, können wir an jedem Ort „im Geist und in der Wahrheit" (Joh 4,24) beten. Mit allem, was die Menschen an Musikinstrumenten auftreiben können, sollen sie Gott loben (V.2-5). Das Lob der Gemeinde für Gottes große Taten und seine Hilfe ist deshalb vielstimmig. Entscheidend ist: Alle, die „durch Gottes Atem" leben, sollen ihn loben (V.6). Doch manchmal ist mir gar nicht nach „Halleluja", begeisterndem Singen und erhobenen Händen zumute. Weil meine Gedanken so sehr im Alltag festhängen, weil ich von einem Termin zum nächsten – oder besser von einer Sorge zur nächsten denke. Vielleicht braucht es einen bewussten Gedankenstopp und eine Neuausrichtung auf Gott und Dankbarkeit für all das Gute, was wir täglich erleben dürfen. Wie wäre es, heute am Pfingstmontag damit anzufangen? Bewusst den Blick auf Gott zu richten, Lieder zu singen, die ihn ehren, Bibelverse zu lesen, die seine Macht und Größe bekennen, im Gebet leise oder laut ihm zu danken. Bist du dabei?

Das merke ich mir: ______________________________

____

Dienstag **21**

EIN WARNENDES BEISPIEL

1. Korinther 10,1-13

Paulus warnt die Gemeinde in Korinth, indem er ihnen vor Augen führt, was den Israeliten widerfuhr: Obwohl sie große Wunder erlebten und von Gott bewahrt wurden, hielten viele Gott nicht die Treue (V.2ff.). Das konnte er ihnen nicht durchgehen lassen. Die Folge: Sie starben in der Wüste (V.5). Erstaunlich, dass sich die Versuchungen auch nach Jahrtausenden nicht geändert haben (V.7ff.): Was sind unsere Götzen? Das, was uns am wichtigsten ist – und das ist oftmals nicht Gott, sondern das neue Handy, der exklusive Urlaub, die coolen Freunde oder die Likes auf Instagram. Es ist traurig, wie falsch die biblischen Vorstellungen zur Sexualität verstanden werden, dabei ist sie doch Gottes gute Gabe für die Ehe von Mann und Frau! Wo stehe ich in der Gefahr, Götzen zu verehren, Sexualität egoistisch zu sehen oder hochmütig zu werden? Dass wir hier als Christen (leider!) immer wieder schuldig werden, ist aber nicht das Ende: „Gott ist treu" (V.13). Es ist die hinterhältige Strategie des Teufels, der uns einflüstern will: „Du hast XY getan. Das kann dir Gott nicht vergeben." Doch das stimmt nicht: „Wenn wir aber unsere Schuld eingestehen, ist Gott treu und gerecht: Er vergibt uns die Schuld und reinigt uns von allem Unrecht" (1. Joh 1,9).

Das merke ich mir: ______________________________

____

KEINE HALBEN SACHEN! 1. Korinther 10,14-22

Mittwoch 22

Paulus nimmt den Gedanken von gestern auf und setzt neu an: „Darum, meine Lieben, hütet euch davor, Götzen zu verehren" (V.14). Die Götter vor 2000 Jahren hatten andere Namen als unsere „Götter" heute. Fleisch opfern wir auch nicht mehr. Aber das grundsätzliche Problem bleibt bestehen (V.20): entweder Jesus oder die Dämonen. Wer das Abendmahl zu sich nimmt, der bekommt in Brot und Wein die Gemeinschaft mit Jesus, der sein Blut für uns vergossen hat (V.16) und den Vorgeschmack auf den Himmel. Das verträgt sich ziemlich schlecht mit anderen Göttern. Es ist wie an einer Kreuzung: Ich kann entweder nach links oder nach rechts fahren. Beides gleichzeitig funktioniert nicht und führt entweder zum Stillstand oder zum schmerzhaften Sturz. Aus welchem Kelch trinken wir? Machen wir Kompromisse? Bei der Steuererklärung? Wenn uns ein Kommilitone oder Arbeitskollege fragt, ob wir wirklich glauben, dass Jesus in den Himmel aufgefahren ist? Oder wenn wir uns morgens einreden, keine Zeit fürs Bibellesen zu haben, weil wir einen vollen Terminkalender haben – und das dann schon gerechtfertigt sei. Gott will keine halben Sachen. Er liebt uns zu 100 % und wünscht sich, dass wir aus seinem Kelch trinken (V.21) und aus der Gemeinschaft mit ihm leben.

Das merke ich mir: ______________________________

____

ALLES IST ERLAUBT – SOLI DEO GLORIA 1. Korinther 10,23 – 11,1

Donnerstag 23

„Man darf alles!", sagt Paulus. Die Freiheit, die uns Christus schenkt, lässt wirklich viel Platz, wie wir unser Leben gestalten und wo wir unsere Zeit investieren. Zugleich weist er darauf hin: Ihr dürft alles, aber prüft, ob es euch gut tut und ob es der Gemeinde Jesu guttut (V.23ff.). Die Sorge, dass man Götzenopferfleisch versehentlich essen könnte, will Paulus seiner Gemeinde nehmen. Sie müssen nicht penibel erforschen, woher das Fleisch kommt, aber wenn sie wissen, dass es für Götzen war, dann sollen sie es nicht essen, um keinen Anstoß zu geben. Alles soll zur Ehre Gottes geschehen und keinen Anlass geben, dass sich andere empören (V. 31f.). Johann Sebastian Bach, der weltberühmte Komponist, hat seine Werke immer mit der Abkürzung „S.D.G." versehen. Sie steht für soli deo gloria – allein Gott zur Ehre. Das war sein Statement und gewiss auch eine Vergewisserung. Das, was ich hier mache, das geschieht zur Ehre Gottes. Und ob ich dafür Applaus, Ruhm und Ehre bekomme, ist zweitrangig. Die Frage ist nicht, welchen Beruf ich habe, ob ich auf der Karriereleiter hochklettere oder Pfarrer bin. Es kommt einzig darauf an, für wen ich das tue. Gott ehren, das geht als Supermarktverkäufer, als Müllmann und genauso als Hausfrau.

Das merke ich mir: ______________________________

____

Freitag 24

Die Kopfbedeckung der Frau

1. Korinther 11,2-16

Meint Paulus das ernst? Sollen Frauen jetzt ein Kopftuch im Gottesdienst tragen? (V.5f.) Erstmal tief durchatmen! Was steckt inhaltlich hinter der Forderung des Paulus nach der Kopfbedeckung für die Frau? In Korinth war es um die eheliche Treue, die Unverletzlichkeit der christlichen Ehe nicht gut bestellt (vgl. 1. Kor 5,1-13). Kulturell war die Kopfbedeckung ein Zeichen für die eheliche Treue und damit die Ehre, die die Frau ihrem Mann erweist. Wenn eine Frau das Kopftuch absetzte oder es ihr in der Öffentlichkeit abgenommen wurde, galt das als Zeichen, dass sie für außereheliche Beziehungen offen war oder sie bereits als untreu angesehen wurde. Eine Frau mit kurzen Haaren wurde damals als Hure verdächtigt (V.6). Paulus hat zu Beginn (V.3) eine wichtige Verhältnisbestimmung eingeführt: Das Haupt der Frau soll ihr Mann sein. Das Haupt des Mannes ist Christus. Jeglichem Denken, dass Frauen hier unterdrückt werden, erteilt Paulus damit eine Absage. Im Gegenteil: Mann und Frau sind aufeinander angewiesen (V.11). Wie ist dieses Gebot des Paulus heute zu verstehen? Vielleicht so: Frauen (und Männer) sollen alles unterlassen, was die christliche Ehe infrage stellt. Bete heute für deine Beziehung / Ehe – oder für befreundete Paare!

Das merke ich mir: ______________________________

____

Samstag 25

Streitpotential am Tisch des Herrn!

1. Korinther 11,17-26

Wenn wir als Christen das Heilige Abendmahl feiern, dann erinnern wir uns an den Kern des Glaubens (V.26): Den Tod des Herrn zu verkündigen, meint also Jesu Leiden am Kreuz, dass er für uns und unsere Schuld gestorben ist, dass ihn Gott am 3. Tag auferweckt hat – und dass er am Ende der Zeit wiederkommen und Gericht halten wird. Gottes heilvolles Handeln in Jesus hat ein Motiv: die Liebe Jesu zu uns Menschen, die ihn sein Leben hingeben lässt. Vor diesem Spiegel müssen sich die Korinther und auch wir heute zeigen. Deshalb sind Lagerbildungen (V.18), Streit und Egoismus (V.19-22) absolut daneben. Am Tisch des Herrn haben wir Gemeinschaft mit anderen Menschen, die außer dem Glauben manchmal wenig gemeinsam haben: Der eine muss jeden Cent dreimal umdrehen, damit er mit seinem mickrigen Lohn leben kann, während der andere mehrmals im Jahr in den Urlaub fährt. Die eine ist ganz neu in der Gemeinde, hat an einem Alpha-Kurs teilgenommen, während die andere die erste Liebe für Jesus im Laufe der Jahre verloren hat. Dass wir Menschen verschieden sind, bietet Konfliktpotential. Deshalb ist es wichtig, auch heute für Einheit zu beten und sich an Jesu Einsetzungsworte (V.23-25) zu erinnern: Gott schließt einen neuen Bund mit dir und mit mir.

Das merke ich mir: ______________________________

____

KW 22 bearbeitet von Matthias Trumpp,
Pfarrer, 72202 Nagold
E-Mail: Matthias.Trumpp@elkw.de

DER SIEGESZUG GOTTES

Psalm 68,1-19

Endlich Meister! Der Traditionsclub hat es mal wieder geschafft! Siegestrunken lässt sich die Mannschaft bei einem Autokorso in der Heimatstadt von ihren Fans feiern.
So ähnlich feiert Gottes Volk in Psalm 68 Gottes Siegeszug vom Berg Sinai zum Berg Zion (Jerusalem). Der Zion wird zwar nicht genannt, aber Vers 17 weist darauf hin. Denn im Glauben Israels war der Tempel dort Gottes Wohnung. Alle anderen Gottesberge sehen dagegen alt aus (V.15ff.). Denn Gott hat sein Volk durch die Wüste in das versprochene Land geführt. Vor Gott müssen nur die Angst haben, die sich gegen ihn stellen, die Gerechten, d. h. alle, die ihm vertrauen, nicht. Besonders für die Waisen, Witwen, Einsamen, Gefangenen, Armen, ja selbst für das dürre Land und die Tiere (V.6f..11) ist Gott da. Denn er ist der Gott derer, die sonst übersehen werden. Es sind nicht zufällig Frauen (!), die das verkündigen (V.12), denn sie hatten auch keine hohe Stellung in der Gesellschaft. Jahrhunderte später sah Jesus seinen Auftrag darin, den gesellschaftlichen Randgruppen und den Niedergeschlagenen die gute Nachricht zu bringen (Lk 4,16-19).
Als seine Nachfolger feiern wir seinen Siegeszug gegen das Böse und sollten uns selbst für Benachteiligte und Schutzlose einsetzen.

Das merke ich mir: ______________________

____

____

MONATSSPRUCH JUNI

MOSE SAGTE: FÜRCHTET EUCH NICHT! BLEIBT STEHEN UND SCHAUT ZU, WIE DER HERR EUCH HEUTE RETTET!

2. Mose 14,13

Liebe ist nicht nur ein Gefühl,
Liebe ist nicht nur eine
Entscheidung, sondern mehr.
Liebe ist ein Geschenk.
Und wer sich geliebt weiß,
verschenkt es gerne.

Matthias Trumpp

WOCHENSPRUCH

Heilig, heilig, heilig ist
der Herr Zebaoth, alle Lande
sind seiner Ehre voll!
Jesaja 6,3

Montag 27

DAS ABENDMAHL WÜRDIG FEIERN

1. Korinther 11,27-34

Bevor du weiterliest: Falls du am Samstag nicht Bibel gelesen hast, dann lies noch die Verse 23-26. Dort erinnert Paulus die Korinther an das letzte Abendessen der Jünger mit Jesus. Von Anfang an haben Christen sich an dieses Abendessen kurz vor Jesu Tod erinnert, indem sie es selbst „nachgefeiert" haben. Diese Feier ist ein mächtiges Zeichen: Gemeinsam bekennt sich die Gemeinde damit zu Jesu Tod am Kreuz. Und er ist in geheimnisvoller Weise selbst anwesend. Das starke Zeichen der Gemeinde in Korinth wurde aber geschwächt, weil die Gemeinde in Arme und Reiche gespalten war. Alle sollten ebenbürtige Gäste sein, wenn wir Abendmahl feiern. Paulus geht so weit, dass er die Folgen dieser unwürdigen Art des Abendmahlfeierns mit Krankheit und Tod zusammenbringt. Die Logik dahinter ist, dass Christen das Gericht Gottes als Disziplinarmaßnahme erfahren, damit sie nicht nach dem Tod verurteilt werden. Wie geht es dir mit dieser Logik? Durchbricht Jesus sie nicht durch Geschichten wie die aus Johannes 9? Ich möchte dir jedenfalls Mut machen, beim Abendmahl teilzunehmen. Denn wenn du Angst hast, es unwürdig einzunehmen, dann bist du würdiger als jemand, der meint, er sei würdig.

Das merke ich mir: ____

____

Dienstag 28

PEOPLE ARE AWESOME

1. Korinther 12,1-11

Kennst du den Youtube-Kanal „People are awesome"? Da werden Menschen gefilmt, die z. B. zehn Saltos von einer furchterregenden Klippe machen oder sieben Bälle jonglieren und dabei Einrad fahren. In der Kirche sind auch viele „awesome people"! Die Vielfalt der Gaben, die Gott uns schenkt, spiegeln die Dreieinigkeit Gottes wider: vielfältige Einheit. Wichtig ist: Die Gaben, die Gottes Geist in uns weckt, sind nicht in erster Linie zur Selbstverwirklichung da. Sie sollen den Menschen in der Gemeinde nutzen! Welche Gaben hat Gott dir geschenkt, mit denen du den Menschen dienen kannst? Bei den wunderbaren Gaben, die Paulus hier aufzählt, könnte man aber auch ins Fragen kommen: Was kann ich eigentlich? Sind meine Fähigkeiten überhaupt „geistliche" Gaben? Ist das nicht zu mickrig? Wohnt am Ende der Heilige Geist gar nicht in mir? Darauf gibt Paulus eine ganz klare Antwort: Wenn du von Herzen sagen kannst: „Jesus ist mein Herr", dann wohnt Gottes Geist in dir. Da kannst du sicher sein. Und dann probier dich aus! Gott schenkt dir Gaben, mit denen du anderen dienen kannst. Er wird durch dich Dinge tun, die du dir selbst nicht zugetraut hättest. Denn: God's people are awesome.

Das merke ich mir: ____

____

Ein Körper – viele Glieder

1. Korinther 12,12-26

Für was steht dein Lieblingsteam? Der FC Bayern steht z. B. für Erfolg, der FC Liverpool für „You'll never walk alone". Nach Paulus soll die Kirche auch für etwas stehen: für Jesus. Sie soll Jesus verkörpern. „Die christliche Gemeinde soll der Ort sein, an dem wir gemeinsam lernen, wie wir Gottes menschliche Ebenbilder sein können, die Gott anbeten und ihm dienen, indem sie sein Ebenbild in die Welt hinein reflektieren" (nach N. T. Wright). So ein Bild geben wir nur ab, wenn wir Mitglieder dieses „Körpers" mit anderen (Auf-)Gaben wertschätzen. Leider fühlten sich damals in Korinth manche mit besonders „übernatürlich" erscheinenden Gaben (z. B. Zungenrede, das Sprechen in unbekannten Sprachen), anderen mit unscheinbareren Gaben überlegen. Paulus findet das lächerlich, denn: Bei einem Körper hat nun mal jedes Körperteil seine je eigene Aufgabe. Und wie einem bei Zahnschmerzen „alles" weh tut, so leidet auch die Gemeinde als Leib Christi, wenn ein Gemeindeglied schlecht behandelt wird. Wir gehören zusammen und brauchen einander. Die Taufe ist das Zeichen, das uns verbindet. Was müsste sich ändern, damit wir als Christen organischer zusammenarbeiten? Wie könnten wir Jesus besser in die Welt hineinreflektieren?

Das merke ich mir: ______________________________

____

Gaben und Aufgaben in der Gemeinde

1. Korinther 12,27-31

Ich liebe es, mit Menschen so Musik zu machen, dass jeder mit seinem Instrument zur Geltung kommt. Unscheinbare Instrumente wie der E-Bass sind dann genauso wichtig wie die Sängerin. Und kein Bassist würde auf die Idee kommen, eine Band nur mit Bassisten zu gründen. So ähnlich ist es für Paulus in der Kirche. Es gibt viele (Auf-)Gaben. Und es braucht die Vielfalt, damit die Gemeinde vielfältig wirken kann. Aus Paulus' Sicht brauchte es in der ersten Generation der Christen Apostel. Und die Kirche bleibt apostolisch, indem sie gegründet bleibt auf deren Lehre. Außerdem braucht die Kirche Propheten, die Gottes Willen für die jetzige Zeit erkennen. Und schließlich braucht sie Lehrer, die Glaubensinhalte gut erklären können. Der Vergleich mit anderen Ämter- und Gabenlisten (1. Kor 12,6-8; Röm 12,6-8; Eph 4,11) zeigt, dass das hier keine abgeschlossenen Listen sind. Für Paulus ist übrigens auch „Helfen" eine Geistesgabe! Was ist deine Aufgabe in der Gemeinde? Was willst du manchmal tun, das andere besser können? Was kann man tun, damit in der Gemeinde mehr Gaben zur Geltung kommen und nicht nur eine Person im Mittelpunkt steht?

Das merke ich mir: ______________________________

____

Freitag 31

OHNE DIE LIEBE IST ALLES NICHTS

1. Korinther 13,1-7

Warst du schon einmal richtig verliebt? Dann hast du im besten Fall einen winzigen Vorgeschmack dessen erlebt, was nach Paulus das Wesen von Liebe ist. Leider gehen wir nur selten so miteinander um, wie Paulus es in den Versen 4-7 beschreibt. Und dennoch soll diese Liebe das Kennzeichen von uns Christen sein. Ohne Liebe sind die tollsten Geistesgaben wertlos: weder die Gabe des Zungenredens noch die Prophetie noch stärkster Glaube und tiefste Erkenntnis noch die Freigiebigkeit und nicht einmal der Märtyrertod (!) sind irgendetwas wert, wenn man sie lieblos praktiziert. Liebe kann gegen nichts ausgespielt werden, auch nicht gegen die Wahrheit. Wahrheit, die ohne Liebe gesagt wird, ist wertlos, weil sie lieblos ist. Wie zeigt sich die beschriebene Liebe im Leben Jesu? Wie wird sie in deinem Leben sichtbar? Wie würde sich eine solche Liebe in deiner Gemeinde und deinem Umfeld auswirken? Über diese Fragen solltest du nicht ohne Gott nachdenken. Bitte ihn, dir zu zeigen, wo du anders handeln kannst. Und vergiss nie, dass dich Gott mit genau dieser Liebe liebt (und erträgt). Klar ist: Diese Liebe kann uns helfen, einander auszuhalten und uns mit unseren Gaben gegenseitig zu dienen.

Das merke ich mir: ____

____

Samstag 1

ALLES VERGEHT, NUR DIE LIEBE NICHT

1. Korinther 13,8-13

Hattest du auch schon einmal den Wunsch, etwas zu schaffen, das bleibt – über dein Leben hinaus? Ich habe mich schon oft dabei ertappt. Große Künstler schaffen das. Zumindest eine Zeit lang erinnert man sich an sie. Aber irgendwann werden auch sie vergessen sein. Alles, was wir tun, ist zeitbedingt. Ein prophetisches Wort spricht in eine bestimmte Situation hinein, jedes Wissen ist irgendwann überholt und menschliche Erkenntnis kommt an unüberwindbare prinzipielle Grenzen. Nur eines ist immer aktuell, wirkt immer kraftvoll und hört niemals auf: die Liebe. Gottes Liebe zu uns hört nicht auf. „Liebe ist die Lebensweise der neuen Welt, zu der wir aus Gnade unterwegs sind. Wir müssen sie hier und jetzt lernen. Sie ist die Grammatik der Sprache, die wir dort sprechen werden“ (nach N. T. Wright). Im Glauben erwachsen zu werden, hat damit zu tun, sich von der Liebe immer mehr prägen zu lassen, aber auch seine eigenen Grenzen anzuerkennen. Ich weiß nicht alles über Gott, ich weiß aber, dass ich ihn eines Tages erkennen werde. Bis dahin tragen mich der Glaube, die Hoffnung und die Liebe. Wer an Gott glaubt, hat die Hoffnung, dass Gottes Liebe nie aufhört und sich am Ende durchsetzen wird – gegen alles Böse in der Welt und auch gegen den Tod.

Das merke ich mir: ____

____

KW 23 bearbeitet von Reinhard Steeger,
Gemeinschaftspastor LKG Leipzig, 04315 Leipzig
E-Mail: reinhardsteeger@lkgsachsen.de

WOCHENSPRUCH
Christus spricht zu seinen Jüngern: Wer euch hört, der hört mich; und wer euch verachtet, der verachtet mich.
Lukas 10,16

Sonntag 2

Lied: FJ5! Nr. 146

SEHNSUCHTSMELODIE

Psalm 133

Ich war ungefähr 8 Jahre alt und zusammen mit meinem großen Bruder in den Ferien bei unserer Oma. Warum auch immer hat meine Oma in diesen Ferien mit uns Psalm 133 gelernt. Und das hat mein Denken über Gemeinschaft geprägt und eine tiefe Sehnsucht nach gelingenden Beziehungen in mir geweckt.
Stell dir Gemeinschaften (V.1) vor, die in Liebe, Frieden und gegenseitiger Wertschätzung die Atmosphäre des Himmels verbreiten und damit den Himmel selbst auf die Erde bringen. David findet dafür drei spannende Horizonte: 1.) Solche Gemeinschaften demonstrieren Gottes Inbesitznahme (V.2). Priester wurden gesalbt und damit wurde gezeigt, dass Gott sie begabt und in seinen Dienst nimmt. Wo Menschen in der Liebe Jesu miteinander leben, wird diese Liebe sichtbar, und das in einer Welt, die sonst sehr, sehr sparsam mit Liebe umgeht. 2.) Solche Gemeinschaften machen wüste Gegenden fruchtbar (V.3).
Ist es nicht so, dass alles um uns herum härter und kälter wird? Die mitmenschliche Dürre breitet sich aus und macht kaputt, gelebte Liebe macht harte Herzen wieder lebendig. 3.) Gottes Segen wird (be)greifbar, Segen bleibt kein frommer Wunsch, sondern wird verändernde Kraft.

Das merke ich mir: ______________________

____

____

„Die Liebe ist die Atemluft des Glaubens. Glaube ohne Liebe zerstört, verletzt, wird fanatisch."
Dr. Gerhard Maier

Reinhard Steeger

Montag 3

AUFBAUEND

1. Korinther 14,1-11

Es ist spannend, wenn Menschen mit verschiedenen Erkenntnissen und Glaubensstilen zusammenleben. Und dann geht es meist um die Frage: Wer hat Recht? Paulus hilft uns, Fragen und Situationen aus einer anderen Blickrichtung zu sehen. Die Frage ist nicht: Wer hat Recht? Sondern: Wird durch das, was geschieht, aufgebaut, getröstet und ermahnt (V.3)? Was ist der Antrieb – Liebe oder Rechthaberei? Erst wenn wir diese beiden Koordinaten christlichen Lebens begriffen haben, wird das, was wir tun, fruchtbar. Also, was ist das Ziel und was ist der Antrieb dessen, was geredet, getan und gedacht wird? Um das deutlich zu machen, stellt Paulus Zungenrede und Prophetisches Reden einander gegenüber. Keines von beiden spielt er herunter, aber er macht darauf aufmerksam, dass, wenn Menschen in für andere unverständlichen Lauten reden, diese anderen nichts davon haben. Sie hören, aber verstehen nichts – das heißt, sie haben keinen Ertrag vom Gehörten (V.6-9). Prophetie, das meint nicht das Vorhersagen, wie Wettervorhersagen, sondern Hervorsagen. Paulus fordert heraus, dass das, was gesagt wird, Dinge ans Licht bringt. Dass Menschen sich und ihre Situation erkennen können, dass sie lernen, wie man mit Gott lebt und dann ihr Leben ändern (V.6).

Das merke ich mir: ______________________________

____

Dienstag 4

VERSTÄNDLICH

1. Korinther 14,12-25

Paulus schreibt von „unbekannten Sprachen“ oder „Zungenreden“, was meint er? Im Griechischen wird das Wort „glossa“, benutzt, das wir sowohl mit Zunge als auch Sprache übersetzen können. Dabei meint nun Paulus weder den Muskel, den wir im Mund haben, mit dem wir schmecken und Worte bilden, noch eine Landessprache, sondern eine neue, wirklich himmlische Sprache, mit der Gott gelobt wird. Schon in Apostelgeschichte 2 wird berichtet: „wir hören sie die großen Taten Gottes loben“ (Apg 2,11). Das heißt, Gott versteht sie. Der, der sie spricht, nicht unbedingt (V.14f.). Er wird im Sprechen dieser Sprache, die ein Gnadengeschenk Gottes ist und somit nichts Erlernbares wie Englisch oder Chinesisch, wohl Gottes Nähe und Gegenwart erfahren, aber von den anderen nicht verstanden werden, es womöglich selbst nicht verstehen. Es ist ein Geschenk an ihn, für den einen Moment, in dem Gott davon ausgeht, dass dieser eine das braucht. Was aber braucht Gemeinde (V.12)? Dass Menschen unterrichtet werden (V.19), damit jeder weiß, was dran ist, was Gott von ihm möchte, selbst der, der das erste Mal da ist. Er soll sich von Gott angesprochen wissen, Schuld und Versagen erkennen und zu Gott umkehren können. Das geht nicht ohne Verstehen.

Das merke ich mir: ______________________________

____

ORDENTLICH

1. Korinther 14,26-33a **5** Mittwoch

Welches Bild von Gottesdienst bekommst du, wenn du diese Zeilen von Paulus liest? Es geht um Vielfalt und Ordnung. Damit zeigt Paulus zwei wichtige Eckpunkte gemeinsamen Lebens. Das hört sich zwar nicht sehr prickelnd an, ist aber der Schlüssel einer lebendigen Gemeindearbeit. Zum Ersten: Jeder bringt etwas mit (V.26). Und jeder, meint tatsächlich jeder. Etwas meint aber auch wirklich nur etwas und nicht alles. Das kann etwas sein, dass du in der Bibel gefunden hast, einen Psalm z. B. oder ein Gleichnis oder nur ein Gedanke, der dich bewegt und trägt, den du unbedingt weitergeben musst. Und wenn der Gedanke von den anderen gut behandelt wird, kann er zum tragenden Satz ihres Glaubens in der nächsten Woche werden. Das Etwas kann auch eine Lehre sein, etwas, was ihr gemeinsam über Gott, Jesus und das Leben in seinem Reich lernt. Jeder heißt dann aber auch: Wenn nur einer etwas mitbringt, wird es sehr einfältig. Und wenn keiner? Dann sieht es so aus, wie es oft aussieht. Bleibt der zweite Eckpunkt: Ordnung. Dort, wo etwas geordnet ist, da kann man sich in Frieden begegnen (V.33). Jeder kann sich mit seinen Gaben einbringen und jeder respektiert die des anderen. Das ist die Voraussetzung für ein unfallfreies gemeinsames Leben.

Das merke ich mir: ______________________________

____

SCHWEIGEND?

1. Korinther 14,33b-40 **6** Donnerstag

Uiii, das hat es in sich. Wie gehen wir damit um? In 1. Korinther 11,2-6 redet Paulus davon, dass Frauen beim Beten und prophetischen Reden ein Kopftuch tragen sollen – und jetzt schweigen? Wie sollen Frauen, die keine gläubigen Männer haben (1. Kor 7,13), zu Hause lernen (V.35)? Oder haben die Frauen in Korinth nur für Tumult gesorgt? Diese Gemeinde war ja für Turbulenzen bekannt. Oder war das damals halt so und heute ist es anders? Dann müsste man für das Schweigegebot aber eine verständliche Erklärung finden. Paulus nennt zwei Gründe: die „einheitliche Sitte der Gemeinden" (V.33b), und dass öffentliche Rede „eine Schande" (V.35) für die Frau ist. Es geht gar nicht um die Lehre, sondern um das fragende Dazwischenreden, also den Gottesdienst zur Diskussionsrunde zu machen – dazu gibt es andere Veranstaltungen. Das wäre verständlich, gilt aber auch Männern, oder? Das andere ist die Frage nach der „Schande". In der Antike war es eine Schande, wenn Frauen öffentlich redeten, das hätte das Evangelium unglaubwürdig gemacht. Heute würde das passieren, wenn Frauen schweigen müssten. Aufgabe ist es, Galater 3,28 mit Leben zu füllen: „Hier ist nicht Mann noch Frau, sondern eins in Christus" – auch im Gottesdienst.

Das merke ich mir: ______________________________

____

Freitag 7

VERLÄSSLICH

1. Korinther 15,1-11

Kennst du Situationen, in denen dir dein Glaube in Zweifeln und Fragen davonschwimmt? Stimmt das mit Jesus? Kann ich mich darauf verlassen, mein Leben darauf bauen? Paulus nennt drei Gründe, die verlässlich sind. 1.) Er betont zweimal „nach der Schrift“ (V3-4). Das heißt, was passiert ist, wurde nicht zufällig entdeckt, oder das hat sich jemand ausgedacht, Karfreitag und Ostern ist Jahrhunderte vorher angekündigt und beschrieben worden (z. B. Jes 53). Gott hat einfach nur wahrgemacht, was er verheißen hat. Das kann man nachprüfen. 2.) Jesus ist gesehen worden. Paulus zählt die Zeugen aus den 40 Tagen zwischen Ostern und Himmelfahrt auf. Die Leute kann man fragen. Beim näheren Betrachten merkt man, dass das längst nicht alle sind, da fehlen z. B. noch die Frauen wie Maria Magdalena. Nun ist Paulus nur halb so frauenfeindlich, wie wir denken. Er zählt sie nicht auf, weil das, was er hier schreibt, sozusagen die Zeugenliste eines Gerichtsprozesses ist, und da waren Frauen damals nicht zugelassen. Paulus will aber glaubwürdig nachweisen: Jesus lebt. 3.) Das veränderte Leben. Gottes Gnade hat Paulus verändert, aus dem stolzen Pharisäer ist ein fröhlicher Christ geworden. Was könnte Gott aus deinem Leben machen?

Das merke ich mir: ______________________________

____

Samstag 8

UMSONST?

1. Korinther 15,12-19

Was wäre, wenn? Das ist die alte Historikerfrage. Was wäre, wenn der Posten im Ausguck der Santa Maria geschlafen hätte und Columbus an Amerika vorbeigesegelt wäre? Wenn Luther sich beim Thesenanschlag auf den Daumen gehauen hätte? Was wäre, wenn – Jesus nicht auferstanden ist? Das Tröstliche an diesem Abschnitt ist: Diese Fragen haben nicht erst wir heute. Diese Fragen bewegten Christen zu allen Zeiten. Was wäre, wenn? Dann wäre alles umsonst – die Verkündigung (V.14), was wollte man auch sagen, außer: hoffen wir mal das Beste. Glaube wäre umsonst (V.14), auf was können wir dann noch im Leben und im Sterben vertrauen, auf schöne Worte oder den, der den Tod besiegt hat, der uns ewiges Leben schenkt? Und es gäbe auch keine Vergebung (V.17), wir müssten sehen, wie wir mit dem schlechten Gewissen fertig werden und wie wir miteinander neu beginnen könnten. Es würde alles in dieser Welt so bleiben müssen, wie es ist! Und Hoffnung (V.18-19) – gäbe es auch keine, denn ohne Ostern bleibt der Himmel leer. Dann ist alles eine (zwar schöne), aber doch nur eine Illusion. So möchte ich aber nicht in den Tag starten, den Vers 20 müssen wir noch lesen: „Nun aber ist Christus auferstanden.“ Und es gibt Beweise und Zeugen – Halleluja.

Das merke ich mir: ______________________________

____

KW 24 bearbeitet von Gerd Voß,
Gemeinschaftspastor, 26121 Oldenburg
E-Mail: gerdwillmsvoss@live.de

WOCHENSPRUCH
Christus spricht: Kommt her zu mir, alle, die ihr mühselig und beladen seid; ich will euch erquicken.
Matthäus 11,28

Lied: FJ5! Nr. 247

FREVEL VS. GÜTE – WER GEWINNT?

Psalm 36

Der Psalm hat drei deutlich erkennbare Teile: 1. Die Beschreibung des Frevlers. Gemeint ist ein Mensch, der weder nach Gott noch nach dem Mitmenschen fragt und sich gewaltsam über alles hinwegsetzt, was einem heilig ist. 2. Die Beschreibung Gottes als Gegenüberstellung zum Frevler. 3. Das konkrete Leben zwischen dem Zugriff der Frevler und der Güte Gottes. Der Frevler ist für uns ein angsteinflößender Mensch, der vor nichts zurückschreckt. Ich hatte schon als Kind und Jugendlicher damit zu tun. Jungs, die grundlos schlagen, nachtreten, wenn man schon am Boden liegt. Leute, die Geheimnisse ausplaudern, mobben und sich auf Kosten anderer Vorteile verschaffen. Ein hemmungslos nehmender Egoismus.
Die Verse 2 und 3 lassen einen schaudern. Da ist einfach keinerlei gemeinsame Wertebasis mehr. Die Beschreibung der Güte Gottes zeigt Gott als einen vorbehaltlos Gebenden. Seit Jesus wissen wir, dass er sogar sich selbst für seine Menschen weggibt. Welche Kraft wird sich nun durchsetzen? Oft sehen wir, wie der Frevler sich durchsetzt. Behält er Recht? Bin ich ihm ausgeliefert? Vergessen wir nicht (V.10): Die Quelle allen Lebens ist Gott. Auch der Frevler hat sein Leben von ihm. Diese Quelle quillt für den Glaubenden immer ins ewige Leben.

Das merke ich mir: ______________________

____

____

Daran muss ich mich immer wieder erinnern lassen, weil meine Motivation leider nicht automatisch so ist. LEIDER!
Gerd Voß

Montag 10

AUFERSTEHUNG IST PFLICHT

1. Korinther 15,20-28

Paulus ist seit Vers 12 dabei, die fundamentale Bedeutung der leiblichen Auferstehung Jesu zu beschreiben. Sowohl unter den Griechen wie auch unter den Sadduzäern (jüdischer Priesteradel) war die leibliche Auferstehung ein No Go. Für Paulus aber hängt an der Auferstehung Jesu die ganze Geschichte mit der Sündenvergebung und dem ewigen Leben. Dass Jesus am Kreuz für unsere Sünden gestorben ist, wird ausschließlich durch seine Auferstehung beglaubigt. Denn der Lohn für die Sünde ist der Tod (Röm 6,23). Wäre Jesus nur am Kreuz gestorben, hätte der Tod immer noch das letzte Wort behalten. Dann wäre nichts gewonnen. Erst sein Sieg über den Tod beweist, dass er die Macht hat, ewiges Leben zu geben. Die Gegenüberstellung mit Adam sorgte in der Christenheit für viel Verwirrung. Gib mal „Erbsünde" in eine Suchmaschine ein ... „Adam" ist das hebräische Wort für „Mensch". Wir können hier also aus dem ERSTEN Menschen ruhig auch den Menschen GRUNDSÄTZLICH machen. Grundsätzlich ist er durch die Sünde eingesperrt in den Tod. Der Tod aber kann ausschließlich von Gott selbst überwunden werden – und das IST geschehen. Das hilft uns, wenn wir uns vor Gott ungenügend fühlen: Es geht nicht um meine Qualitäten. Christus allein hat alles für mich erledigt.

Das merke ich mir: ______________________________

____

Dienstag 11

HINTERM HORIZONT GEHT'S WEITER

1. Korinther 15,29-34

Fangen wir mit dem letzten Vers an: „Einige von euch kennen Gott wirklich nicht." Ähnlich hatte sich Jesus zu diesem Thema in Matthäus 22,23-32 geäußert (besonders V.29). Worüber reden wir hier eigentlich? Doch offenbar über die Möglichkeit, dass der allmächtige Schöpfer und Vollender des Alls nicht in der Lage sein soll, Tote auferstehen zu lassen. Die Auferstehungsleugner pressen Gott in die gedanklichen Möglichkeiten der menschlichen Vorstellungskraft. Wir müssen uns entscheiden: Glauben wir an ein kleines Göttchen, das nur tut, was uns einleuchtet und möglich erscheint? Oder glauben wir an einen Gott der unbegrenzten Kraft? Das Göttchen wird uns nicht retten können. Der Gott schon. Alle unsere christliche Hoffnung richtet sich auf den Gott. Ohne Auferstehungshoffnung wäre Paulus' ständige Lebensgefahr einfach nur Wahnsinn (vgl. 2. Kor 11,23-28). Vers 29 beschreibt eine Taufpraxis, die wir nicht kennen und hier vernachlässigen wollen. Für Paulus liegt die innere Logik des Glaubens darin, dass alle Kraft, alles Leben, der Heilige Geist, die unfassbare Liebe Gottes von jenseits unserer Grenzen kommen. Wenn da nichts ist, was soll dann das alles? Das schließt auch die letzte Todesgrenze ein. Woher kommt deine Hoffnung?

Das merke ich mir: ______________________________

____

NICHT ERNEUERT, SONDERN NEU

1. Korinther 15,35-49

Mittwoch **12**

Um die Eingangsfrage in Vers 35 zu verstehen, müssen wir bedenken, dass der Tod in der alten Zeit wesentlich präsenter war als heute. Hohe Kindersterblichkeit und auch Erwachsene starben oft relativ jung. Korinth hatte ca. 140.000 Einwohner, so war auf engem Raum der Tod stets wahrnehmbar. Dazu kam, dass die griechisch-römische Kultur den Tod gerade wegen seiner Grausamkeit verdrängte. Der verfallende Leib – allein schon durch Alter – war nicht geschätzt. Man hoffte, dass die Seele im Tod endlich vom Körper befreit wird. Leibliche Auferstehung war daher gar nicht angestrebt, sondern eher eine Drohkulisse (vgl. Apg 17,32). Darum betont Paulus hier so stark, dass es zwar eine leibliche Auferstehung gibt, dass aber nicht der Leib auferstehen wird, der ins Grab gelegt wurde (V.42). Dieser Gedanke hängt auch zusammen mit dem neuen Himmel und der neuen Erde (Offb 21,1). Auch sie werden nicht die renovierte Form des Alten sein, sondern etwas Neues. Wie auch immer wir uns all das vorstellen – es wird nichts rein Geistiges sein, sondern etwas Materielles. So viel ist jedoch bis heute klar: Unser Leben geht nicht aufs Sterben zu, sondern auf ein neues Leben. Nicht das Dunkel behält das letzte Wort, sondern das Licht.

Das merke ich mir: ______________________________

____

FROM OUTSIDE THE BOX

1. Korinther 15,50-58

Donnerstag **13**

Zwei Hauptfragen taten sich den Gläubigen auf: 1. Was ist jetzt gerade mit denen, die schon gestorben sind? 2. Was wird aus uns, wenn heute die Welt untergeht und die neue Schöpfung anbricht? Paulus versucht, auf beide Fragen eine beruhigende Antwort zu geben. Besonders zur ersten Frage gab es in der Christenheit über die Jahrhunderte viele Diskussionen. Ist man sofort im neuen Leben, wenn man hier stirbt? Gibt es einen „Warteraum"? Ist man ganz tot bis zum Anbrechen der neuen Schöpfung? Solche Fragen stellen Menschen, die an Zeit und Raum gebunden sind – quasi inside the box. Paulus löst dieses Gedankenknäuel mit dem Bild vom Trompetenklang. Er löst den Gedanken des Nacheinanders in der Zeit auf. Das Ewige ist dem nicht unterworfen, sondern es gibt eine Gleichzeitigkeit – selbst wenn Jahre und Jahrtausende in unserer 3D-Welt vergehen, ist es bei Gott anders. Mit dem Schall der Trompete aus der neuen Welt bricht diese Gleichzeitigkeit auch hier an. Davon erzählt der Gottesname „Ich bin" (2. Mose 3,14; Joh 8,58) einfach nur im ewigen Präsens. Außerdem macht Paulus klar: Es gibt keine natürliche Brücke zwischen der heutigen Schöpfung und der neuen Schöpfung. Von Gott her wird das Hier und Jetzt verwandelt. Nicht von uns herbeigeführt.

Das merke ich mir: ______________________________

____

Freitag **14**

KONKRET UND PRAKTISCH

1. Korinther 16,1-12

Drei Themen spricht der heutige Text an. Die Verse 1-4 geben einen ganz heißen Tipp, was eine gesunde Spendenkultur angeht: Spende immer dann, wenn dein Gehalt eingegangen ist oder du gerade dein Taschengeld bekommen hast. Überlege nicht am Ende des Monats, ob du noch was übrig hast, sondern lege es zu Beginn – wenn noch Geld da ist – zurück bzw. spende aus dem Vollen und nicht aus dem Mangel. In den Versen 5-9 verrät Paulus, was er vorhat und lässt sich beim Wort nehmen. In Vers 7b stellt er es unter den Vorbehalt: „Wenn der Herr es erlaubt." Von Jakobus haben wir gelernt, uns dessen bewusst zu bleiben, wie wenig Kontrolle wir über unsere Vorhaben letztlich besitzen (Jak 4,15). Es gibt heute die Kultur, sich bis zum letzten Moment nicht festzulegen. Eigentlich eine egoistische Art, denn man will für sich selbst nicht etwas Besseres verpassen. Paulus legt sich fest, denn er denkt im Sinne seiner Berufung und für die Korinther. Davon können wir lernen. Verse 10-12: Timotheus war ein sehr junger Mann, der offenbar schon viel Verantwortung trug. Paulus bereitet ihm hier den Boden, damit man ihn ernst nimmt (1. Tim 4,12). Diese Art des Mentorings für nachwachsende Leiter und Leiterinnen ist bis heute vorbildlich.

Das merke ich mir: ______________________________

____

Samstag **15**

ES STEHT VIEL AUF DEM SPIEL

1. Korinther 16,13-24

„Seid wachsam" – warum? Weil die Gemeinde permanent Angriffen ausgesetzt ist. Das ist bis heute so. Hauptangriffspunkte sind unser Vertrauen auf Gott, unsere Standhaftigkeit, unser Mut und unsere Kraft. Im Gefolge davon auch unsere Freude, unsere Gemeinschaft sowie das aktive Ausleben unserer Berufung. Vor den Grüßen gibt Paulus dies als letzte Mahnung den Korinthern und auch uns mit. Die Grüße in den Versen 19 und 20 dürfen wir nicht als bloße Schlussformalie abtun. In schwierigen Zeiten brauchen wir es, zu wissen, dass andere an uns denken und nach uns fragen. Irritierend ist die Verfluchung in Vers 22. Eine Verfluchung bedeutet eine Ausgrenzung aus menschlicher und geistlicher Gemeinschaft. Es geht hier sicher nicht darum, dass Nicht-Gläubige verflucht werden. Paulus gebraucht in seinen Briefen allerdings öfter scharfe Worte für die aktiven Gegner des Evangeliums und gegen Menschen, die in der Gemeinde sich selbst statt Jesus in den Mittelpunkt stellen. Hier kommt möglicherweise auch der alte Paulus noch einmal durch. Der, der andere mit Eifer verfolgt (Apg 9). Wir sollten bei den Briefen der Apostel immer bedenken, dass sie nicht aus der Feder von Jesus, sondern von Sündern stammen. Auch wir geben das Evangelium als Sünder weiter.

Das merke ich mir: ______________________________

____

KW 25 bearbeitet von Frauke Westhäuser,
Sparkassenbetriebswirtin, 57078 Siegen
E-Mail: frauke.westhaeuser@gmx.de

MEHR SCHLECHT ALS RECHT

Psalm 53

Das hatte Gott sich anders vorgestellt, als er zu Beginn der Weltgeschichte den Menschen als sein Ebenbild schuf und sein Werk als sehr gut bewertete (vgl. 1. Mose 1,26-31). Jetzt fällt sein Urteil vernichtend aus: „allesamt sind sie verdorben“ (V.4). Wie Milch, die mit der Zeit sauer und damit ungenießbar wird, sind die Menschen in seinen Augen. Natürlich gibt es auch die Errungenschaften in Wissenschaft, Technik, Entwicklungshilfe und Medizin, die viel Gutes hervorgebracht haben. Aber wie viel menschengemachtes Leid und Vernichtung stehen dem gegenüber? Die Nachrichten sind voll von Berichten über Kriege, Betrug, Hass und Zerstörung. Ergebnisse eines Handelns, das meint, ohne Gott auskommen zu können (V.4f.). Vers 6 liest sich zum einen als Wunsch, dass Gott reinschlagen und sie in Angst und Schrecken versetzen soll. Und gleichzeitig als hoffnungsvoller Ausblick, dass Gott für Gerechtigkeit sorgt und das Schicksal seines Volkes zum Guten wendet (V.7). Dass und wie Gott eingegriffen hat, lesen wir in Römer 3,23ff. Am und durch das Kreuz hat Gott die Trennung zwischen uns Menschen und ihm aufgehoben. Gott ist gerecht und spricht gerecht. Wann hat dich diese Tatsache das letzte Mal – wie im Psalm beschrieben – jubeln lassen?

Das merke ich mir: ______________________

____

____

WOCHENSPRUCH

Der Menschensohn ist gekommen, zu suchen und selig zu machen, was verloren ist.
Lukas 19,10

Das kriege ich nicht hin! Stimmt, aber wenn ich mein Tun von Jesus bestimmen lasse, der unendlich liebt, werde ich einen Unterschied machen in dieser Welt.

Frauke Westhäuser

Montag **17**

WENN DAS DIE LÖSUNG IST ...

2. Mose 13,17-22

... dann hätte ich gerne mein Problem zurück. Dass uns manchmal gerade erst überstandene Probleme angenehmer erscheinen können als die nächste Herausforderung, die vor uns liegt, weiß auch Gott. Und deshalb mutet er seiner Kampftruppe (V.18) zu ihrem eigenen Schutz einen Umweg zu, der zudem auch noch durch die Wüste führt.

Weitblick mit Wüstenbild. Wie geht es dir damit, wenn du erkennst, dass die Route, die Gott dich führt, nicht die kürzeste und bequemste ist? Das Entscheidende ist aber nicht die Länge oder Geschwindigkeit, mit der wir unterwegs sind, sondern dass Gott uns führt (V.17f..22). 24/7 – rund um die Uhr. Unübersehbar und unverwechselbar. Wolken in der Wüste und Feuer in der Nacht – diese Phänomene lassen sich wissenschaftlich nicht erklären. Gott entscheidet sich für sie, ohne dass das Volk ihn darum bittet. Und er stellt seinem Volk frei, ob es am Tag im Hellen oder in der Kühle der Nacht wandert.

Wo hast du schon erlebt, dass Gott dir vorausgegangen ist (V.21)? Oder wo wünschst du dir, dass Gott dir eine Säule, eine Stütze ist, die dich mit deinen Fragen, Zweifeln und Unsicherheiten durchträgt?

Das merke ich mir: ______________________________

____

Dienstag **18**

HERR ODER HEER?

2. Mose 14,1-14

Nach dem Umweg folgt die Umkehr. Es geht nicht richtig vorwärts. Israel ist eingeschlossen von ägyptischen Grenzposten, der Wüste und dem Meer. Militärisch betrachtet sitzt das Volk in der Falle. Der gerade noch beeindruckende Exodus scheint im Exitus zu enden. Und der Pharao erstarkt zu neuer Macht. Was interessieren ihn noch seine Zusage und sein Befehl aus 2. Mose 12,31, dass Mose sein Volk aus Ägypten wegführen soll? Mit aller kriegerischer Stärke jagt er Israel nach. Und dennoch wird an Israels Haltung deutlich, dass der Kampf noch nicht entschieden ist (V.8b). In der Gewissheit des Sieges zieht Israel aus und weiter. Aber als dem Volk die Ägypter im Nacken sitzen, kippt die Stimmung und Vorwürfe, Frust und Angst platzen aus ihm heraus. In der Not scheint es zwar Gottes bisherige Führung und Bewahrung vergessen zu haben, aber nicht, zu wem es um Hilfe schreien kann (V.10b). Und Mose erinnert: Auch wenn die Macht ungleich verteilt ist und die Rahmenbedingungen dagegensprechen, bist du mit Gott auf der Seite des Siegers! Kein Heer kann dem Herrn standhalten!
Welche „Streitkräfte" bedrohen dich gerade? Wo kannst du dich an Gottes Machtversprechen festhalten?

Das merke ich mir: ______________________________

____

RECHT ZEITIG ODER RECHTZEITIG?

2. Mose 14,15-31

Mittwoch 19

Gottes Offensive beginnt. Hinter ihr steckt ein ausgeklügelter Plan. An alles hat Gott gedacht. War es bisher erforderlich, dass er dem Volk voranging, ändert er nun seine Hilfsposition und gibt Rückendeckung. So hält er die Feinde auf Abstand und sorgt dafür, dass Israel außer Gefahr ist, bevor er die Flut über die Ägypter hereinbrechen lässt. Und um weitere Zeit für sein Volk zu gewinnen, drosselt er zudem noch die Geschwindigkeit von Pharaos Heer (V.25). Gottes Überlegenheit ist so groß, dass sogar die Ägypter merken, dass sie gegen ihn nichts ausrichten können (V.25). Welch eine Machtdemonstration! Doch obwohl wir Gottes Stärke schon erlebt haben, wünschen wir uns häufig, dass er recht zeitig statt rechtzeitig für uns sorgt. Wo hast du schon erlebt, dass Gott dein Vertrauen auf die Probe gestellt hat, weil du die Zusage für deinen Job erst in letzter Minute bekommen hast oder dein Kontosaldo bereits gefährlich gegen Null tangierte, bevor du den nächsten Geldeingang verzeichnen konntest? Bemerkenswert ist, dass Gott die Rettungsaktion nicht ohne Moses Beteiligung durchführt. Er hätte sein Volk auch ohne ihn in Sicherheit bringen können, aber er traut es ihm und dir zu, deinen eigenen Anteil zu geben an seinem großen Plan.

Das merke ich mir: ______________________________

____

SIEGESZUG UND UNTERGANG

2. Mose 15,1-21

Donnerstag 20

Kraft, Stärke, Retter, Held, Herr, Hoheit, Wunder, Güte, Macht, König ... Mose und das Volk Israel gebrauchen vielfältige Umschreibungen, um auszudrücken, wie sie Gott gerade erlebt haben. Wenige Stunden zuvor schrien sie noch um Hilfe und wollten am liebsten wieder zurück nach Ägypten. Nun sprudeln Dank und Lob aus ihnen heraus, und es wird gesungen und getanzt. Doch des einen Freud ist des anderen Leid. In dem Dank- und Siegeslied wird auch von Ägyptens Untergang berichtet. Von Furcht und Entsetzen, Angst und Erstarren sowie Feinden, die zerschmettert und in den Abgrund gezogen werden. Wie passen diese beiden so gegensätzlichen Seiten Gottes zusammen? Gott kennt keinen Spaß und keine Gnade, wenn ihm sein Herrschaftsbereich streitig gemacht werden soll. Wer sein Volk angreift, greift ihn, den Herrn (V.3), höchstpersönlich an. In seiner Heiligkeit findet neben ihm niemand Platz (V.11).
Macht dir diese Tatsache Angst? Braucht sie nicht, denn Gott steht auf der Seite seines Volkes, seines Teams, zu dem du durch Jesu Kommen in diese Welt ebenfalls gehörst, und umhüllt dich mit seiner Fürsorge und Schutz (vgl. 5. Mose 32,10).

Das merke ich mir: ______________________________

____

Freitag 21

RETTENDES HOLZ

2. Mose 15,22-27

Gerade noch hat das Volk Israel erfahren, wie das Wasser weichen musste und ihm somit das Leben rettete. Auch jetzt weicht das Wasser, aber die Trockenheit ist lebensbedrohlich. Drei Tage in der Wüste – auch das ist eine Gotteserfahrung. Und manchmal werden aus Tagen auch Monate. Eine Zeit im Leben, wo nichts geschieht. Durst ist ein quälender Zustand. Und irgendwann liegen die Nerven blank. Wieder rebelliert das Volk gegen Mose. Doch dann sehen sie eine Oase – Hoffnung und Freude machen sich breit. Aber welch eine Ernüchterung: Das Wasser ist ungenießbar und keine Hilfe. Das ist der Moment, wo man alles hinschmeißen will. Das Leben kann manchmal richtig bitter schmecken. Zukunftspläne werden durchkreuzt, Projekte platzen, Beziehungen gehen in die Brüche. Was tust du, wenn du dein Leben nur als eine ausgetrocknete Pfütze empfindest? Mose schreit zu Gott, der ihm mit einem Stück Holz einen Ausweg zeigt. Bitteres Wasser wird süß. Viele Tausend Jahre später schafft ebenfalls ein Stück Holz alle Bitterkeit aus der Welt. Am Kreuz kannst du deine Enttäuschungen, deine nicht erfüllten Wünsche und dein Ausgebranntsein abgeben. Mach es wie Mose: Schrei zu dem Herrn (V.25), er hört dich.

Das merke ich mir: ______________________________

____

Samstag 22

ZEICHEN DES HIMMELS

2. Mose 16,1-16

Alle gegen einen. Das Gemecker und „früher war alles besser" gehen in eine neue Runde. Wieder beschwert sich das Volk Israel bei Mose. Es ist bemerkenswert, dass Mose nicht sich verteidigt, sondern seinen Herrn (V.7f.). Noch erstaunlicher ist es aber, wie Gott reagiert: Er wirft seinem Volk weder mangelnden Glauben vor, noch liest er ihm die Leviten. Er versorgt. Und ist dabei nicht geizig: Seine Fürsorge ist kein Tropfen auf den heißen Wüstenstein, sondern ein warmer Segensregen (V.4) und mit himmlischem Brot zudem einzigartig. Dabei gibt er nicht für Tage und Wochen im Voraus, sondern immer so viel, wie jeder für einen Tag braucht (V.4.16). Das erfordert Vertrauen und auch Mithilfe.

Und dem nicht genug: Als Israel den Blick von der Vergangenheit in Ägypten löst, zeigt Gott für alle sichtbar, dass er bei seinem Volk ist (V.10). Und gleichzeitig erinnert er es, dass er es schon einmal in Form einer Wolke geführt hat (2. Mose 13).

Wo muss dir Gott im doppelten Sinne auf die Sprünge helfen? Deinem Gedächtnis, um dich an seine Hilfe in der Vergangenheit zu erinnern. Und dir, damit du dich in Bewegung setzt und Schritte in der Wüste gehst.

Das merke ich mir: ______________________________

____

KW 26 bearbeitet von Ulli Finzel,
Sozialarbeiterin, 10557 Berlin
E-Mail: finzelulrike1@gmail.com

NICHT ALLES FRIEDE-FREUDE-EIERKUCHEN

Psalm 42

Keine Ahnung, was du fühlst, wenn du den Psalm liest. Aber ich fühle es. Ich fühle die Sehnsucht nach Gott und den Wunsch, sein Wirken in meinem Leben wieder deutlich zu spüren. Vor etwa einem Jahr hatte ich eine wirklich schwere Zeit. Das wirkt bis heute noch nach. Eigentlich müsste ich doch glücklich sein. Gott hat mich erschaffen, sagt mir zu, dass er mit mir geht durch Dick und Dünn; durch dunkle Täler und grüne Auen. Er spricht mir in der Bibel zu, dass er immer bei mir ist. Aber manchmal kommt das, was ich lese und kopfmäßig verstehe, nicht in meinem Herzen an. Meine Seele ist dann bedrückt. Ich gehe dann auf die Suche nach Gott, zum Beispiel im Gottesdienst, aber in der Schar der Feiernden (V.5) fühle ich mich wie ein Außenseiter. Die Verse 6 und 12 haben die gleichen Worte. Sie formulieren die Sehnsucht, das Hoffen, Gott endlich wieder zu sehen, dass danach alles wieder gut wird. Ich habe hierfür keine Lösung. Das Einzige, was ich dir zusagen kann, ist, dass du in der Sehnsucht nicht allein bist.
Vor tausenden von Jahren wurde dieser Psalm geschrieben und er findet heute noch Anklang. Nur weil man mit Gott geht, heißt das eben nicht Friede, Freude, Eierkuchen. Sondern sehnen, hoffen und suchen – aktiv dran bleiben.

Das merke ich mir: ______________________

____

____

MONATSSPRUCH JULI

DU SOLLST DICH NICHT DER MEHRHEIT ANSCHLIEßEN, WENN SIE IM UNRECHT IST.

2. Mose 23,2

Damit startet es –
das macht den Unterschied.

Ulli Finzel

WOCHENSPRUCH

Einer trage des andern Last, so werdet ihr das Gesetz Christi erfüllen.
Galater 6,2

Montag 24

JUST ENOUGH

2. Mose 16,17-36

Das war meine Weisheit, die ich in meinem Auslandsjahr nach dem Abi gelernt habe. Just enough – genau genug. (So richtig übersetzen kann man es nicht). Wir erlebten als Team, was es bedeutet sich ganz von Gott und seiner Versorgung abhängig zu machen. Ich war in einem südostasiatischen Land und wir bekamen wöchentlich ein kleines Taschengeld für Essen und andere Besorgungen. Manchmal war am Ende des Geldes noch einiges an Woche übrig. Und gerade dann, im richtigen Moment, passierten kleine Wunder. Jemand kochte zu viel, eine Freundin lud mich zum Essen ein uvm. In der heutigen Zeit sind wohl die meisten von uns eigentlich selten in der Situation, dass wir zu wenig zu Essen haben und uns auf Gottes Versorgung verlassen müssen und dürfen.
Deshalb überlege mal, wo und wann in deinem Leben Gott dich umsorgt mit genau genug und genau zum richtigen Zeitpunkt. Ist es vielleicht ein zufälliges Gespräch im Bus, das dir hilft, den Knoten für deine Zukunft zu knacken? Ist es vielleicht auch, dass das Essen reicht für den ganzen Monat? (Inflation ist gerade Thema, in der Zeit wo ich dies schreibe). Was ist dein „just enough“ von Gott?

Das merke ich mir: ______________________________

____

Dienstag 25

TESTEN

2. Mose 17,1-7

Oh, ich kenne das. Ich verdurste innerlich, von Gott habe ich länger nichts gehört und ich mache allen in meinem Umfeld Vorwürfe. Gott am allermeisten. Manchmal suche ich dann nach Zeichen in meinem Tag. Wenn das und das passiert, dann weiß ich, dass du mich noch siehst. Solche oder ähnliche Gedanken kursieren dann in meinem Kopf. Wie krass zu sehen, dass Gott diesen Test des Volkes über sich ergehen lässt und tatsächlich frisches Wasser aus dem Stein sprudeln lässt. Mose ist ziemlich eingeschnappt, weil das Volk sich ihm und Gott gegenüber so verhalten hat und nennt den ganzen Ort „Versuchung und Vorwurf“. In meinem Alltag sieht es etwas anders aus – schließlich wandere ich nicht gerade mit Mose als Reiseleiter durch die Wüste und Wasser ist mein kleinstes Problem. Zwei Sachen finde ich trotzdem entscheidend: 1. Ich darf Gott fordern und ihm Vorwürfe machen – er hält das aus und hört mir zu 2. Die Lösung des Problems/Vorwurfs ist definitiv überraschender als ich gedacht habe (vgl. das Lied „Der Herr tut auch heute noch Wunder“).
Deshalb: Was ist der Grund für die Vorwürfe? Wo wirst du überrascht? Wie kannst du, anders als Mose, Gott deine Dankbarkeit zeigen?

Das merke ich mir: ______________________________

____

FALSCHE BESCHEIDENHEIT BEISEITE!

2. Mose 17,8-16

Mittwoch **26**

Eine berühmte Geschichte nach der anderen diese Woche – verrückt! Zwei Aspekte möchte ich herausheben. Einmal finde ich es, jedes Mal wenn ich die Geschichte lese, wunderschön, dass Mose nicht alleine die Last dieser Auseinandersetzung tragen muss, sondern immer wieder Unterstützer ihm helfen, seine Arme mit dem Stab oben zu halten. (Schade eigentlich, dass er in so vielen Kinderbibeln allein abgebildet ist.) Und das Zweite, was mir heute zum ersten Mal aufgefallen ist (lies gerne die letzten 3-4 Verse nochmal): Gott ermutigt Mose, dieses Erlebnis aufzuschreiben und weiterzugeben (deshalb ist diese Geschichte wahrscheinlich in jeder Kinderbibel) und Mose baut Jahweh aus Dankbarkeit einen Altar. Dieser Erfolg wird gefeiert! Also, sei nicht bescheiden und versuch bitte nicht, alles allein zu schaffen. Such dir Unterstützer, Freunde, die dich ergänzen und feiert gemeinsam mit Gott eure Erfolge – die großen und die kleinen.
Kurzer Ruf in die Aktion an dieser Stelle: Vielleicht hast du diese Unterstützer schon in deinem Leben – vielleicht magst du ihnen heute einfach mal Danke sagen dafür! Und: Schreib doch auch mal auf, was Gott Gutes in deinem Leben tut!

Das merke ich mir: ______________________________

____

FAMILIENBESUCH

2. Mose 18,1-12

Donnerstag **27**

Mose hat wirklich einiges erlebt. Nachdem er den einen ägyptischen Arbeiter erschlagen hatte, floh er in ein fremdes Land und heiratete, bekam Kinder. Das alles, bevor Gott seinen Plan umsetzte und ihn zum Leiter der Israeliten machte. Warum Mose seine Frau Zippora und die beiden Kinder zurückgeschickt hatte, zum Opa quasi, steht hier nicht. Was hier steht, ist, dass Opa Jitro, der gleichzeitig auch Priester ist, zu Besuch kommt, mit Zippora und den beiden Söhnen. Bedeutsam finde ich, dass Mose ihm zu Füßen fällt, wahrscheinlich aus Dankbarkeit und Respekt. In Vers 8 steht dann: „Er berichtete von allen Notlagen und wie der Herr sie gerettet hatte." Das zeigt ziemlich viel Offenheit und Ehrlichkeit dem Schwiegervater gegenüber. Ehrlicherweise spreche ich selbst mit meinen eigenen Eltern nicht über alle Notlagen, die mir begegnet sind, geschweige denn bin ich offen und ehrlich, wie Gott in meine Schwachheit und mein Versagen hineinwirkt. Das zeugt von ziemlich viel Mut. Opa Jitro hört zu, nimmt sich Zeit und freut sich einfach mit Mose, den Israeliten und Gott. Bist du auch so klar mit deiner Familie? Feiert ihr gemeinsam die Erfolge und geht zusammen durch das Scheitern?

Das merke ich mir: ______________________________

____

Freitag 28

WER IST HIER VERANTWORTLICH?

2. Mose 18,13-27

Immer noch ist Jitro, der Schwiegervater von Mose, zu Besuch und macht sich ein Bild davon, wie Mose das Volk führt. Was er beobachtet, ist, dass Mose wegen allerlei kleiner und großer Probleme von den Israeliten um Rat gefragt wird. Das nimmt ziemlich viel Zeit in Anspruch. Jitro beobachtet das und spricht seinen Schwiegersohn darauf an.
Wie würdest du darauf reagieren, wenn jemand deine Arbeitsweise kritisiert? Mose nimmt den Rat an, aber ohne mit der Wimper zu zucken. Leitung findet nicht mehr nur durch ihn statt. Sondern zuerst wird ein Wertekompass, die 10 Gebote kommen dann später, etabliert und auf immer kleiner werdenden Ebenen gibt es verantwortliche Personen, die sich der Probleme annehmen. Es geht nicht mehr nur um Mose, sondern das ganze Volk der Israeliten ist involviert. Wie läuft das bei dir in der Gemeinde und/oder im Jugendkreis? Könnt ihr kleine Dinge selbst klären, gibt es Verantwortliche an höherer Stelle, bei denen ihr euch sonst Hilfe holen könnt? Und überleg doch schon mal für dich: Was sind die Wertvorstellungen deines Umfeldes? Sind sie bekannt und transparent?

Das merke ich mir: ____

____

Samstag 29

KLARE VORBEREITUNG. KLARER GOTT.

2. Mose 19,1-15

Wenn ich das lese, bin ich erstaunt. Ganze 15 Verse sind nur die Einleitung der Übergabe der 10 Gebote. Diese sind schon so lange feststehend in meinem Wertekompass und irgendwie selbstverständlich Teil meiner Welt, dass es mich wundert, wie viel Vorbereitung hier noch passiert. Die Gebote sind ganz klar Antwort auf die Schwierigkeiten, ein Volk zu führen. Feste Verantwortlichkeiten wurden verteilt, aber diese Regeln und Gebote zu formulieren, bringt nochmal eine ganz andere Basis mit sich. In der Pädagogik würde man sich wohl zusammensetzen und als Gruppe gemeinsame Gruppenregeln aufstellen. Die Tragweite dieser Gebote wird beschrieben. Diese Gebote haben auf uns heute noch Einfluss. Gott allein ist der Urheber. Mose wird nur der Bote sein. Die Israeliten aber werden ein Volk der Prieser sein, ein heiliges Volk – so Vers 6. Diese Geschichte ist alt und für mich mit meinem Erfahrungshorizont nur schwer vorstellbar. Gott in einer Wolke, das Volk darf den Berg nicht betreten, ... Aber was ich bewundernswert finde, ist die Klarheit Gottes. Es ist sein Volk. Er wird sie führen. Bete doch heute, dass Gott auch in deinem Leben klar ist und dich führt. Lass dich überraschen, was er noch in petto hat.

Das merke ich mir: ____

____

KW 27 bearbeitet von Lars Johannsen,
Landesreferent für die Arbeit mit Kindern
und Jugendlichen beim EC-Mecklenburg,
19055 Schwerin
E-Mail: lars.johannsen@ec-mecklenburg.de

WOCHENSPRUCH
Aus Gnade seid ihr selig geworden durch Glauben, und das nicht aus euch: Gottes Gabe ist es.
Epheser 2,8

Lied: FJ5! Nr. 147

MEHR ALS NUR EIN PFLASTER

Psalm 73

Ich lese gerne und manchmal leide ich mit den Protagonisten mit. So wie in diesem Psalm. Es geht um eine Person, der übel mitgespielt wurde. Es scheint einfach alles schiefzugehen. Der Psalmbeter sieht, dass es allen anderen besser geht als ihm selbst. Er klagt Gott an und fällt sich immer wieder selbst ins Wort. Denn er sieht, dass all der Kummer und das Leid einmal ein Ende haben und seine Gegenspieler langfristig verlieren werden. Der Beter blickt nicht nur auf den IST-Stand. Er hat schon zum Ende vorgeblättert und weiß, dass alles gut ausgehen wird. Ihm wird immer wieder Schweres und Blödes passieren, aber er weiß, dass all das ihm letztendlich nichts anhaben kann. Er bleibt trotzdem an Gott dran. Ich finde das beeindruckend, trotz Leid und schlimmer Dinge an Gott festzuhalten. Dennoch immer wieder zu beten und ihn nicht über Bord zu werfen. Ich wünsche mir diese Gewissheit, dass einmal alles gut werden wird, wie sie der Beter auch hat. Es ist gut, zu wissen, dass ich mich bei Gott auskotzen und ihm alles sagen kann, was mich beschäftigt. Gott ist dennoch für mich da. Trotz Leid, Ungerechtigkeit und auch trotz meines Gemeckers – Gott macht am Ende alles gut. Er ist nicht abhängig von mir und meiner Erfahrung.

Das merke ich mir: ______________________

____

____

Früher gab es Cartoons. Liebe ist ... Aber wie kann ich für mein Tun lernen? Indem ich mir Jesus und sein Handeln anschaue und wie er seinen Mitmenschen begegnet.

Lars Johannsen

1 Montag

MIT PAUKEN UND TROMPETEN

2. Mose 19,16-25

Da führt Gott sie aus Ägypten heraus und tut wirklich unglaubliche Dinge. Trotzdem traut er seinem Volk nicht zu, ihm einfach so gegenüberzutreten. Drei Tage soll sich das Volk vorbereiten. Als es schließlich so weit ist, kann man es kaum verpassen. Mit Pauken und Trompeten, in Feuer und Rauch kommt Gott. Das Volk hat Angst, obwohl sie ja vorbereitet waren. Mose wird deutlich, dass das Volk Gott gar nicht direkt treffen kann, sondern dass dies seine Aufgabe und die seines Bruders ist. Gott zu sehen, in all seiner Herrlichkeit, das wünsche ich mir immer wieder. Ein Erlebnis, nach dem kein Zweifel mehr übrigbleibt: Gott ist echt und mächtig. Doch das Volk darf nur dabeistehen und zuschauen, wie Mose mit Gott redet. Da ist es mir doch lieber, Gott kommt nicht mit Pauken und Trompeten, sondern ich kann mich ohne drei Tage Vorbereitung direkt an ihn wenden. Dadurch, dass Jesus am Kreuz gestorben ist, muss ich keine Angst mehr haben, in Gottes Gegenwart nicht zu bestehen. Er selbst hat in drei Tagen alles gemacht, was notwendig ist, damit zwischen mir und Gott keine Distanz mehr ist. Ich kann Gott ganz nah sein und erleben, wie er im Kleinen in meinem und deinem Leben handelt. Achte doch heute einmal auf kleine Zeichen seines Handelns.

Das merke ich mir: ______________________________

____

2 Dienstag

SIEGEL, SPIEGEL, RIEGEL

2. Mose 20,1-21

Mose kommt vom Berg und sagt dem versammelten Volk, was Gott ihm aufgetragen hat. Es sind eine ganze Reihe von Anweisungen dabei, bekannt als „die 10 Gebote“. Mich bewegt, dass Gott hierdurch für manche zum Spielverderber wird. Gott verbietet mir durch seine „10 Verbote“ alles, was Spaß macht. Doch ich glaube, dass Gott hiermit vielmehr 10 Ratschläge für ein gelingendes Leben gibt. Die 10 Gebote sollen uns Siegel – Spiegel – Riegel sein. Jeder Bund Gottes wird durch eine Zeichenhandlung besiegelt, wie z. B. die Beschneidung bei Abraham. Doch hier wird der eigentliche Bund Gottes geschlossen und die Absicht, diesen anzunehmen, wird durch das Halten der 10 Gebote gezeigt. Gleichzeitig sind uns die Gebote ein Spiegel. Wir sehen, dass wir gar nicht so gut sind, wie wir immer dachten. Wir können nicht so leben, wie Gott es verlangt (zum Glück hat Jesus durch seinen Tod am Kreuz die Strafe dafür auf sich genommen). Aber die 10 Gebote sind auch ein Riegel. Gott sagt ganz klar: Das sollst du nicht tun. Das schadet dir und der Beziehung zu deinen Mitmenschen. Dieses Verhalten führt dich weg von dem guten Weg, den ich für dich vorgesehen habe. Wenn du so lebst, wirst du dich von mir entfernen. Gott will nur das Beste für dich.

Das merke ich mir: ______________________________

____

VOM STEINCHEN ZUM STÖCKCHEN ...

2. Mose 23,1-9

Mittwoch 3

Nachdem die Zehn Gebote noch recht allgemein sind, wird es nun konkret. Wobei mir auffällt, dass hier Dinge genannt werden, die eigentlich selbstverständlich sein sollten. Du sollst keine Gerüchte verbreiten, du sollst den Fremden nicht quälen, du sollst dich nicht bestechen lassen usw. Es ist keine vollständige Liste von Aufgaben, die man erfüllen soll. Wenn es so wäre, würden (mir zumindest) einige Dinge fehlen, die man auch nicht machen sollte. Es geht nicht um das Verbot, sondern um das, was deutlich gemacht werden soll. Hier wird das Sprichwort: „Was du nicht willst, dass man dir tu', das füg' auch keinem andern zu" umgedreht und erweitert. Man könnte diese Liste zusammenfassen mit: Liebe den Nächsten wie dich selbst. Egal, ob es dein Freund, dein Feind oder ein Fremder ist. Schau, dass es dem anderen gut geht und hilf dem anderen in jeder möglichen Situation. Das Ganze hat sogar eine Begründung: Du warst selbst einmal fremd, du willst vielleicht selbst einmal Hilfe und am wichtigsten: Du wirst sonst blind für das Eigentliche.

Gehe heute sehend durch den Tag und überlege, wo du ganz praktisch jemandem helfen kannst, egal ob Freund, Feind oder Fremder.

Das merke ich mir: ______________________________

____

CHILL MAL ...

2. Mose 23,10-19

Donnerstag 4

Es geht wieder einen Schritt weiter. Es geht um das Sabbatjahr und um Feiertage. Felder können nicht durchgängig bepflanzt werden, sonst wird das Land mit der Zeit unbrauchbar. Wenn man die ganze Woche durchzieht und sich abrackert, ohne Pause zu machen, dann geht man kaputt. Was ist der erste Tag des Menschen? Gott selbst hat die Welt in sechs Tagen erschaffen und hat am siebten Tag Pause gemacht. Die ersten Menschen haben mit Gott zusammen Pause gemacht. All das scheint mir völlig logisch, trotzdem fällt es mir schwer, wirklich Pause zu machen und zur Ruhe zu kommen. Es geht beim Feiertag (unserem Sonntag) nicht darum, überhaupt nichts zu machen und nur zu chillen, sondern darum, aus dem Hamsterrad Alltag auszubrechen und einmal was anderes zu machen, um wirklich offen für Gott zu sein. Die Alltagsroutine einmal zu verlassen und Dinge zu tun, die sonst auf der Strecke bleiben. Ich kann also den ganzen Tag chillen, kann aber auch spazierengehen, Fußball spielen oder ein Baumhaus bauen. Ich kann tun, was mir gut tut, solange ich es mit Gott mache. Bis Sonntag sind es noch einige Tage. Überlege dir, wie du den kommenden Sonntag verbringen willst, um zur Ruhe zu kommen und Zeit mit Gott zu haben.

Das merke ich mir: ______________________________

____

5 Freitag

ZU SCHÖN UM WAHR ZU SEIN ...?

2. Mose 23,20-33

Gott geht noch einen Schritt weiter und macht deutlich, dass das Eigentliche noch nicht erreicht ist. Das Volk ist noch nicht im versprochenen Land angekommen und erobert haben sie es auch noch nicht. Gott gibt ihnen verschiedene Warnungen mit, aber auch eine ganze Reihe wunderbarer Verheißungen. Sie erhalten ein riesiges Land, die Feinde werden, bevor sie überhaupt kommen, von Hornissen vertrieben, und schließlich wird es eine wunderbare Zukunft für das Volk geben. Keine Frau wird eine Fehlgeburt haben, niemand wird kinderlos sterben. Das ist fast schon zu schön, um wahr zu sein. Doch Gott ist treu und steht zu seinen Versprechen, egal, wie unwahrscheinlich diese auch sein mögen. Gott baut seit 2000 Jahren an einem neuen Himmel und einer neuen Erde, auf der es keinen Tod, kein Leid und keine Tränen geben wird. Dies ist keine billige Vertröstung, damit wir hier durchhalten, sondern es ist eine Wiederherstellung der ursprünglichen guten Schöpfung, in der alles perfekt war. Diese Welt ist nicht perfekt und wird es nie sein. Doch dies ist kein Zeichen dafür, dass Gott nicht perfekt ist, sondern sagt etwas über uns Menschen aus. Wir brauchen auf dieser Welt keine Angst zu haben, weil sie nicht alles ist, sondern danach noch etwas kommt.

Das merke ich mir: ______________________________

____

6 Samstag

JETZT GEHT'S ANS EINGEMACHTE

2. Mose 24,1-18

Nun geht´s ans Eingemachte. Nachdem Gott erklärt hat, worum es eigentlich geht, kommt es nun zur Bekenntnisfrage: „Wollt ihr das denn nun wirklich?“ Das Volk ist sich einig: „Alles, was Gott gesagt hat, wollen wir befolgen.“ Mose besiegelt diesen neuen Bund mit dem Blut eines Stieres. Hinterher ist man immer schlauer und wir wissen, dass sie dieses vollmundige Versprechen letztendlich nicht halten konnten. Sie beteten andere Götter an und auch mit den Geboten kamen sie nicht so gut zurecht. Trotzdem verwirft Gott sein Volk nicht, sondern geht ihm nach. Durch das Blut von Jesus am Kreuz wird ein neuer Bund zwischen Mensch und Gott geschlossen. Wir müssen nicht mehr wegen der Trennung von Gott verzweifeln, denn durch den Tod von Jesus wird jede Trennung überwunden. Die Frage ist allerdings auch hier, wie deine Antwort auf die Frage: „Willst du das ...?“ aussieht. Denn Jesus ist nicht als Unfall der Geschichte zufällig gestorben, sondern es war schon immer Gottes Plan. Jesus starb für dich! Er gab sein Blut, weil er dich schon vor Augen hatte und du ihm unendlich wertvoll bist. Was bedeutet dir dieses große Geschenk und wie sieht deine Antwort aus? Ich ermutige dich, dieses Geschenk für dich in Anspruch zu nehmen.

Das merke ich mir: ______________________________

____

KW 28 bearbeitet von Ingo Müller,
Referent für Teenagerarbeit und Team-EC
beim Deutschen EC-Verband, 34134 Kassel
E-Mail: ingo.mueller@ec.de

7 Sonntag

Lied: FJ5! Nr. 120

WOCHENSPRUCH

So spricht der Herr, der dich geschaffen hat: Fürchte dich nicht, denn ich habe dich erlöst; ich habe dich bei deinem Namen gerufen; du bist mein!

Jesaja 43,1

GOTT KENNT MICH!

Psalm 139

Es gibt eine recht alte Vorstellung von einem richtenden Gott, der dir zuschaut und genau sieht, was du alles machst. Am Ende bleibt hier immer die Emotion stehen: Ich bin ertappt worden. Gott bewertet mich und vor allem mein Versagen. Je nach Prägung kannst du den Psalm 139 so lesen. Nichts davon ist so gemeint. Gott ist derjenige, der erforscht. Weißt du, wie liebevoll und aufmerksam man beim Erforschen sein muss? Jede Facette deiner Talente und Begabungen kennt Gott und möchte sie ausgraben und hervorheben. Nicht unbedingt für ein Museum, mehr für dein Leben, damit du es nutzen kannst. Gott ist jemand, der dich kennt und trotzdem liebt. Jemand, der schon weiß, was du sagen willst, oder erahnt, was du sagen willst, wenn dir die Worte fehlen. Solch ein Mensch tut gut, solch ein Gott ist Gold wert. Vermutlich sogar deutlich mehr als Gold wert. Weil er dir den kostbarsten Wert zuspricht und an jedem erdenklichen Ort auf dich aufpasst. In diesen Versen wird sogar beschrieben, dass Gott dir folgen wird an Orte, wo man Gott nicht erahnen würde. Staunend lese ich diese Worte. Staunend über mich, wie großartig er mich doch gemacht hat. Noch staunender über die Größe dieses Gottes, der sich für mich interessiert. Was für ein Gott.

Das merke ich mir: ______________________

____

____

All you need is love.
Alles, was du geben kannst, auch!

Ingo Müller

8 Montag

INVESTMENT: GOTT

2. Mose 25,1-22

Die Aufzählungen, was die Israeliten hier Gott als Gabe schenken sollen, erinnern mich ganz automatisch an eine Zeit, wo Menschen Geld bezahlen sollten, um die Gnade Gottes zugesprochen zu bekommen. Doch das ist hier absolut nicht gemeint. Es geht eher um ein gemeinsames Werk. Jeder ist nötig und jeder kann seinen Beitrag leisten, um das Heiligtum zu erstellen. Fast nichts anderes, als wenn eine Gemeinde nach Spenden fragt oder nach Hilfe, das Grundstück zu pflegen. Natürlich gibt es noch einen Unterschied: die Vorstellung vom Heiligtum. Das Heiligtum war damals die Wohnung, also der Ort für Gottes Gegenwart. In all den Anweisungen und konkreten Bauanleitungen geht es darum, einen angemessenen Ort für Gott zu kreieren, der allein durch die Gestaltung schon Gottes Gegenwart verdeutlicht. Wenn ihr euch mal in einer aufwendig erbauten Kirche aufhaltet, ist die vermutlich nicht anders entwickelt worden. Viele Facetten, die wir gar nicht wahrnehmen, haben tiefe Bedeutungen. Die 12 Säulen stehen für die 12 Stämme Israels oder die 12 Jünger, die 3 Gänge für die Dreieinigkeit und so weiter. Davon aber genug: Was investierst du für die Gegenwart Gottes?

Das merke ich mir: ______________________________

____

9 Dienstag

SCHMERZZERREISSEND

2. Mose 31,18 – 32,14

Das Volk Gottes kann nicht länger warten. In ihnen zerreißt ein Geduldsfaden. Das scheinbar ewige Warten auf die Antwort ihres unsichtbaren Gottes. Das kennen wir vermutlich auch alle: Wir wünschen uns eine Antwort von Gott oder ein Eingreifen in unser Leben. Nicht, weil es nett wäre, sondern weil wir es aus unserer Sicht brauchen. Wir haben Bedürfnisse nach Verbundenheit und Sicherheit. Wenn die nicht gestillt sind, machen wir uns, genauso wie die Israeliten, so unsere eigenen Gedanken. Inspiriert von den vergöttlichten Naturkräften der Nachbarvölker, kreiert sich das Volk Gottes einen für sie sichtbaren Gott. Natürlich soll das im ersten Moment ein Bild für ihren Gott sein, dennoch zeigt die Fete, was der Charakter des Gottes ist, den sie da geschaffen haben. Verständlich, dass Gott da nicht happy ist, sondern richtig sauer. Mose gelingt es, Gott an seine Geschichte und sein Versprechen zu erinnern.

Die Geschichte Gottes mit uns geht weiter und gilt auch heute noch, wenn wir uns mal wieder von Gott entfernen. Gott findet das nicht schön, es bereitet ihm sogar Schmerzen, aber er hat sich für uns zerrissen. Damit er nicht gegen uns sein muss, sondern für uns sein kann.

Das merke ich mir: ______________________________

____

EXEMPEL

2. Mose 32,15-29

Mittwoch 10

Hier ist etwas zerbrochen. Die Steintafeln, in die Gott selbst die Schrift eingegraben hat, sind zerbrochen. In der Lutherübersetzung der Bibel steht „eingegraben“, das verdeutlicht sehr schön, wie viel Arbeit in der Erstellung gesteckt haben muss. Aber selbst die von Gott erstellten Steintafeln halten Mose nicht davon ab, völlig auszuflippen. Cholerisch und völlig außer Rand und Band zerstört er, was die Israeliten sich hier als sichtbaren Gott geschaffen haben. Mose statuiert ein Exempel. Eine von Mose angeordnete und blutige Exekution verschont nicht mal die eigenen Angehörigen. Unvorstellbar, einen solchen Auftrag zu bekommen. Das Entscheidende gilt jedoch auch für uns: Unser Handeln hat Konsequenzen. Die können wir nicht umgehen. Aaron versucht, sich zu entlasten, aber er hat sich entschieden. Das Volk Israel wird ebenso wie wir jeden Tag aufs Neue herausgefordert: Gehörst du „dem Herrn“? Wenn ja, hat das manchmal auch Folgen, die uns nicht gefallen. Gott fordert uns auf, ihm zu vertrauen und die eigenen Tätigkeiten für ihn zu tun. In der eigenen Familie, beim Bezahlen an der Kasse oder in den Situationen, wo du ganz allein bist. Gottes Liebe und Geduld dürfen hier überall präsent sein.

Das merke ich mir: ______________________________

____

FÜR IMMER!?

2. Mose 32,30 – 33,6

Donnerstag 11

Gott steht zu seiner Verheißung! Für immer bleibt er treu, auch wenn sein Volk ihn so enttäuscht hat. Gott steht auch zu uns, auch wenn wir ihn enttäuscht haben. Er bleibt an unserer Seite. Als Vater kann ich verstehen, dass man auch mal enttäuscht ist und ein wenig trotzig sagt: Dann geh doch deinen eigenen Weg zu deiner Verheißung, also dem Platz, an dem du sein sollst. Dennoch wünsche ich mir insgeheim immer, dass ein Engel, quasi Gott, auf mein Kind aufpasst, ihm den Weg zeigt und für das Kind da ist. Das ist so und bleibt so, für immer. Gott wünscht uns nur das Beste. Als das Volk dann als Zeichen der Trauer den Schmuck ablegt (solchen, der einige Verse vorher noch für einen alternativen Gott verwendet wurde), reicht das noch nicht. Manchmal lohnt es sich, etwas im Leben ganz hinter sich zu lassen, weil es uns einfach von Gott trennt. Das muss bei uns nicht unser Schmuck sein. Aber es kann nötig sein, für die Gemeinschaft mit Gott auf das ein oder andere zu verzichten. Als Zeichen der Trauer z. B. zu fasten. Aber auch zu versuchen, eine Verhaltensweise zu ändern, die uns von Gott entfernt. Für immer? Oft ist das dann ein lebenslanger Prozess, aber manchmal kann uns das richtig frei machen. Frei für noch mehr Gott in unserem Leben.

Das merke ich mir: ______________________________

____

Freitag 12

BESUCHERRAUM

2. Mose 33,7-11

Gott besucht sein Volk und lässt sich hier im Zelt der Begegnung treffen. Bei Mose scheint die Verbindung nochmal ganz besonders zu sein. Seine Verbindung zu Gott ist sichtbar und inspirierend. Gott erinnert an vergangene Erlebnisse und führt in eine aktuelle Handlung. Aber jeder durfte Gott besuchen, oder besser gesagt: sich von Gott besuchen lassen. Ich kenne das so gut aus meinem Leben. In meinem Alltag, also in meinem Zeltlager, bin ich oft so blind für Gottes Eingreifen in meinem Leben. Alles ritualisiert, Gewohnheiten prägen meinen Alltag und Wunder werden nicht wahrgenommen. Ist ja normal, dass meine Kinder jeden Tag von der Schule wieder nach Hause kommen, oder?

Gottes Stimme mitten in unserem vollen Alltag zu hören, scheint eine schier unmögliche Aufgabe zu sein. Wie genial, wenn wir einen Ort haben oder kreieren, der für die Begegnung mit Gott gemacht ist. Unser Zelt der Begegnung. Sei es eine Gebetsecke im Schlafzimmer, eine Kirche im Ort, ein Baum im Garten oder was euch sonst so einfällt. Ein Ort, der uns aus unseren gewohnten Mustern holt und uns vergegenwärtigt, was sowieso da ist: Gott.

Das merke ich mir: ______________________________

____

Samstag 13

NÄHER, NÄHER ZU DIR

2. Mose 33,12-23

„Näher, näher zu dir. Näher, mein Gott, zu dir." So lautet eine Liedzeile in einem Lied von Lothar Kosse. In dem Lied wird die gleiche Sehnsucht beschrieben, die Mose hier in diesen Versen hat. Er möchte Gottes Nähe spüren, wissen, dass Gott da ist und Anteil an seinem Innersten haben. Mose spricht mit Gott wie mit einem guten Freund. Übrigens können wir das genauso machen. Wie bei einem richtig guten Freund oder natürlich auch einer Freundin, bei der man wissen möchte, wie es ihr wirklich geht. Mose möchte wissen, wie es Gott wirklich geht, was er denkt und fühlt. Wenn wir so etwas erfahren dürfen, dann haben wir für einen Moment Anteil am Innersten der Person. Das sind auch in Freundschaften heilige Momente. Wie heilig sind dann die Momente, wo wir so eng mit Gott verbunden sind, dass wir einen kleinen Moment ihn erfahren und einen kleinen Teil von ihm erahnen können.

Wenn sich der Gott des Himmels und der Erde, der Schöpfer des ganzen Universums, der sich dich ausgedacht hat, uns zeigt, sind das Momente mit Ewigkeitsperspektive. Genieße und halte Ausschau nach den seltenen Momenten, wo der Himmel die Erde berührt.

Das merke ich mir: ______________________________

____

KW 29 bearbeitet von Annkatrin Edler,
Referentin für Kinder- und Jungschararbeit
beim Deuschen EC-Verband, 34134 Kassel
E-Mail: annkatrin.edler@ec.de

GOTTES WORT VERÄNDERT

Psalm 119,25-32

Diese Verse erzählen von einem Menschen, dem die Spannungsfelder seines Lebens deutlich vor Augen stehen: die eigenen körperlichen Grenzen, Leid und Schmerz, aber auch der Kampf mit Sünde im eigenen Leben. Anfangs erscheint es mehr wie ein Wunsch oder eine Bitte, mit der er sich nach Gottes Wort ausstreckt, doch dann beginnt er, sich damit zu beschäftigen und es entsteht ein Prozess. Gottes Wort zu verstehen, meint nicht nur seinen Sinn zu erfassen, sondern es beginnt mit dem Achthaben darauf, was Gott tut. Sein Handeln wahrzunehmen und ihm immer mehr Raum in unseren Gedanken zu geben. Der Psalmist kommt schließlich zu der bewussten Entscheidung für Gottes Wort. Der Entscheidung, sich Gottes Wort immer wieder vor Augen zu halten und sich danach auszurichten. Und er erlebt, wie ihn die Beschäftigung mit Gottes Wort verändert, wie es ihm trotz Schmerz und Herausforderung die Enge nimmt und das Herz weit macht. Gottes Wort hat Macht, aufzurichten, zu trösten und uns Weite zu schenken, wo uns Sorge, Schmerz und Not einengen. Doch das geschieht nur, wenn wir Gottes Wort Raum geben. Raum in unseren Gedanken, in unseren Gesprächen, in unserem Leben. Wie viel Raum hat Gottes Wort in deinem Leben? Wie sehr darf es deine Gedanken bestimmen?

Das merke ich mir: ______________________

____

____

WOCHENSPRUCH

So seid ihr nun nicht mehr Gäste und Fremdlinge, sondern Mitbürger der Heiligen und Gottes Hausgenossen.
Epheser 2,19

Mich ermutigt, dass diese Liebe nicht aus mir selbst kommen muss. Ich darf aus dem Überfluss nehmen, den Jesus bereit hält.

Annkatrin Edler

Lied: FJ5! Nr. 221

Montag **15**

GOTT STELLT SICH VOR

2. Mose 34,1-10

Mose erlebt eine einzigartige Gottesbegegnung. Verhüllt in einer Wolke, tritt Gott in seiner ganzen Herrlichkeit zu Mose. Anders, als manche Übersetzungen wiedergeben, ist es nicht Mose, der Gottes Namen ausruft. Sondern es ist Gott selbst, der seinen Namen vor Mose nennt und ihm sein Wesen offenbart. Wie unbeschreiblich muss es wohl klingen, wenn Gott seinen Namen in seiner ganzen Größe und Macht ausruft! Mose hat schon einmal etwas Ähnliches erlebt. Als Gott ihn aus dem brennenden Dornbusch heraus beruft, offenbart er sich als der Gott, der durch alle Zeiten hinweg derselbe ist. Hier hingegen offenbart Gott etwas über die Art und Weise, wie er handelt. Sein Name ist untrennbar mit seinen Eigenschaften verbunden. So stellt er sich vor als Jahwe, der in seinem Handeln barmherzig ist, gnädig, geduldig, treu, vergebend, gerecht. Er stellt sich vor als ein Gott, dessen Gnade größer ist als seine Strafe. Mose erlebt genau diese Wesenszüge Gottes. Denn trotz der Schuld des Volkes, lässt er sich neu auf Israel ein und geht den Weg mit seinem Volk. Doch die volle Größe von Gottes Art zu handeln, zeigt sich erst später. Am Kreuz erleben wir, dass Gottes Gnade seine Strafe weit übersteigt. Dort erleben wir, wie er den Weg mit uns geht.

Das merke ich mir: ______________________________

____

Dienstag **16**

GEBLENDET

2. Mose 34,27-35

Mose kehrt nach 40 Tagen vom Gipfel des Berges zurück. 40 Tage in der Gegenwart Gottes haben sichtbare Spuren hinterlassen. Moses Angesicht strahlt! An ihm ist die Herrlichkeit Gottes sichtbar. Wünschen wir uns nicht genau das oft auch für unser Leben? Dass Gottes Wesen und seine Herrlichkeit an uns sichtbar werden? Was mich an diesem Text anspricht, ist, dass Mose selbst gar nichts von seinem Strahlen bemerkt. Er hat es weder gewollt noch gezielt daran gearbeitet. Dieses Strahlen ist kein Machtsymbol und auch keine besondere Auszeichnung, die Mose vor allen anderen herausstellt, sondern Ausdruck seiner Nähe und persönlichen Beziehung zu Gott.

Auch in unserem Leben und Handeln soll die Herrlichkeit Gottes sichtbar werden. Doch manchmal stehen wir in der Gefahr, die Reihenfolge zu vertauschen. Wir bemühen uns um Freundlichkeit, Liebe, Geduld und alles, was dazugehört. Wir suchen nach den Auswirkungen der Nähe Gottes und vergessen dabei, nach ihm selbst zu suchen. Doch wenn wir die Nähe Gottes suchen und er immer mehr Raum in uns gewinnt, wird das ganz von alleine unübersehbare Auswirkungen haben. Was suchst du?

Das merke ich mir: ______________________________

____

ECHTE HINGABE

2. Mose 35,4-29

Mittwoch **17**

Jeder gebe, der gern dazu bereit ist! Es ist faszinierend, zu sehen, wie Gott, dem aller Reichtum zur Verfügung steht und der nicht auf die Abgaben seines Volkes angewiesen ist, die Menschen dazu einlädt, ihre Liebe und Hingabe an ihn zum Ausdruck zu bringen. Immer wieder gebraucht Gott Menschen, obwohl er es doch selbst viel besser könnte. Gott möchte gemeinsam mit uns handeln, uns an seinen Werken teilhaben lassen. Doch selbst in einem Volk, das sich als Ganzes entschieden hat, Gott nachzufolgen, ist der Glaube kein Selbstläufer. Es gibt kein Mitlaufen in der großen Masse. Gott spricht jeden Einzelnen an. Er sucht nach Männern und Frauen, die aus Hingabe an ihn ihr Wertvollstes zu seiner Verfügung stellen. Gott hat kein widerwilliges Opfer nötig, das aus Druck, Vergleichen oder einem schlechten Gewissen heraus gegeben wird. Er wünscht sich echte Hingabe und Anbetung, die aus freien Stücken heraus geschehen. Eine solche Hingabe geht über ein schönes Gefühl im Lobpreis hinaus. Sie zeigt sich vielmehr im Alltag und der Bereitschaft, selbst unser Wertvollstes zu Gottes Verfügung zu stellen. Nicht aus Zwang, sondern aus Freude darüber, dass Gott uns an seinem großartigen Werk beteiligen möchte. Was und mit welcher Haltung gibst du?

Das merke ich mir: ____

____

BERUFEN UND BEFÄHIGT

2. Mose 35,30 – 36,7

Donnerstag **18**

Die Baupläne sind geklärt, das Material ist beschafft, die Arbeit an der Stiftshütte kann beginnen. Um dieses Vorhaben anzuleiten und auszuführen, wählt Gott Bezalel und Oholiab aus. Bezalel ist nicht nur von Gott berufen, sondern von Gottes Geist erfüllt. So, wie wir es an anderer Stelle vor allem von Richtern, Königen oder Propheten lesen. Gottes Geist ist es, der einen berufenen Menschen mit den nötigen Gaben und Fähigkeiten ausrüstet, um eine Aufgabe zu erfüllen, die unser menschliches Können übersteigt. Unter diese Menschen reiht Gott nun Bezalel als Handwerker ein. Das zeigt, wie bedeutend seine Aufgabe ist. Schon die Bedeutung der Namen Bezalel „unter dem Schutz Gottes“ und Oholiab „Gott ist unser Schutz“ machen deutlich, wie sehr Gott über diesen Arbeiten wacht, damit alles nach seinen Ordnungen geschieht. Auch die Arbeiter erfüllt Gott mit Weisheit und Fähigkeit. Bis ins Detail wird alles nach den Anweisungen Gottes ausgeführt. Wozu Gott uns beruft, kann ganz unterschiedlich aussehen. Das macht dieser Text deutlich. Vom Handwerker bis zum Anführer eines Volkes ist bei Gott alles möglich. Egal, wie groß oder klein eine Berufung für uns scheint, mit seinem Geist gibt Gott alles, was nötig ist, um seinen Auftrag auszuführen.

Das merke ich mir: ____

____

Freitag 19

HERAUSGERUFEN

2. Mose 40,1-17

Am ersten Tag des ersten Monats, ein Jahr nach der Befreiung aus der Sklaverei und neun Monate nach der Ankunft am Sinai, wird die Stiftshütte aufgerichtet. Für Israel beginnt ein ganz neuer Abschnitt ihrer Reise, denn von nun an wird Gott selbst unter ihnen wohnen. In Vorbereitung auf diesen Einzug Gottes wird die Wohnung selbst, alle Gegenstände und zuletzt auch die Priesterschaft gesalbt und geheiligt. Gottes Heiligkeit steht in krassem Gegensatz zu der gefallenen Welt, die in ihrem Wesen nicht zu Gott passt und Gemeinschaft unmöglich macht. Doch durch die Salbung und Heiligung entsteht ein Raum, der diese speziellen Gegenstände und Personen für Gott absondert und nur für seinen Gebrauch verfügbar macht. So wird auch Aaron und mit ihm seine gesamte Nachkommenschaft herausgerufen und als Priester eingesetzt. Doch dieses Konzept bleibt von Anfang an nur ein Kompromiss. Gottes eigentliches Anliegen wird erst viel später klar. Er wünscht sich nicht nur einzelne, die in seinem Dienst stehen, sondern ein ganzes Volk von Priestern (1. Petrus 2,9). Menschen, die sich herausrufen lassen. Menschen, die ihm nachfolgen, die in enger Verbindung zu ihm stehen und ihm ganz persönlich dienen.

Das merke ich mir: ______________________________

____

Samstag 20

NOCH NÄHER?

2. Mose 40,34-38

Die Ereignisse am Sinai erreichen ihren Höhepunkt: Gott zieht in die Stiftshütte ein. Dieser Moment muss unglaublich eindrucksvoll gewesen sein. Gottes Herrlichkeit nimmt die Stiftshütte in Besitz. Er erfüllt sie mit seinem Licht, das alles überstrahlt, mit seiner Macht und Gewalt, die alles andere übersteigt. Mit seiner ganzen Größe und Majestät zieht der lebendige Gott ein und wohnt unter seinem Volk. Was bisher nur eine leere Hülle war, wird nun wortwörtlich zum Zelt der Begegnung. Dem Ort, an dem Begegnung mit Gott möglich ist. Doch trotz dieser unglaublichen Tatsache bleibt eine Distanz zwischen Gott und seinem Volk. Der Zugang zu ihm ist nur bedingt frei, seine Herrlichkeit bleibt verhüllt in einer Wolke. Kein Mensch kann Gottes Herrlichkeit unverhüllt sehen und doch gibt es die Möglichkeit, noch näher dran zu sein an ihm. Gott findet einen Weg zu noch engerer Gemeinschaft. Doch noch näher als ein Gott, der unter seinem Volk wohnt, kann nur ein Gott kommen, der in seinem Volk wohnt. Paulus zeigt uns dieses Bild von Gott, der die, die ihn lieben, zu seinem Tempel macht und mit seiner ganzen Fülle in ihnen wohnt. Gott, der nicht nur unter uns, sondern in uns lebt. Dieser Gott begeistert mich!

Das merke ich mir: ______________________________

____

KW 30 bearbeitet von Stefanie Ramsperger,
Leiterin Kommunikation und Medien beim
Dt. EC-Verband und freie Journalistin
und Lektorin, 61169 Friedberg
E-Mail: stefanie.ramsperger@ec.de

WOCHENSPRUCH
Lebt als Kinder des Lichts;
die Frucht des Lichts ist lauter
Güte und Gerechtigkeit und
Wahrheit.
Epheser 5,8b.9

DER BESTE LEHRER FÜRS LEBEN

Psalm 119,33-40

Wolltest du schon einmal etwas wirklich, wirklich richtig gerne und gut lernen? Einen besonderen Balltrick beim Fußball, einen beeindruckenden Zaubertrick, Portraits möglichst lebensecht zeichnen, einen bestimmten Rhythmus auf dem Schlagzeug spielen? Egal, was es ist: Du hast wahrscheinlich geübt, aber auch nach jemandem Ausschau gehalten, von dem du dir etwas abgucken konntest. Jemand, der dir ein Vorbild war. Ein bekannter Fußballer oder Musiker vielleicht. Oder du hast dir ein bestimmtes YouTube-Video immer wieder angeschaut, bis du es annähernd so gut konntest wie der- oder diejenige im Netz? Das Entscheidende ist, dass du es wirklich lernen WOLLTEST.
So geht es dem Psalmbeter: Er ist sich seiner eigenen Hilfsbedürftigkeit sehr bewusst und wendet sich deswegen an den besten Lehrer, den er sich vorstellen kann: Gott selbst soll ihm zeigen, was er tun soll, damit sein Leben gelingt. Gott soll ihm die Fähigkeit und Einsicht geben, das Richtige zu tun. Er WILL begreifen, wie Leben gut werden kann. Wie gut, dass auch wir in Jesus so einen großartigen Lehrer, so ein tolles Vorbild haben. Was wünschst du dir heute an Einsicht von Gott?

Das merke ich mir: ______________________

____

____

Ein liebevolle Herzenshaltung wünsche ich mir und dir: Wie viel schöner wird auch scheinbar Alltägliches, wenn es liebevoll gemeint ist!
Stefanie Ramsperger

Montag 22

JESUS, EIN MANN WICHTIGER WORTE

Markus 3,7-12

Jesus heilt Kranke und treibt böse Geister aus. Das allein ist außergewöhnlich. Aber was mich wirklich irritiert, ist der letzte Vers: Jesus möchte nicht, dass die Menschen von seinen Wundern erzählen. Warum eigentlich nicht? Gute Botschaften müssen doch verbreitet werden. Und eine Krankenheilung ist doch wohl definitiv eine gute Nachricht!
Warum also mahnt Jesus die Menschen zur Verschwiegenheit? Vielleicht möchte er nicht, dass die Leute nur deswegen von ihm erzählen, weil er das Übernatürliche kann. Vielleicht möchte er vielmehr für das, was er sagt, wahrgenommen werden. Natürlich ist ein gesprochenes Wort erstmal wesentlich unspektakulärer als ein Gelähmter, der plötzlich gehen kann, oder ein Blinder, der auf einmal sieht. Doch ist es genau die Botschaft, die Jesus für die Menschen hat, die letztlich lebensrettend ist, in Ewigkeit. Es ist nicht die einzelne Heilung auf dieser Welt.
Beim Glauben geht es um die Botschaft, nicht um Beweise durch Taten: Die Herausforderung ist es, festzuhalten an etwas, was ich nicht beweisen kann. Welcher Satz aus dem heutigen Text fordert dich heraus?

Das merke ich mir: ______________________________

____

Dienstag 23

JESUS, EIN FREUND DER UNPERFEKTEN

Markus 3,13-19

Jesus beruft zwölf Menschen, „die er bei sich haben wollte". Moment mal: Was ist denn mit den anderen? Will er die nicht bei sich haben? Will er mich etwa auch nicht bei sich haben, weil ich vielleicht nicht so perfekt bin wie andere? Genau das ist nicht der Sinn von Jesu Auswahl. Er sucht sich nicht einen bestimmten Typ Mensch heraus. Und schon gar nicht wählt er nur die Perfekten aus: Da ist Thomas, der die Dinge nicht einfach glauben kann. Er braucht Beweise. Da ist Petrus, der Fels, der in der Krise trotzdem so schwach ist, Jesus zu verleugnen. Da ist Judas, der seine Finger nicht vom Geld lassen kann. Der vielleicht bestechlich ist, vielleicht gierig, der auf jeden Fall seinen Kopf so sehr durchsetzen will, dass er sogar Jesus selbst verrät. Da ist Matthäus, der Zöllner, der vermutlich viele Menschen betrogen hat, bevor er zu Jesus kam. So könnte man den bunten Haufen durchgehen, den Jesus sich da zusammengestellt hat: ganz verschiedene Typen, keiner perfekt. Und genau deswegen darfst du sicher sein: Gott hat auch dich ganz bewusst genauso geschaffen, wie du bist. Er hat dich gewollt. Genauso wie sich Jesus die Unperfekten als beste Freunde ausgewählt hat, will er auch mit dir beste Freunde sein.

Das merke ich mir: ______________________________

____

JESUS, EIN GOTT, DER BEZIEHUNG WILL

Markus 3,20-30

Mittwoch **24**

Wie war das? 7x70 Mal vergeben? Gott vergibt alles, egal, wie schlimm das ist, was du getan hast? Diese oder ähnliche Sätze hast du bestimmt schon mal gehört. Und jetzt das: „Wenn jemand den Heiligen Geist lästert, dem kann in Ewigkeit nicht vergeben werden." Es gibt sie also doch, die unverzeihliche Sünde. Die, die mich ewig von Gott trennt. Und das nur, weil ich mal ein falsches Wort verwende? Weil ich mal schlecht über jemanden rede? Ja, ok, lästern ist zwar nicht gut, aber hat das nicht jeder schon mal gemacht? Und das soll die ultimative Todsünde sein, weil es den Heiligen Geist betraf? Tatsächlich drückt das griechische Wort, das an der Stelle mit „lästern" übersetzt ist, keine einmalige Tat aus, sondern eine Haltung. Es geht also nicht um den einmaligen Ausrutscher, den halt mal erzählten schlechten Witz, sondern um eine Haltung Gottes Geist gegenüber. Das hilft mir, das Ganze besser zu verstehen: Wer grundsätzlich und als Herzenshaltung nicht anerkennt, dass Gott heilig ist, und sein Leben ohne ihn gestalten möchte, der legt auch keinen Wert auf Sündenvergebung. Er kann sich natürlich jederzeit anders und für Gott entscheiden, aber wer das nicht tut, entscheidet sich eben gegen ein Leben in Beziehung zum heiligen Gott.

Das merke ich mir: ____________________

____

JESUS, EIN BRUDER MIT GROßEM HERZ

Markus 3,31-35

Donnerstag **25**

Familie hat einen hohen Stellenwert in unserer Gesellschaft. Viel wichtiger war sie aber als gesellschaftliches System vor 2000 Jahren, als Jesus gelebt hat. Und da erlaubt er sich etwas Ungeheuerliches: Jesus führt eine neue Definition von Familie ein. Nicht Verbundenheit durch verwandtschaftliche Beziehung, sondern durch denselben Glauben macht für ihn Familie aus: „Wer tut, was Gott will, der ist [meine] Familie."

Für Mitglieder der Gesellschaft, in der Jesus aufgewachsen ist, muss diese Neudefinition von Familie schockierend gewesen sein. Was erlaubt sich dieser Single da? Auf dem Familienverbund war das ganze Gesellschaftssystem aufgebaut! Aber: Jesus ist Familie nicht egal, im Gegenteil: Er schätzt sie ungemein. Einzig: Blutsverwandtschaft zählt für ihn weniger als die Verbundenheit im Glauben. Das gibt uns heute die Möglichkeit, uns Geschwister von Jesus nennen zu dürfen und eine entsprechend vertrauensvolle Beziehung zu ihm zu pflegen. Wie wunderbar, dass Jesus Familie radikal neu definiert hat und uns – auch 2000 Jahre später – die Möglichkeit gibt, Teil seiner Familie zu sein. Sei gespannt, was du heute mit deinem Bruder Jesus erleben wirst!

Das merke ich mir: ____________________

____

Freitag **26**

JESUS, EIN SÄMANN, DER ZUHÖRT

Markus 4,1-9

Ein paar Verse nach dem heutigen Bibeltext erklärt Jesus dieses Gleichnis vom Sämann. Fängst du auch unwillkürlich an, dich einzusortieren? Bringe ich wohl gute Frucht oder gehöre ich zu den Pflänzchen zwischen den Dornen oder vertrockne ich auf hartem, heißem Boden? Wie ist es um das Pflänzchen meines eigenen Glaubens bestellt? Solche Überlegungen können ganz schön herausfordernd sein. Was mich beruhigt, ist: So gut das Gleichnis auch ist, in einem entscheidenden Detail lassen sich das Weizenkorn und der Boden doch nicht mit mir vergleichen: Ich habe nämlich einen Willen und Verstand – das Körnchen und die Erde haben beides nicht. Mit meinem Willen und Verstand kann ich Gott bitten: Hilf mir, dranzubleiben an dir. Hilf mir, dass mein Alltag meinen Glauben nicht erstickt. Hilf mir, dass ich es nicht zulasse, dass sich Schwierigkeiten zwischen uns drängen, Gott. Vielleicht ist das heute auch für dich dran: Gott zu bitten, dass er selbst dich festhält, um dich vor zu viel Sonne, schlechten äußeren Einflüssen und wuchernden Alltagsdiesteln zu schützen. Und Gott zu bitten, dir einen Boden zu bereiten, auf dem du und dein Glaube sich entfalten können.

Das merke ich mir: ____

____

Samstag **27**

JESUS, EIN STEUERMANN FÜRS LEBEN

Markus 4,10-20

Bei dem Textabschnitt von heute ist es der zwölfte Vers, der mich aufhorchen lässt: Da sind Menschen, die schauen und sehen doch nichts. Da sind Menschen, die nichts an den Ohren haben und trotzdem nicht hören. Warum ist das so? Ist es Gott, dessen Absicht es ist, dass Menschen das Evangelium nicht begreifen können, egal, wie sehr sie sich bemühen? Bestimmt nicht. Das passt nicht zu Gott. Der heilige Gott möchte in Beziehung mit allen Menschen leben. Das war seit jeher sein Wunsch. Niemals wäre es ihm ein Vergnügen, Menschen, die sich ehrlich bemühen, hämisch abzulehnen. Vielmehr ist es so, dass die Voraussetzung fürs Sehen und Hören geschaffen werden muss: Ein Mensch muss Gott zugestehen, dass er das Steuer für das eigene Leben übernimmt.

In fromm: Der Mensch muss Christus annehmen. Und er muss um Vergebung der eigenen Schuld bitten. Dann erst lassen sich manche Aspekte von Gott besser begreifen. Von einer Außenperspektive her ist es nicht möglich, Gott zu „verstehen".

Kennst du das EC-Versprechen schon? Lies es und überlege dir, ob du die Worte aus vollem Herzen zu Gott sagen kannst.

Das merke ich mir: ____

____

KW 31 bearbeitet von Björn Steinhilber,
Leiter EC-Freizeitdorf Flensunger Hof,
35325 Mücke
E-Mail: b.steinhilber@flensungerhof.de

GOTTES WORTE SPRECHEN MICH AN

Psalm 119,41-48

Die treffendste Überschrift für den ganzen Psalm 119 heißt wohl „Das Wort Gottes“! In Vers 41 wird das Wort Gottes wörtlich als „Sprechendes“ beschrieben. Sein Wort ist ein gezieltes Ansprechen, das bei mir Anspruch auf Gehör erhebt! Dadurch spüre ich Gottes Liebe und erlebe praktisch seine Hilfe. Aber muss ich anderen beweisen, dass Gott sein Wort hält? Sicherlich werden wir von Nochnichtgläubigen belächelt, wenn wir ihnen auf ihr Kommando keine Gottesbeweise liefern können. Vers 43 beschreibt ein Setzen oder Wiederherstellen von Recht und Ordnung. Dem, dem ein Recht verloren ging, wird wieder Recht geschaffen. Ich will weiterhin auf Gottes Worte setze und ihm vertrauen, dass er keine leeren Versprechungen macht. Gott hält sein Wort und kommt mit mir zu seinem Ziel! Gottes geniale Anweisungen zum harmonischen Leben will ich mir dauerhaft zu Herzen nehmen und jeden Lebensbereich meines Lebens nach seinen Gedanken leben und ausrichten. Er ist der Erfinder und Liebhaber des Lebens und hat Ahnung, wie Leben optimal gelingt und funktioniert. Meine empfangenden Hände (V.48) soll er immer wieder neu füllen und eine unersetzliche Sehnsucht nach seinen Worten soll er immer wieder neu in mir entfachen. Auch heute!

Das merke ich mir: ____________________

____

____

MONATSSPRUCH AUGUST

DER HERR HEILT, DIE ZERBROCHENEN HERZENS SIND, UND VERBINDET IHRE WUNDEN.

Psalm 147,3

Diese hier beschriebene Liebe, die nicht an sich selbst denkt, sondern das Beste für den anderen möchte, soll für all mein Denken und Handeln die Grundlage sein!

Björn Steinhilber

WOCHENSPRUCH

Wem viel gegeben ist, bei dem wird man viel suchen; und wem viel anvertraut ist, von dem wird man umso mehr fordern.

Lukas 12,48

Montag 29

GOTTES WORTE GEHEN ALLE WAS AN

Markus 4,21-25

Wer schnappt sich ein Ladegerät und legt sein Handy mit 0%-Akku einen Meter entfernt auf den Tisch, ohne es anzuschließen? Die Antwort ist sonnenklar! So auch hier bei der Frage von Jesus, die er vom Kontext her an seine Jünger stellt. Niemand stellt absichtlich eine Lampe unter einen Eimer oder in einen Schrank! Sie kommt dorthin, wo sie am besten Licht gibt! Das Wort Gottes ist das Licht, das in diese dunkle Welt scheinen soll! Das Evangelium ist keine esoterische Geheimbotschaft. Es ist für alle Menschen da und es geht alle Menschen etwas an. Denn Gott möchte alle retten! Gott legt der Welt seinen Weg offen durch Menschen, die seine Liebe empfangen haben und seine Herrlichkeit und Gnade reflektieren. Reflektieren bedeutet nachdenken oder zurückstrahlen. Wenn wir darüber nachdenken, was er uns schon Gutes getan hat, dann beginnen wir innerlich zu leuchten, d. h. zu jubeln, uns zu freuen. Wenn Gott dir begegnet, dann wird's hell in deinem Leben. Durch dich will Gott anderen begegnen, sie retten und dann einen guten Weg führen. Wir sollen leuchten und nicht das uns Anvertraute vergraben! Bleib dran an Gottes Worten! Posaune die frohe Botschaft raus und ermutige doch heute wenigstens eine Person, die Gott dir über den Weg schickt.

Das merke ich mir: ______________________________

____

Dienstag 30

GOTTES WORTE BEWIRKEN IMMER ETWAS

Markus 4,26-29

Dieses Gleichnis finden wir nur hier im Markusevangelium. Jesus beschreibt uns Nachfolger als Menschen, die den Samen, das Wort Gottes, auf das Land verteilen, durch die Kraft des Heiligen Geistes! Diese Saat legt sich schlafen und wird dann erwachen, wenn die richtige Zeit da ist. Das ist im Text so beschrieben, wie sich eine Erhöhung des Blutdruckes beim Aufrichten auswirkt. Da schießt das Leben durch den Organismus! Wir wissen nicht im Detail, wie das Reich Gottes funktioniert und was es braucht, damit Frucht entsteht, die für die Ewigkeit bleibt. Wir sollen säen, düngen, pflegen und Unkraut herausreißen. Aber Frucht schenkt allein Gott! Er gibt das Wachstum. Die Saat wächst automatisch (V.28), ohne unser Zutun! Darauf liegt hier der Fokus. Sein Wort kommt nie leer zurück. Es richtet aus, wozu er es gesandt hat (Jes 55,11). Rechne ich noch mit Gottes Macht oder doch immer wieder nur mit dem, was Gott von mir und meiner Leistung für ihn hat? Auch ich selbst möchte mich Gottes Worten immer wieder neu aussetzen, damit er mich verändern kann. Immer, wenn du die Bibel liest, gibst du ihm die Möglichkeit, dich umzugestalten! Am Ende kommt Jesus wieder und damit auch sein Gericht. Das ist genauso sicher wie das Amen in der Kirche!

Das merke ich mir: ______________________________

____

GOTTES WORTE BREITEN SICH AUS

Markus 4,30-34

Mittwoch **31**

Schwarzer Senf ist anfangs nur 1 mm groß und wird später 2 m groß und höher! 1000 Senfkörner wiegen gerade mal 1,5 g. Senfsamen waren die kleinsten Samenkörner, die die Zuhörer Jesu kannten! Volkstümlich wird das Senfgewächs als Baum bezeichnet, obwohl es ein Gartengewächs ist. So hat sich Gottes Reich in den vergangenen 2000 Jahren weltweit ausgebreitet. Es wächst weiter, wird immer größer! Auf der einen Seite haben schon viele Menschen Ermutigung und Hilfe im Schatten der Gemeinde gefunden. Dazu ist die Gemeinde auch da – sie ist das Krankenhaus der Welt! Auf der anderen Seite sind Vögel immer auch ein Bild für Gottes Feinde, die sich ebenso in der Gemeinde einnisten und ausbreiten können. Wir müssen auf die Lehre achten, damit sich hier nichts einschleicht, was Gottes Wort widerspricht! In Vers 33 erfahren wir, dass Jesus noch viel mehr Gleichnisse erzählt hat, die uns nicht überliefert sind. Markus hat nur einige festgehalten. Uns Christen, die seinen heiligen Geist haben, erklärt er alles besonders. Wir sollen und können seine Gleichnisse vollkommen verstehen! In jeder Predigt verwendete Jesus Gleichnisse! Wow! Davon möchte ich lernen und ebenso bildhaft von Gott und seiner Liebe reden und damit in die Welt meiner Zuhörer sprechen.

Das merke ich mir: ______________________________

____

GOTTES WORTE STILLEN STÜRME

Markus 4,35-41

Donnerstag **1**

Nach den Gleichnissen, der Theorie, kommen nun ganz praktisch die Wunder! Sieh und erlebe, dass stimmt, was Jesus gepredigt hat! Er fährt mit seinen Jüngern mit einem Boot in ein großes Abenteuer. Dass sich Jesus wie Jona zum Schlafen hinlegt, wird hier mit dem gleichen Wort beschrieben wie beim Bauern in Markus 4,27. In dieser Welt dürfen wir Christen auch Angst haben (Joh 16,33). Es gibt schwierige Situationen, die uns an unsere Grenzen bringen können. Bleib aber nicht bei dieser Angst stehen! Geh damit zu Jesus! Oder weckst du Jesus erst, wenn du selbst nicht mehr kannst? Als letzten Ausweg? Bei Jona haben die Seeleute zuerst alles aus eigener Kraft versucht und sind dann erst zum Propheten gegangen. Gott sollte in jeder Herausforderung, die uns das Leben stellt, unsere ERSTE Anlaufstelle sein! Die Jünger wenden sich an Jesus. Er verwarnt den Wind und gebietet dem Wasser: „Verstumme, der Mund sei dir gestopft (worden)!“ Und sofort kehrt Ruhe ein! Beide, Wind und Meer, sind Jesus gehorsam. Die Bibel beschreibt Wind, Wellen und Meer als Erscheinungen mit persönlichen Willensmächten, denen nur Gott gebieten kann! Das ist gut zu wissen: Gott sitzt im Regiment! Ihm entgeht nichts! Er hat alles unter Kontrolle! Es wird regiert! Auch heute!

Das merke ich mir: ______________________________

____

2 Freitag

GOTTES WORTE BEFREIEN

Markus 5,1-20

Nach der Sturmstillung geht's nahtlos weiter mit diesem Wunder! Nicht nur Naturgewalten, sondern auch Dämonen und (unreine) Geister müssen auf Jesus hören! Unrein zu sein, war damals lebensgefährlich. Die Menschen haben versucht, den Besessenen mit Unlöslichem zu binden – doch erfolglos! Über das Böse können wir hier mehreres lernen: Der Teufel und seine Dämonen sind eine absolute Realität. Er sündigt von Anfang an und ist schon immer ein Mörder! Sie halten untereinander zusammen und bringen unweigerlich den Tod. Ihre Opfer treiben sie in Isolation, Unreinheit und Selbstzerstörung. Wir haben aber den Stärkeren auf unserer Seite, denn Jesus kam in diese Welt, um die Werke des Teufels zu zerstören (1. Joh 3,8)! Von daher: Raus aus dem Abseits, falls du dich gerade darin befindest! Hin zu Jesus! Seine Worte befreien! Jesus stellt uns in verschiedene Aufgaben. Manche sollen bis ans Ende der Welt gehen, um das Evangelium in Wort und Tat weiterzugeben! Andere sollen zu Hause bezeugen, was Gott Großes an ihnen getan hat. Der Mann nimmt diesen Auftrag an, geht nicht mit Jesus auf Reise und wird daheim zum Segen für viele Menschen! Wo hat Gott in deinem Leben (heilend) eingegriffen? Gib doch heute davon Zeugnis zu seiner Ehre!

Das merke ich mir: ______________________________

____

3 Samstag

GOTTES WORTE SIND ERNST ZU NEHMEN

Markus 5,21-34

Nach dem Befreiungswunder wird nun deutlich, dass auch Krankheit und Tod nichts mehr zu sagen haben, wenn Jesus es anders möchte! Der Synagogenleiter traut Jesus zu, dass er seiner sterbenden Tochter helfen kann. Er wendet sich an Jesus, weil er darauf setzt, dass Jesus der von Gott versprochene Retter ist, der helfen kann! Genauso wie diese leidende Frau. Hintergrund ist Maleachi 3,20, wo der Messias (die Sonne der Gerechtigkeit) prophezeit wird. Wenn der kommt, dann wird er „Heil unter seinen Flügeln haben". Das hebräische Wort für „Flügel" bedeutet auch „Quaste". Daraus ergab sich für die Juden die Vorstellung, dass der Messias Heilung an seinen Quasten haben wird, wenn er da ist (4. Mose 15,37ff.). Jeder Israelit sollte an den 4 Zipfeln seines Obergewandes Quasten tragen als bildliche Erinnerung an Gottes Worte! Darauf setzte die Frau (je nachdem, was sie von Jesus zuvor schon gehört hat, V.27) und berührte deshalb den Saum seines Gewandes (V.28). Damit ist nicht nur ihr körperliches Leiden Geschichte: Jesus bestätigt ihr, dass ihr Vertrauen auf ihn sie für Zeit und Ewigkeit gerettet hat (V.34). Sei gesund – das gilt auch dir heute. Nehme ich Gott beim Wort und damit ernst?

Das merke ich mir: ______________________________

____

KW 32 bearbeitet von Stephan Münch,
Leiter von Lebenstraum – Persönlichkeit, Glaube, Beruf, 97215 Uffenheim
E-Mail: stephan.muench@dein-lebenstraum.com

WOCHENSPRUCH
Wohl dem Volk, dessen Gott der Herr ist, dem Volk, das er zum Erbe erwählt hat!
Psalm 33,12

Sonntag 4

Lied: FJ5! Nr. 173

ICH LIEBE DIESEN ORT

Psalm 122

Jerusalem wird von der Abendsonne goldgelb bestrahlt. Es riecht nach Staub und exotischen Gewürzen, die am Straßenrand angeboten werden. In drei Tagen ist Passahfest. Müde und glückliche Pilger, die zig Kilometer hinter sich haben, sind nun endlich in ihrer geliebten Stadt. Das Herz hüpft ihnen vor Freude, als sie tatsächlich (V.2) durch eines der Tore Jerusalems schreiten. Hunderte, tausende von Menschen aus allen Stämmen (V.3) Israels strömen heran. Wer diesen heiligen Ort liebt und für ihn betet, dem wird es gut gehen (V.6) – das spüren sie am eigenen Leib. Frieden, Sicherheit, Glück, Wohlergehen – all das finden sie an diesem Ort (V.8).

Ich habe beim Lesen dieses alten Psalmliedes an meine Gemeinde denken müssen. Wir wohnen nicht weit weg vom Gemeindehaus und so laufen wir sonntags oft zu Fuß hin. Ich habe mich gefragt: Freue ich mich schon auf dem Weg in den Gottesdienst auf Lobpreis, Predigt und Gemeinschaft? Oder gehe ich oft hin, weil ich schon immer hingehe? Wer seine Gemeinde liebt und für sie betet (so wie es in Vers 6 heißt), der wird gesegnet werden. Bete heute bewusst für deine Gemeinde, die Verantwortlichen und den Gottesdienst in dieser Woche.

Das merke ich mir: ______________________

____

____

Ich habe Fehler, kann oft Emotionen nicht beherrschen, bin irgendwie seltsam. Dass Gott mich trotzdem liebt, hilft mir, anderen Menschen in Liebe zu begegnen.
Stephan Münch

Montag **5**

JESUS – DU BIST UNBEGREIFLICH!

Markus 5,35-43

Jesus geht in dieser Geschichte absolut ungewöhnlich und teilweise ungehörig vor. 1. Er lässt Jairus (eine geistliche Leitungspersönlichkeit) zugunsten einer Frau warten, die seit zwölf Jahren eine Bluter-Krankheit hat (V.30-34)! Unbegreiflich! 2. Er ignoriert die Leute, die zu Jairus sagen: „Bemühe Jesus nicht mehr!" Unbegreiflich. 3. Jesus leugnet eine offensichtliche Tatsache: „Sie schläft nur." Unbegreiflich. 4. Das Gelächter der Leute ist ihm egal. Unbegreiflich. 5. Er treibt die Trauergemeinde aus dem Haus. Unbegreiflich. 6. Mit nur zwei Alltags-Worten nimmt Jesus dem Tod die Macht: „Aufstehen – Mädchen!" Unbegreiflich!
Mein Fazit: Jesus handelt oft ganz anders, als wir es erwarten. Das gilt auch für unser Leben. Manchmal geht er über eine Grenze, wo wir es nicht gedacht hätten. Aber: Alles, was Jesus tut, ist „sehr gut" – und er hat absolute Macht, auch da, wo wir ohnmächtig sind.

Persönliche Frage: Wo verstehst du Jesus in deinem Leben nicht? Wo lässt er dich vielleicht warten wie Jairus? Vertraue darauf, dass er es zu einem guten Ende führen wird. Aber vielleicht ganz anders, als du es erwartest.

Das merke ich mir: ______________________________

____

Dienstag **6**

ABGELEHNT

Markus 6,1-6

Jesus wird nicht ernstgenommen. „Das ist doch unser Nachbar! Der Handwerker von nebenan! Woher will der solche Weisheit und Wunderkräfte haben?" Das Urteil ist gefällt – sie geben ihm keine Chance. Sie wollen ihn sogar einen Hang hinunterstürzen (vgl. Lk 4,29-30). Danach trifft Jesus eine Entscheidung: „Ich gehe in die anderen Dörfer und Landstriche, um dort das Evangelium zu verkünden." Als mein Sohn 12 Jahre alt war, kam er in eine neue Schule. Von Anfang an wurde er als Außenseiter behandelt. Eines Tages meinte er – total frustriert: „Meine Klassenkollegen lachen über mich und machen blöde Sprüche. Außerdem nennen sie mich Mönch." Wir unterhielten uns zu zweit über die Situation, ich machte ihm Mut und wir beteten dafür. Dann sagte ich ihm: „Ein Mönch ist doch ein Mensch, der sein ganzes Leben für Gott lebt – also keine schlechte Bezeichnung." Es hat einige Zeit gedauert, bis er die Situation annehmen konnte. In der Abschlussklasse wurde die Klassengemeinschaft dann richtig gut. Und der „Mönch" ist ihm bis zum Schluss geblieben – er trug den Namen mit Stolz. Wie gehst du mit Zurückweisung um? Wenn du nicht ernstgenommen wirst? Suche im Gespräch mit anderen und Gott Hilfe. Er weiß, was für dich dran ist.

Das merke ich mir: ______________________________

____

AB INS PRAKTIKUM

Markus 6,7-13

7 Mittwoch

Jetzt wird's ernst. Die Jünger gehen ins Praktikum. Das, was Jesus getan hat – das sollen sie jetzt auch machen: Kranke heilen, Dämonen austreiben, das Evangelium verkündigen. Jesus schickt sie zu zweit los (V.7). In dieses Praktikum sollen sie nichts mitnehmen – außer einen Wanderstock und Sandalen – und sollen sich voll und ganz auf Gottes Versorgung verlassen. Auf einer Freizeit für junge Erwachsene schickten wir die Teilnehmenden zu zweit bzw. zu dritt für drei Tage weg. Sie wurden 40 km von unserem Haus ausgesetzt – irgendwo im Wald – und sollten dann zu Fuß zurückfinden. Ohne Geld, ohne Handy, ohne Karte, ohne Essen. Und bevor sie losgingen, lasen wir gemeinsam den heutigen Text (bzw. den Paralleltext aus Mt 10). Nach ca. 30 Stunden kehrten sie müde – aber voller neuer Eindrücke und Erlebnisse zurück. Sie erzählten, wie Gott sie versorgt hatte, wie sie von freundlichen Menschen beherbergt wurden, wie sie mit Leuten ins Gespräch kamen. Solange du in deinem Alltagstrott bleibst und es nicht wagst, Grenzen zu überschreiten, so lange wirst du kaum erleben, dass Gott wirkt. Aber wenn du Schritte im Glauben wagst, etwas Neues mit Jesus ausprobierst – dann kannst du erleben, wie er handelt!

Das merke ich mir: ______________________________

____

WER IST HIER GEFANGEN?

Markus 6,14-29

8 Donnerstag

Die Geschichte bietet Stoff für ein blutiges Drama: Ein ca. 12-jähriges Mädchen wird von seiner Mutter benutzt, um einen Mahner aus dem Weg zu räumen. Sie muss vor einer angetrunkenen Meute mächtiger Männer tanzen. Und am Ende bekommt sie den blutüberströmten Kopf vom Henker persönlich auf einem Silbertablett überreicht. Johannes oder Herodes: Wer ist hier gefangen – und wer ist frei? Johannes ist innerlich frei genug, dem mächtigen König Herodes die Sünde auf den Kopf zuzusagen (V.18). Johannes ist frei genug, sich für die Wahrheit ins Gefängnis stecken zu lassen. Offensichtlich ist Herodes von Johannes und seiner freien Meinung so fasziniert, dass er ihn im Gefängnis besuchte, um ihn zu hören (V.20). König Herodes dagegen ist alles andere als frei: Er lässt sich von seiner Frau an der Nase herumführen. Er beugt sich den Erwartungen der mächtigen Männer (V.26). Entgegen all seiner Prinzipien lässt er Johannes köpfen und dem Mädchen den blutigen Schädel bringen. Persönliche Frage: Von wem oder was lässt du dich bestimmen? Vom Notenspiegel deiner Schulkollegen? Von den Erwartungen deiner Follower? Vom launischen Chef in der Firma? Ich ermutige dich, innerlich frei zu werden – wie Johannes – auch wenn es dich viel kostet.

Das merke ich mir: ______________________________

____

9 Freitag — LERNEN DURCH ÜBERFORDERUNG

Markus 6,30-44

Warum hat Jesus dieses Wunder getan? Wollte er berühmt werden? Ganz sicher nicht. Das sieht man an seiner Reaktion in der Parallelstelle Johannes 6,15. Wollte er die Menschen satt machen? Sicherlich auch – aber nicht nur. Aber warum macht er es dann? Jesus wollte den Jüngern eine Lektion erteilen. Das sieht man an dem Gespräch, das Jesus mit ihnen führt. Sie machen ihn auf die Not aufmerksam: „Die Menschen brauchen etwas zu essen." Was sagt Jesus? „Gebt ihr ihnen zu essen!" Alles, was darauf folgt, ist die pure Überforderung: „Sollen wir für 200 Silberstücke einkaufen? – Die haben wir doch nicht!" „Sollen wir mit fünf Broten und zwei Fischen so viele Leute versorgen? – Das ist doch total unmöglich!" Als Jesus die Leute sich hinsetzen lässt und alle Platz nehmen, erreicht die Überforderung ihren Höhepunkt: „Wie sollen wir sie nur satt bekommen – fünftausend Mann?" Und im Moment der größten Überforderung – die Jesus selbst herbeigeführt hat – lässt er die Jünger ein Wunder sehen, das sie niemals vergessen werden. Vielleicht bist du auch in einer Situation heillos überfordert und fragst: „Jesus, warum lässt du das zu?" Meine Erfahrung ist: Jesus hat viel mehr vor, als du jetzt sehen kannst. Vertrau darauf, dass er es gut macht!

Das merke ich mir: ______________________________

____

10 Samstag — HARDCORE-ERLEBNISPÄDAGOGIK

Markus 6,45-56

Nach dem unglaublichen Erlebnis von gestern schickt („drängt" – V.45) Jesus seine Jünger auf einen weiteren krassen Trip. Von der Euphorie direkt ins Chaos. Ein Wechselbad der Gefühle. Um ca. 19.00 Uhr wird es dunkel – und da sind sie schon mitten im Sturm (V.47). Und Jesus kommt erst nach 3.00 Uhr (V.48) zu ihnen. Er lässt sie also ca. 8 (!) Stunden mit den Elementen kämpfen. Das ist Hardcore-Erlebnispädagogik! Das erinnert mich an manche schwierige Situation in meinem Leben, in der ich den Eindruck hatte, dass ich auf dem richtigen Weg war. Ich meinte, ich hätte das getan, was Jesus wollte. Und dann steckte ich plötzlich mittendrin im Chaos: Menschen, die mich und meine Person in Frage stellten; Finanzen, die plötzlich viel zu knapp waren; Mitarbeiter, die mich im Stich ließen. Alles gerät in solchen Situationen ins Wanken. Was ich genial finde: „Jesus sah sie" (V.48) – von Anfang an. Jesus sieht genau, wie es uns geht. Und er kommt uns zur Hilfe. Nicht immer so, wie wir es erwarten und auch nicht, wann wir es erwarten. Aber er kommt. Und sein Ziel ist es, dass wir persönlich, geistlich und im Vertrauen zu ihm wachsen – denn er hat Großes vor mit seinen Jüngern.

Das merke ich mir: ______________________________

____

KW 33 bearbeitet von Studierenden der
Ev. Hochschule Tabor mit Prof. Dr. Frank Lüdke,
35039 Marburg
E-Mail: frank.luedke@eh-tabor.de

WOCHENSPRUCH
Gott widersteht den Hochmütigen, aber den Demütigen gibt er Gnade.
1. Petrus 5,5b

Sonntag **11**

Lied: FJ5! Nr. 171

DAS EINZIG UNVERGÄNGLICHE
Psalm 145

Gottes unglaublich große Güte, ja sein ganzes Wesen, bleiben für immer die- bzw. dasselbe! Egal, wie dreckig es mir geht, oder wie sehr ich das Gefühl habe, dass Gott mir dieses Mal wirklich nicht mehr vergeben kann: Gottes Güte bleibt immer gleich. Sie ist unvergänglich. Der Psalmbeter erklärt zu Beginn, dass er Gott für immer loben will (V.1). Das scheint ihm so wichtig zu sein, dass er es gleich zweimal wiederholt (V.2f.). Das begründet er unter anderem so: Dein Königreich besteht für alle Zeit, deine Herrschaft von Generation zu Generation (V.13a). Das könnte heißen: Ich will Gott loben, denn er ist der Einzige, der für immer bestehen bleibt. Auf seine Güte kann ich mich uneingeschränkt verlassen. Im Gegensatz dazu vergehen andere Dinge oft schneller, als wir gedacht haben. Wenn mein/e Freund/in mich enttäuscht, wenn`s drauf ankommt oder ich drei Tage vor dem Umzug noch keine neue Wohnung habe, ist Gottes Güte immer noch gleich. Schöpfst du manchmal deine Sicherheit mehr aus vergänglichen Dingen, aus sorgfältig geschmiedeten Plänen oder anderen Menschen, denen du blind vertraust? Vertraust du genauso stark auf Gottes ewige Güte? Etwas, das nie vergehen wird? Komm mit Gott darüber ins Gespräch! (noemi.werner@ev-hochschule-tabor.de)

Das merke ich mir: ______________________

____

____

Alles, was Jesus an uns tut, geschieht aus Liebe!
Frank Lüdke

Montag **12**

BEZIEHUNG ODER GESETZ?

Markus 7,1-23

Bist du heute Morgen aufgestanden und dachtest dir: „Wow, ganz ehrlich, gerade bin ich echt ein guter Christ, so viel, wie ich zurzeit in der Bibel lese!“? Oder war es bei dir vielleicht genau andersherum und du dachtest dir: „Echt unglaublich, dass es schon wieder einen Monat her ist, dass ich die Bibel in der Hand hatte, ich sollte echt an meinem Glauben arbeiten!“ Woran machst du deinen Glauben fest? Sind tägliches Bibellesen, regelmäßiges Spenden oder T-Shirts mit Bibelzitaten ein Zeichen für wahren Glauben? Bei dem heutigen Text haben die Pharisäer das Gefühl, über den Glauben von anderen urteilen zu müssen, und so fragen sie Jesus, warum er und seine Jünger sich nicht vor dem Essen die Hände waschen (wie man das doch als echt gläubiger Mensch auf jeden Fall tun sollte, oder?) Doch Jesus macht sich mehr Sorgen um die Pharisäer selbst, die sich in ihrer Gesetzlichkeit verlieren und dabei die wahre Beziehung zu Gott vergessen. Sie merken dabei noch nicht mal, dass sie in Wirklichkeit gar nicht mehr nach Gott fragen. Das kann uns allen passieren! Versuche heute, nicht nur christliche Regeln einzuhalten, sondern im Gespräch mit Jesus zu fragen, was er wirklich von dir möchte! (elias.reissmueller@ev-hochschule-tabor.de)

Das merke ich mir: ______________________________

____

Dienstag **13**

WAS FÜR EIN VERTRAUEN!

Markus 7,24-30

Beleidigt Jesus in dieser Geschichte etwa eine Frau, die ihn um Hilfe bittet?! Warum bezeichnet er sie als Hund? Dazu muss man wissen: Die Frau in der Geschichte war keine Jüdin. Mit seiner Antwort (V.27) macht Jesus deutlich, dass er in erster Linie für das Volk Gottes, also die Juden, in die Welt gekommen ist. Die Frau aber zeigt, dass sie auch als Nicht-Jüdin eine tiefe Sehnsucht nach Jesus hat. Indem sie sich selbst als „Hund“ bezeichnet, bekennt sie, dass sie bisher ein gottloser Mensch war. Daran erkennt Jesus, dass sie wirklich an ihn glaubt, und die Tochter wird geheilt. Denn Jesus ist für alle Menschen in dieser Welt ans Kreuz gegangen. Um aber wirklich frei zu werden, musst du erst erkennen und dazu stehen, dass du ein sündiger Mensch bist. Die Frau in der Geschichte hat verstanden und akzeptiert, dass sie kein Anrecht auf die Zuwendung Jesu hatte, aber sie hat trotzdem an ihrem Glauben festgehalten und darauf vertraut, dass Jesus ihr hilft. Dieses „JA, ich habe gesündigt und JA, ich habe keinen Anspruch auf Vergebung. Aber ich glaube, dass du, Jesus, Gottes Sohn, für meine Sünden ans Kreuz gegangen bist, damit ich gerettet bin!“, sollten wir uns immer wieder ins Gedächtnis rufen und zu ihm beten. (mara.suedes@online.de)

Das merke ich mir: ______________________________

____

ERWARTE, DASS GOTT WIRKT!

Markus 7,31-37

Mittwoch **14**

Der taubstumme Mann hat eine beeindruckende Jesusbegegnung. Jesus kümmert sich um jemanden, der nicht kommunizieren kann. Darin offenbart sich Gott als einer, der unser Leid sieht und Erbarmen und Mitgefühl hat. Bei der Heilung selbst sieht Jesus auf zum Himmel (V.34). Er weiß, in welcher Abhängigkeit zu seinem Vater er steht, und dass er auf das Wirken des Vaters angewiesen ist. Und tatsächlich wird der Mann geheilt und kann plötzlich hören und sprechen. Was muss das für eine Befreiung und lebensverändernde Begegnung gewesen sein! Sehnst du dich auch manchmal nach so einer Jesusbegegnung? Oft wollen wir, dass Gott spricht und wir sein Wirken erfahren dürfen. Doch vielleicht sind wir selbst manchmal taub für Gottes Reden, weil wir konkrete Vorstellungen haben, wie genau Gott reden und wirken soll. Aber Gott sieht unsere Nöte, unsere Ängste und unsere Sehnsüchte und will uns darin begegnen. Er wünscht sich, dass wir zu ihm schauen (V.34) und erwarten, dass er so wirkt, wie wir es wirklich brauchen. Lass dich heute von Jesus zur Seite nehmen (V.33) und ihm deine Ohren öffnen für seine Stimme. Er will dir heute begegnen und dir zeigen, wie er in deinem Leben wirkt. (sarah.weber@ev-hochschule-tabor.de)

Das merke ich mir: ______________________________

____

JESUS MACHT AUS WENIG VIEL!

Markus 8,1-9

Donnerstag **15**

Da ist diese große Volksmenge, die Jesus schon drei Tage ohne Essen nachfolgt. Beeindruckend! Ich glaube, ich würde schon nach den ersten Stunden solch einen Hunger bekommen, dass ich nicht mehr zuhören könnte. Ich weiß noch nicht mal, ob ich so lange dageblieben wäre. Aber die Menschen wollten wirklich von Jesus hören und Wunder erleben. Hättest du drei Tage nichts gegessen, nur um Jesus zu hören? Obwohl sie schon so lange unterwegs waren und auch Hunger hatten, blieben die Leute trotzdem bei Jesus. Ich fragte mich: warum? Jesus war da. Trotzdem hatten die Leute Hunger. Ja, auch wenn man nah bei Jesus ist, kann man Not erleben. Aber jetzt kommt das Schöne: ER versorgte alle. Sie mussten nicht hungern. Ja, mehr noch. Sie konnten sich satt essen und es blieb noch etwas übrig. Jesus versorgt und schenkt Überfluss. Mehr noch: Der Grund, weshalb sie überhaupt so lange nichts gegessen hatten, war Jesus, und er stillte nicht nur ihren irdischen Hunger, sondern auch den Hunger nach dem Wort des Lebens! Jesus versorgt heute noch. Wo entdeckst du in deinem Leben, dass Jesus dich versorgt? Er kann aus wenig viel machen. Vertraue darauf, egal, womit du versorgt werden musst, Jesus versorgt auch dich! (emilie.reuschel@ev-hochschule-tabor.de)

Das merke ich mir: ______________________________

____

Freitag 16

WIE GERNE HÄTTE ICH EINEN BEWEIS!

Markus 8,10-13

„Jesus, wenn ich an dich glauben soll, dann tu heute ein echtes Wunder! Heile meine Freundin, oder gib mir wenigstens ein total tiefes Gefühl, dass du da bist!“ Wie gerne hätten wir manchmal einen solchen Beweis und die totale Gewissheit, dass Jesus wirklich da ist! Aber Jesus lässt sich nicht erpressen, denn er weiß: Wenn man nur deswegen an ihn glaubt, weil man mal ein Wunder erlebt hat, dann hält der Glaube sowieso nicht lange. Er hatte ja schon viele Kranke geheilt, das Brot vermehrt, Wasser in Wein verwandelt und vieles mehr und trotzdem sind am Ende alle weggelaufen, als er gekreuzigt wurde. Jesus merkt, dass die Pharisäer letztlich gar nicht an ihn glauben wollen. Egal, welches Wunder er vor ihren Augen machen würde, sie würden immer einen Grund finden, warum es sie nicht wirklich überzeugt. Echter Glaube dagegen ist eine Liebesbeziehung, und Liebe fragt nicht ständig nach Beweisen und Erlebnissen, sondern vertraut einfach den Worten des Geliebten! „Glücklich sind die, die nicht sehen und doch glauben!“ (Joh 20,29) Sag Jesus, dass du ihn liebst, egal, ob heute etwas Wunderbares passiert oder nicht! Er liebt dich, selbst wenn du heute nichts Großartiges für ihn machst! (frank.luedke@eh-tabor.de)

Das merke ich mir: ______________________________

____

Samstag 17

GLAUBEN HEIẞT VERTRAUEN

Markus 8,14-21

Haben wir aus unseren Erfahrungen gelernt? Wenn Gott uns schon einmal geholfen hat, ist er dann nicht auch in der Lage, uns erneut zu helfen? Die Jünger haben scheinbar nur wenig verstanden. Denn sie machen sich Sorgen, als sie bemerken, dass sie nur ein Brot auf ihrer Reise dabei haben. Die Antwort von Jesus scheint vielleicht zunächst merkwürdig: „Hütet euch vor dem Sauerteig der Pharisäer und vor dem Sauerteig des Herodes“ (V.15). Das hört sich auch für die Jünger seltsam an. Sie verstehen Jesus überhaupt nicht. Alles, woran sie denken können, ist: „Was gibt es heute Abend zu essen?“ Jesus erklärt ihnen, dass ihre Sorgen und der Unglaube der Pharisäer sehr ähnlich sind. Das Kreisen um sich selbst und die eigenen Bedürfnisse breitet sich so schnell aus wie ein Sauerteig. Schon zweimal hatten sie erlebt, dass Jesus sich um ihre tägliche Versorgung kümmert und trotzdem vertrauen sie ihm nicht. Wie oft sind wir selbst so kleingläubig? Wieso machen wir uns Sorgen, wenn Jesus doch der Herr ist? Egal, welche Art von Sorgen dich heute bedrängen, ich lade dich ein, sie auf Jesus zu werfen und ihm zu vertrauen. Denn er ist treu und wird dich versorgen mit dem, was du heute brauchst. (lena.christens@ev-hochschule-tabor.de)

Das merke ich mir: ______________________________

____

KW 34 bearbeitet von Studierenden der
Ev. Hochschule Tabor mit Prof. Dr. Frank Lüdke,
35039 Marburg
E-Mail: frank.luedke@eh-tabor.de

WOCHENSPRUCH
Das geknickte Rohr wird er nicht zerbrechen, und den glimmenden Docht wird er nicht auslöschen.
Jesaja 42,3

GOTT ZEIGT SICH

Psalm 147

Der Autor von Psalm 147 scheint vor Lobpreis und Freude überzusprudeln. Vier Mal findet man die Aufforderung, Gott zu preisen. Der Psalm berichtet von Gottes Macht, die er uns Menschen offenbart und liefert einige Beispiele dafür. Da ist das Wirken Gottes in seiner Geschichte mit den Menschen. Er versorgt sein Volk Israel, errettet es aus der Hand der Feinde. Er sorgt für die Schwachen und Trauernden. Gott wirkt aber auch in der Welt, in der Natur. Er hält die Naturgewalten und das Wetter in der Hand, er sorgt für die Tiere und regiert sogar über die Himmelskörper. Und die natürliche Reaktion auf Gottes Wirken ist für uns Menschen Lobpreis.
Vor Gottes Macht und Heiligkeit bleibt uns nichts anderes, als ihm die Ehre zu geben. Manchmal ist es für uns nötig, die Augen von uns selbst auf Gott zu richten und ihn zu preisen. Es gibt dafür genug Gründe. Wenn du dich umsiehst, kannst du ihn erkennen: in der Natur, in seiner Geschichte mit seinem Volk und in seiner Geschichte mit dir. Worüber kannst du Gott heute loben? Und wenn es dir gerade schwerfällt, Gott in deinem Leben zu erkennen, dann ermutige ich dich, in die Bibel zu schauen und Gott dafür zu danken, was er dir dort verspricht und wie er sich dort zeigt. (Paula Brosi)

Das merke ich mir: ____________________

____

____

Vielleicht sind unsere Gottesdienste, Predigten und Events gar nicht das Entscheidende, sondern ob die Liebe Gottes aus uns herausleuchtet!
Frank Lüdke

Montag 19

WARUM MACHT JESUS DAS?

Markus 8,22-26

Jesus fasst den Blinden an der Hand und führt ihn aus dem Dorf, nachdem dieser zu ihm gebracht wurde. Warum macht Jesus das? Jesus verlässt mit dem Blinden den Bereich, in welchem der Blinde sich vermutlich auskannte und sich sicher bzw. wohl fühlte. Er heilt ihn nicht sofort, sondern der Blinde muss sich darauf verlassen, dass Jesus ihn bei seinem Weg aus dem Dorf sicher führt. Und dann schmiert er dem Blinden auch noch Spucke in die Augen. Dabei wissen wir doch, dass nur ein Wort von Jesus ausreichen würde, um jegliche Probleme verschwinden zu lassen. Also warum handelt Jesus so? Manchmal wünschen wir uns, dass Jesus genauso eingreift, wie wir uns das vorstellen, aber Jesus macht es anders. Jesus legt hier dem Blinden sogar noch ein zweites Mal die Hände auf die Augen, damit der Blinde alles klar sieht. Er hätte den Blinden sofort heilen können, in seinem Dorf und mit einem einfachen Wort, denn er ist der Sohn Gottes. Aber er durchläuft mit ihm unterschiedliche Stationen, von welchen vermutlich keine wirklich angenehm für den Blinden war. Warum Jesus das als notwendig erachtet, können wir nicht genau sagen, aber wir dürfen darauf vertrauen, dass er uns immer sicher führt und bei uns ist. (simon.bardong@ev-hochschule-tabor.de)

Das merke ich mir: ______________________________

____

Dienstag 20

AUFTRAG ODER FREUNDSCHAFT?

Markus 8,27-33

Jesus ist mit seinen Jüngern nun schon lange Zeit unterwegs. Da lernt man sich kennen und eine tiefe Freundschaft wächst, so dass man darüber reden kann, wer man wirklich ist. Petrus spricht es aus: „Jesus, du bist der Christus, der Messias, auf den alle gewartet haben!“ (V.29). Doch genau in dem Moment erzählt Jesus seinen Jüngern die traurigste Nachricht, die man wahrscheinlich von einem Freund bekommen kann, nämlich, dass er bald sterben wird! In unserem Leben passieren manchmal Dinge, die wir nicht wollen, und die nicht immer zu erklären sind. Und wir reagieren menschlich: betrübt und traurig, wütend, kämpferisch, usw. Genau so ging es auch den Jüngern: Petrus wollte kämpfen, die anderen Jünger waren frustriert. Und alle aus demselben Grund: Sie wollten ihren Freund nicht verlieren! Das, was uns im Leben geschieht, liegt nicht in unserer, sondern in Gottes Hand. Schon im Vaterunser beten wir: Dein Wille geschehe! Es ist manchmal hart zu akzeptieren, was im Leben passiert und der Glaube kann dabei ordentlich aufgerüttelt werden. Fragen und Zweifel tauchen auf. Was wir dabei tun können, ist zu lernen, die Fragen und Zweifel auszuhalten und dem Willen Gottes zu vertrauen, auch wenn wir nicht alles verstehen. (estherquittkat@gmail.com)

Das merke ich mir: ______________________________

____

ALL IN! – KEINE ALTERNATIVE!

Markus 8,34 – 9,1

Mittwoch 21

Vielleicht fragst du dich, was du mit deinem Leben anfangen willst und wo Jesus dich haben will? Auf jeden Fall in seiner Nachfolge! Wenn du mit Jesus ganze Sache machen willst, dann erfordert es ALLES! Dein ganzes Leben und im äußersten Fall auch deinen Tod. Jesus stellt hier das Volk und seine Jünger direkt vor die Entscheidung. Und damit, weil du und ich mitlesen und Jesus zuhören, auch uns. Er macht ein Angebot, das Bedingungen hat, die alles kosten. Ist dir dein Leben wichtiger als alles andere? Willst du nur nach deinen Interessen, nach deinen Bedürfnissen, nach deinen Wünschen streben? Jesus kann diesen „All-in-Vorschlag" anbieten, weil er der Sohn Gottes ist, dem alles gehört. Er versorgt dich, ist Brot und lebendiges Wasser. In ihm und auf seinem Weg hast du alles, was du brauchst. Aber hält dich dein Festhalten an deinen Lebensvorstellungen und Wünschen von Jesus ab? Er sagt, wer dies tut, wird sein Leben verlieren. Nur Jesus ist HERR über (dein) Leben und Tod und nur mit ihm hast du Leben! Wie wäre es, wenn du dich hinkniest und dich Gott ganz zeigst und ihm dein Leben gibst? Wenn du es aus echtem Herzen machst, dann wird er dir ganz gewiss begegnen und dein Leben transformieren! (bjoern.pfeifle@ev-hochschule-tabor.de)

Das merke ich mir: ______________________________

____

JESUS ALLEIN!

Markus 9,2-13

Donnerstag 22

Hast du auch schon mal solch einen Moment erlebt, in dem dir aufgeleuchtet ist, wie wichtig und einzigartig Jesus ist? Jesus nimmt hier drei Jünger mit auf eine ganz spezielle Berg-Wanderung, um ihren Glauben zu stärken. Man nimmt an, dass das auf dem Berg Tabor im Norden Israels stattgefunden hat. Dort steht heute noch eine Kirche, die an dieses Ereignis erinnert. Wer einen solchen Vorgeschmack auf den Himmel erlebt, der hätte am liebsten, dass dieser Moment nie vergeht! Aber Gott macht sofort deutlich, dass es im Glauben nicht um tolle Gefühle geht, sondern einzig und allein um Jesus! Er ist der geliebte Sohn Gottes (V.7). Auf ihn allein zu hören, ist das Entscheidende im Leben! Mose und Elia, die beiden Repräsentanten für das Gesetz und die Propheten im Alten Testament, verschwinden schnell wieder, damit nichts von Jesus ablenkt (V.8). Man kann über viele theologische Fragen diskutieren, z. B. wie das mit der Auferstehung ist (V.10) oder was in der Endzeit passieren wird (V.11). Entscheidend aber bleibt das Evangelium, dass Jesus gekommen ist, um für uns zu leiden (V.12) und in seiner Auferstehung den Tod zu besiegen (V.9). Wer gibt uns heute eine lebendige Hoffnung? Jesus allein! (frank.luedke@eh-tabor.de)

Das merke ich mir: ______________________________

____

Freitag **23**

Ich glaube, ich zweifle, hilf mir!

Markus 9,14-29

Der Vater des Jungen war verzweifelt! Jesus war seine letzte Hoffnung auf Heilung für sein geliebtes Kind. Und doch war da ein Teil in ihm, der sich wohl nicht ganz sicher war. Was, wenn Jesus ihm doch nicht helfen kann? Was, wenn er genauso machtlos ist wie seine Jünger? Wie oft fühlen wir uns ähnlich? Wie oft entdecken wir in uns doch einen Teil, der an Gottes Zusagen oder seiner Kraft zweifelt? Dabei wollen wir doch gar nicht zweifeln. Aber Zweifel sind ganz normal und menschlich. Außerdem gibt es den Widersacher Gottes, der uns vom Glauben abbringen möchte und in uns diese Zweifel sät. Das Entscheidende ist, wie wir auf diese Zweifel reagieren. Es ist wichtig, dass wir ehrlich vor Gott und mit uns selbst sind. Genauso wie der Vater in der Geschichte dürfen wir Jesus diese Zweifel bringen und ihn bitten, dass er in uns einen festen Glauben schafft (V.24). Und noch ein praktischer Tipp: Erinnere dich in Momenten des Zweifels an vergangene Situationen, in denen Gott dir seine Treue gezeigt hat. Wie wäre es, wenn du dafür eine Dankbarkeitsliste anfängst, damit du diese Momente nicht vergisst? Sie können dich in Momenten des Zweifels an Gottes Treue erinnern. (amelie.sinnhuber@ev-hochschule-tabor.de)

Das merke ich mir: ______________________________

____

Samstag **24**

Demut und Dienst

Markus 9,30-37

Manchmal denken wir, dass wir bessere Christen sind als andere. Tatsächlich haben die Jünger Jesu schon das Gleiche gemacht. Jesus hat aber für Egoismus wenig übrig und ermahnt seine Jünger zu einem Herzen, das anderen dient: „Wer der Erste sein will, muss der Letzte von allen werden und allen anderen dienen“ (V.35). Im Reich Gottes sucht man danach, wie man anderen etwas Gutes tun kann. Das heißt nicht, zu allem Ja zu sagen und sich ausbeuten zu lassen. Es geht hier um das Herz, das eigene egoistische Ziele auch mal zurückstellt, um einem anderen Menschen zu helfen. Ganz praktisch zum Beispiel, indem man sich für einen Menschen Zeit nimmt, der gerade in Not ist, auch wenn es eigentlich nicht passt. Indem wir Jesus in unserem Herzen Raum geben, werden wir mit seiner Liebe erfüllt, so dass wir anderen Menschen in Liebe helfend begegnen können. Warum ist das so? Weil Jesus für uns alle ans Kreuz gegangen ist. Weil er sich wegen unserem schlechten Verhalten und unserem Mangel an Liebe geopfert hat. Weil er auferstanden ist und gesiegt hat (vgl. V.30ff.). Bitte Gott, dass er durch den Heiligen Geist dein Herz verändert, um anderen etwas zu gönnen und Gutes zu tun, dass sein Licht aus dir strahlt! (julia.jahn@ev-hochschule-tabor.de)

Das merke ich mir: ______________________________

____

KW 35 bearbeitet von Ulrich Mang,
Referent für Sozial-Missionarische Arbeit
beim Deutschen EC-Verband, Kassel
E-Mail: ulrich.mang@ec.de

ANLAUFSTATION GOTT

Psalm 120

„Ein Lied für eine Pilgerreise", so überschreibt die Basisbibel diesen Psalm. Und dessen Inhalt scheint auf den ersten Blick überhaupt nicht auf innere Einkehr und Besinnung ausgerichtet zu sein. Vielmehr geht es hier um die Anrufung Gottes und um die Klage des Psalmisten, der sich in Not befindet, da jemand über ihn etwas Falsches behauptet und möglicherweise sogar eine falsche Anklage erhebt. An eine Pilgerreise mag ich bei dem Inhalt erstmal nicht denken, dennoch schildert der Psalm etwas, dass ich nur zu gut kenne, das mir auf meinem „Pilgerweg durch den Alltag" gelegentlich begegnet: das Reden anderer über mich – das „Austauschen von Gebetsanliegen". Es ist das Denken, das mir jemand etwas Schlechtes will und ich doch ganz anders bin. Und ich kenne die Reaktion, die auch der Psalm aufgreift. Es ist der Wunsch nach einer Situation, die sich ändert und zum Positiven verbessert. Eine direkte Antwort Gottes schildert der Psalm nicht. Aber er zeigt mir eine Anlaufstation, die mir Halt geben kann – Gott selbst. Gott, an den sich auch der Schreiber wendet. Er ist davon überzeugt, dass Gott Veränderung schenken kann. Wo auf deiner „Pilgerreise durch den Alltag" musst du dich heute erinnern, dass du dich an Gott wenden darfst?

Das merke ich mir: ______________________

____

____

MONATSSPRUCH SEPTEMBER

BIN ICH NUR EIN GOTT, DER NAHE IST, SPRICHT DER HERR, UND NICHT AUCH EIN GOTT, DER FERNE IST?

Jeremia 23,23

Ich merke, wie oft die Liebe in meinem Handeln und meiner Nachfolge fehlt. Daher eine Motivation für mich, weil ich weiß, wer mich zuerst geliebt hat: Jesus.

Ulrich Mang

WOCHENSPRUCH

Christus spricht: Was ihr getan habt einem von diesen meinen geringsten Brüdern, das habt ihr mir getan.

Matthäus 25,40

26 Montag

WITH IN CHRISTUS

Markus 9,38-41

Vor einigen Monaten hörte ich in einer Sitzung folgenden Satz: „Was für das Reich Gottes gut ist, ist für uns gut.“ – Dieser kurze Satz fasst die heutige Tageslese sehr gut zusammen und karikiert, was das „WITH“ im EC-Beziehungskompass bedeutet. Die Jünger wenden sich an den Mann aus Nazareth, da jemand in Jesu Namen Dämonen austrieb, der eigentlich gar nicht zur Gemeinschaft der Jesusnachfolger gehörte. Jesu Antwort verblüfft, da er nicht die Haltung der Jünger bestätigt. Vielmehr zeigt er ihnen auf, worum es tatsächlich geht: „Wer nicht gegen uns ist, der ist für uns“ (V.40.) Welche Motivation hinter den Worten der Jünger steht, soll hier vernachlässigt werden. Vielmehr ist das Entscheidende, das keine Gegenwehr gegen das Reich Gottes eine Unterstützung dessen darstellt. Was das für mich heute bedeutet? – Solange es nicht gegen Christus ist, ist es für Christus. – Auch wenn sich Gemeinden und Kreise mit Angeboten und in manchen Fragestellungen unterscheiden, ist das nicht das Wichtigste und damit Entscheidende. Viel wichtiger ist die Verbundenheit – das WITH – in Christus. – Wo kannst du in dieser Woche die WITH-Dimension bewusst pflegen?

Das merke ich mir: ______________________________

____

27 Dienstag

RADIKALE TRENNUNG

Markus 9,42-50

Manchmal wirken Bilder sehr wild, erinnern an eine Kriegsszene! Der heutige Bibelabschnitt zählt definitiv dazu, da das Abtrennen von Gliedmaßen oder das Ertrinken mit Mühlstein am Hals beschrieben werden. Diese drastischen Bilder benutzt Jesus, um die Zuhörerschaft aufzurütteln, und um deutlich zu machen, was es bedeutet, ihm nachzufolgen. – Auch wenn zunächst nur die Bilder erschrecken, ist auch die Nachfolge, die Jesus fordert, radikal: Trenne dich von allem, was dich von mir wegbringt! Im heutigen Abschnitt dreht sich alles um das „Verbleiben“ bei Jesus.

Lese ich diese Zeilen, frage ich mich, welche Dinge mich von Jesus abhalten und mir wiederum so nahe sind wie Arm, Bein, Fuß und Auge. Dabei geht es sicherlich nicht um eine Schwarz-Weiß-Malerei, aber dennoch um die Frage, wieviel Platz ich Jesus in meinem Alltag gebe und ob nicht andere oder anderes vielmehr Raum einnehmen. Diese Platzfresser „zu entsorgen“, ist ein radikaler Schritt, der schmerzt und mich persönlich hinterfragt. Aber ein erster Anfang ist, sich dieser Platzfresser bewusst zu werden. – Darum: Was brauchst du, um noch mehr bei Jesus sein zu können?

Das merke ich mir: ______________________________

____

VORSCHRIFT VERSUS HERZ

Markus 10,1-12

Mittwoch 28

„Was ist erlaubt?" – In dieser Begegnung werden die zwei unterschiedlichen Perspektiven von Jesus auf der einen Seite und den Pharisäern auf der anderen Seite deutlich. Den Pharisäern geht es darum, zu klären, was „erlaubt" (V.4) ist. Zur Sprache kommt dadurch auch, dass das Gebot des Moses dem ursprünglichen Willen Gottes nicht gerecht werden kann und dadurch die Hartherzigkeit der Menschen jedes Mal deutlicher wird. Demgegenüber steht Jesus, dem es um das Herz der Menschen geht. Ein Herz, das erkennt und das nach dem Willen Gottes lebt und das sich auch im verbindlichen Miteinander einer Ehe zeigt. „Was ist erlaubt?" – Wie oft stelle ich mir diese Frage in meiner eigenen Nachfolge. Dennoch merke auch ich, wie berechnend und hartherzig diese Frage ist und wie sich dann der Glaube nur nach einem „erlaubten" Leben ausstreckt. Nachfolge geht tiefer! Es geht um ein verändertes Herz, das nicht mit „Erlaubt"-Konstrukten lebt, sondern aus einer Liebe, die sich am Herzschlag Jesu orientiert und dadurch eng mit Barmherzigkeit und Versöhnung verbunden weiß. – Wie kannst du in deiner Liebe zu Jesus heute noch tiefer wachsen?

Das merke ich mir: ______________________________

____

EMPFANGEN WIE EIN KIND

Markus 10,13-16

Donnerstag 29

1986 verfasste Herbert Grönemeyer das Lied „Kinder an die Macht". Auch wenn es ursprünglich eine andere Intention hatte, muss ich beim Lesen des heutigen Bibelabschnittes an die Verse Grönemeyers denken. Kinder werden zu Jesus gebracht und die Reaktion der Jünger ist abweisend! – Jesus stellt sich nicht auf die Seite seiner Jünger und bestätigt sie. Er stellt sich an die Seite der Kinder, räumt ihnen einen großen Platz in seinem Reich ein (V.14). Für Gott sind Kinder etwas Besonderes und Einzigartiges. Der Grund dafür ist nicht, dass Kinder besonders niedlich oder unschuldig sind, sondern dass sie sich in der Haltung befinden, von Gott vollständig beschenkt zu werden. Irgendwie hinterfragt mich der Text, wo ich als „Kind Gottes" tatsächlich wie ein Kind bin. Wo lebe ich meine Nachfolge in der erwartenden Haltung, dass mich Gott „vollständig beschenkt"? Viel zu oft lebe ich genau umgekehrt und meine, dass ich Gott meine Hand hinhalte und in ihr eigentlich alles zu einem mir passenden guten Leben enthalten ist. Aber die kindliche Hand – und so lerne ich das auch von meinen Kindern – ist anders, sie ist vollständig leer und ich bin begeistert, was hineingelegt wird. – Was kannst du von Kindern in deinem Umfeld lernen?

Das merke ich mir: ______________________________

____

Freitag 30

SCHWIERIGE PRIORITÄTENSETZUNG

Markus 10,17-27

„Was hat bei dir höchste Priorität?" – So möchte ich dich am Anfang dieses Tages fragen. Denn um nichts anderes geht es Jesus im heutigen Bibelabschnitt. Jesus ist unterwegs und begegnet einem wohlhabenden jungen Mann, der fragt, was er tun müsse, um das ewige Leben zu erreichen. – Jesu Antwort ist klar, nicht töten, ehebrechen, stehlen, falsches Zeugnis sagen, nicht rauben und die eigenen Eltern ehren. Und: „Geh los, verkaufe alles, was du hast, und gib das Geld den Armen. So wirst du einen Schatz im Himmel haben. Dann komm und folge mir!" (V.21) Und genau darin liegt das Problem für den jungen Mann, er hat viel Besitz. „Was hat bei dir höchste Priorität?" – Dieser einfache Satz hat auf dem Hintergrund dieser Geschichte eine große Tragweite, da er meinen eigenen Lebenswandel hinterfragt und damit meine Motive. Schnell denke ich: Klar, Jesus hat bei mir oberste Priorität! Und zugleich merke ich, wie ich an diesem Anspruch scheitere. Im selben Moment bleibe ich an den zwei Sätzen hängen, die dem oben abgedruckten Vers vorangehen: „Jesus sah ihn an. Er gewann ihn lieb […]." – Und das ist die tröstende Botschaft für deine Priorisierungsfrage heute: Jesus sieht und liebt dich! Trotz und gerade wegen deines Versagens!

Das merke ich mir: ______________________________

____

Samstag 31

SEI DER LETZTE!

Markus 10,28-31

In den vorangegangenen Abschnitten der letzten Tage ging es zumeist um das Thema Nachfolge! Die Radikalität der jesuanischen Botschaft mit Blick auf die Nachfolge wird heute noch einmal zugespitzt: „Viele, die jetzt bei den Ersten sind, werden dann die Letzten sein. Und viele, die jetzt bei den Letzten sind, werden dann die Ersten sein" (V.31). Damit kehrt Jesus das um, was damals galt und auch heute zu gelten scheint: „Sei der Erste." Bei Jesus bleibt es aber nicht einfach Theorie oder theologisches Gerede. Das Spannende bei ihm ist, dass er dienend zum Letzten wurde, am Kreuz starb und am Ostermorgen auferstand. „Sei der Letzte!" – Ich möchte dich heute herausfordern, bewusst einmal nicht die oder der Erste sein zu müssen, sondern bewusst die oder der Letzte zu sein. Keine Sorge! Damit sollen nicht die eigene Demut gezeigt oder aus der Nachfolge eine Leistungsshow gemacht werden. Nein, vielmehr lade ich dich ein, einen weiteren Schritt in der Nachfolge zu gehen und dadurch auch den Unterschied zu machen. – Notiere heute Abend rückblickend auf einem Zettel: Was hat die radikale Aufforderung „Sei der Letzte" heute in deinem Alltag verändert? Nimm die Erlebnisse hinein in dein Gebet!

Das merke ich mir: ______________________________

____

Gebet in der Natur

Hier bin ich Herr, ganz bei dir und unterwegs
in deiner Schöpfung.
Hilf mir zu sehen, was du hier siehst:
die Menschen, die Natur, die Stille,
die Freiheit, die Schönheit, die Farben und Formen.
Hilf mir meine Gedanken zu sammeln und auf dich zu lenken.
Du fragst mich nach der Schönheit in meinem Leben,
nach den Menschen, die mir gerade auf dem Herzen liegen,
nach den Farben, die sich momentan
in meinem Leben wiederfinden.

Ich möchte stille werden vor dir
und ablegen, was mich gerade belastet.
Ich möchte stille werden vor dir
und dir die Menschen bringen,
an die ich jetzt besonders denke.
Ich möchte stille werden vor dir
und aufatmen in deiner Gegenwart.
Ich möchte stille werden vor dir
und mich neu ausrichten, auf das, was kommt.
Ich möchte stille werden vor dir
und genießen, was du mir gerade schenkst.

Steffi Pfalzer

BIBLISCHES BUCH

JEREMIA

Das Buch Jeremia zählt zu den großen Prophetenbüchern im AT. Jeremia wirkte als Prophet ab 626 bis einige Jahre nach 587 v. Chr. In diese Zeit fällt die Bedrohung Judas durch die babylonische Großmacht. Es war somit eine politisch sehr bewegte Zeit. Die Spannung, ob Juda dem babylonischen Druck unter Umständen durch ägyptische Hilfe standhalten konnte, zog sich über Jahrzehnte. Schon vor der endgültigen Katastrophe zeigten die Babylonier zwei Mal ihre Überlegenheit, indem sie Leute der Führungsschicht ins Exil mitnahmen. Darunter waren z. B. Daniel und Hesekiel. Das endgültige politische Ende für Juda kam 587 v. Chr. Jerusalem und der Tempel wurden zerstört, Juda verlor seine selbstständige Souveränität als Staat und ein größerer Teil der Bevölkerung musste ins babylonische Exil. Dieser geschichtliche Hintergrund prägt das Wirken und die Worte Jeremias. Er lässt aufgrund des an ihn ergangenen Wortes von Gott von Anfang an keinen Zweifel daran, dass das Unheil durch die Babylonier über Juda kommen wird. Er rät gegen eine Bündnispolitik mit Ägypten gegen die Babylonier und empfiehlt, sich den Babyloniern zu ergeben. Dies bringt ihm den Vorwurf als Staatsfeind ein, wofür er persönlich Verfolgung und Leiden auf sich nehmen musste. Jeremia war ein leidender Prophet, der um seiner Worte willen Mordanschläge und Gefängnisstrafen auf sich nehmen musste.

Ein Berufungsbericht steht ganz betont am Anfang (Jer 1,4-10). Dies ist sehr wichtig bei einem Propheten, der von innen und von außen angefochten war. Seine eigene Anfechtung kommt in Klagegebeten zum Ausdruck, wie sie so von keinem anderen Propheten überliefert sind. Seine Botschaft ist zunächst sehr hart und klar. Weil sich König und Volk immer wieder gegen die göttliche Weisung versündigt haben, kommt das Gericht unausweichlich. Aus Jeremias Sicht gibt es dazu keine Alternative mehr. Mit dieser klaren Gerichtsbotschaft stand Jeremia in einer ständigen Auseinandersetzung mit anderen Propheten, die die Situation nicht so dramatisch einschätzten. Die Konfrontation mit den sogenannten falschen Propheten hat Jeremias Wirken stark bestimmt (Jer 23). In seiner Gerichtsbotschaft bezieht er insbesondere dagegen Stellung, dass der Tempelkult zwar hervorragend läuft, jedoch im Alltag von der Ausrichtung auf Gott wenig übrig bleibt (Jer 7). Trotz allem war Jeremia nicht nur Gerichtsprophet. Er hat für Israel einen neuen Anfang angesagt. Er nimmt die messianischen Verheißungen auf und kündigt einen neuen König an (Jer 23,5-6) sowie einen neuen Bund zwischen Gott und Israel. An diese Verheißungen konnte die Botschaft Jesu nahtlos anschließen.

Hartmut Schmid, Honorarprofessor für Altes Testament
an der Internationalen Hochschule Liebenzell

KW 36 bearbeitet von Pierre Scherwing,
Referent für Junge Erwachsene im Kirchenkreis
Bautzen-Kamenz, 01909 Frankenthal
E-Mail: pierre.scherwing@gmx.de

ZOOM MAL RAUS – GOTT IST GRÖßER

Psalm 146

Die Psalmen 146 bis 150 beginnen und enden jeweils mit einem Halleluja. Das heißt „Lobt Gott“. Wenn die „Seele“ lobt, heißt das für mich: mit allen Gedanken, Emotionen, dem ganzen Willen. Was bewegt dich gerade? Wage diesen größeren, ehrlichen Blick. Gott ist so anders und so viel besser (V.5-10). Wer hilft z. B. schon gern den Schwachen, wo es keine Gegenleistung gibt? Gott tut´s. Aber können Menschen wirklich nicht helfen (V.4)? Doch, und wir brauchen einander. Aber wir sollen uns nicht davon abhängig machen. Es ist verführerisch: Unsere Ideen sind oft schnell und zum Greifen nahe. Gottes Hilfe dagegen hat eigene Zeitpläne, ist unsichtbar und braucht deshalb Vertrauen. Dazu hat Gott noch ganz andere wundersame Möglichkeiten. Wenn ich diesen Gott konkret in mein Leben einbeziehe, stärkt das mein Vertrauen in ihn. Mit „einfach mehr positivem Denken“ ist niemandem geholfen. Doch es hilft, wenn ich meine Gedanken, Gefühle und Vorstellungen vor dem Gott der Bibel ausbreite. So verbindet sich Kopfwissen mit Glaubenserfahrung.
Welche Beschreibung über Gott gefällt dir im Text am besten? Erinnere dich heute oder frag andere, wo und wie sie Gott zuletzt erlebt haben. Unser Herz braucht diese Geschichten, sonst fällt das Jubeln der Seele schwer.

Das merke ich mir: ______________________

____

____

WOCHENSPRUCH

Lobe den Herrn, meine Seele,
und vergiss nicht, was er dir
Gutes getan hat.
Psalm 103,2

Du kannst nicht groß genug von Gottes Liebe zu dir denken. Aber du kannst sie immer weiter stückchenweise mit anderen teilen. Das ist die Geheimkraft aller Christen.
Pierre Scherwing

Montag 2

GOTT WILL DICH TREFFEN

Jeremia 1,1-10

Jeremia steht eine große Aufgabe bevor. Gott möchte durch ihn gleich mehreren Völkern sagen, wo sie falsche Wege gehen. Nicht etwas viel für den damals vielleicht 20-jährigen Jeremia? Der beschreibt, wie diese „Worte des HERRN" in einer Bewegung auf ihn zukommen. Er wirkt auf mich etwas überrollt. Denn gefragt, ob er diese Berufung annehmen möchte, wurde er nicht. In Israel galt nur das Wort der Alten etwas. Seine Einwände machen also durchaus Sinn. Trotzdem beruft ihn Gott zu dieser übergroßen Aufgabe. Nur mit Gott kann er es schaffen. Berufung ist kein All-Inclusive-Wellness-Ticket. Entscheidend ist, dass Gott sein Mitgehen und Reden verspricht (vgl. 1. Thess 5,24). Trotzdem wird Jeremia mit dieser Berufung hadern (vgl. Jer 15,17). Aber Gott links liegen lassen kann er nicht. Dafür ist Gott ihm viel zu präsent. Ist dir bewusst, dass Gott diese Gemeinschaft auch mit dir sucht? Damals sprach er zu Jeremia. Seit 2000 Jahren spricht er durch Jesus. Hat dich Gott schon mal getroffen? Du kannst Gott treffen, im Gespräch mit Jesus, dem lebendigen Wort oder beim Bibellesen, dem geschriebenen Wort. Darin wird auch Gottes (Be)-Rufen deutlich – z. B. als Freund/in, in Verein, Schule oder Beruf. Wohin und wozu ruft Gott dich?

Das merke ich mir: ____

____

Dienstag 3

GOTT GEWÄHRT EINBLICK

Jeremia 1,11-19

Jeremia sieht hin. Die Bilder, die Gott schenkt, fallen nicht einfach vom Himmel. Jeremia betet. Er hört hin und sieht. Gott fragt nach, was er sieht. Er vergewissert den jungen Propheten. Jeder beginnt einmal damit, wie man auf Gott hört und ihn sieht. Mandelzweig klingt im Hebräischen wie „wachender Zweig". Ein Mandelbaum bildet auch schon im Januar und Februar Knospen, während alle anderen Bäume noch „schlafen". Gott verspricht damit, dass er einhält, was er verspricht. Diese Vergewisserung wird Jeremia brauchen. Denn er soll Gottes Strafe für seine eigenen Leute ankündigen. Es wird ihm nichts vorgemacht. Sein Volk hat sich weit von Gott entfernt. Und alle Folgen daraus werden mit harten Kämpfen zu tun haben. Einfach ist etwas anderes. Solche Gerichtsworte erinnern mich: Ich brauche Leute, denen ich die Erlaubnis gebe, mir auch kritische Dinge zu sagen. Besser zu früh als zu spät. Wem kannst du vertrauen, wer will dein Bestes, ohne dich in die Pfanne zu hauen? Wie das Hören auf Gott, braucht es auch Übung, offen und ehrlich darüber zu sprechen, was einem schwer fällt. Mach ein Treffen aus: Besprecht, wie es euch in unterschiedlichen Bereichen geht, überlegt konkrete nächste Schritte und macht einen monatlichen Termin daraus.

Das merke ich mir: ____

____

GOTT WILL DICH

Jeremia 2,1-13 **4** Mittwoch

Es geht los! Jeremia soll gehen und den Mund aufmachen. Doch damit eine Botschaft ankommt, muss man zu den Leuten hingehen. Deswegen sagt Gott: „Geh!“ Das gilt für unser Christsein allgemein. Auch auf die Gefahr hin, dass es unbequem und unsicher wird oder man missverstanden wird, sollen wir hingehen und den Kontakt zu Gottes geliebten Menschen suchen. Diese Worte Gottes betreffen allerdings zuerst diejenigen, die ihn schon kennen. Gott beschreibt sein Verhältnis zum Volk Israel wie das eines werdenden Ehepaares. Leidenschaft pur. Doch bei Jeremias Leuten ist der Ofen aus für Gott. Sie haben sich Ersatz gesucht. Mal ehrlich: Ein Ersatzrad kann nicht das Original ersetzen. So ist das mit unseren Versuchungen: Auf den ersten Blick wirken sie reizvoll, doch am Ende werden wir verlieren (V.5.13). In der Wüste haben die Israeliten Gott gebraucht (V.2). Jetzt haben sie alles und sie vergessen ihn. Wo bleibt das feste „Ja“, ob im Guten oder Schlechten? Doch Gott liebt weiter. Er schickt Jeremia. Er lässt den Kontakt nicht abreißen. Denn wer nicht mehr miteinander spricht, hat schon verloren. Das ist vielleicht das Entscheidende. Mach es anders als die Leute damals (V.6). Wie es dir auch geht mit Gott, lass den Kontakt nicht abreißen.

Das merke ich mir: ____________________

____

GOTT HAT WAS GEGEN UNSERE SÜNDEN

Jeremia 3,1-10 **5** Donnerstag

Schämst du dich nicht? Gottes geliebte Menschen haben sich an das Leben ohne Gott gewöhnt (Jer 2,33). Für Gott gleicht das Hurerei. Die Bilder, die Gott verwendet, sind eindeutig. Die Menschen haben Gott aus ihrem Herzen gestrichen. Ihre Gebete nennt Gott Ausreden (V.5). Der Zerriss ist spürbar. Gott hatte auf einen Neuanfang gehofft (V.7). Wie hoffnungsvoll sich Gott hier doch zeigt! Er ist gütig und will nicht für immer zornig sein (Jer 3,12f.). Wie kann es gut werden? Es ist zu viel vorgefallen. Scham kann ein unerträgliches Gefühl sein, wenn man sie zulässt. Wie also damit umgehen? Alles nicht so schlimm und Gras drüber wachsen lassen? Doch die Schuld schreit! Allein wirst du es nicht schaffen. Nur Gott kann helfen. Er will uns entschuldigen. 1. Johannes 1,9 sagt es so: „Wir betrügen uns selbst, wenn wir behaupten: Wir haben keine Schuld auf uns geladen!“ Dann wirkt die Wahrheit nicht in uns. Wenn wir aber unsere Schuld eingestehen, ist Gott treu und gerecht: Er vergibt uns die Schuld und reinigt uns von allem Unrecht, das wir begangen haben. „Ich bin so froh, dass Jesus für uns am Kreuz gestorben ist. Er kann mit meinen Fehlwegen umgehen. Aber es braucht meine Ehrlichkeit. Nur mit ihm ist ein Neuanfang möglich.“ Wage es!

Das merke ich mir: ____________________

____

Freitag 6

GOTT WÜNSCHT DIR EINEN NEUANFANG

Jeremia 3,21 – 4,4

Im Namen des Volkes legt Jeremia stellvertretend ein Schuldbekenntnis ab. Er hofft von ganzem Herzen, dass sein Volk umkehren wird. Umkehr heißt, sich einzugestehen, wo du dich verrannt hast und ab dann einen neuen Weg einzuschlagen. Je konkreter, desto besser. Jeremia leiht dem Volk dafür Worte, wie die Wahrheit wieder neu ins Leben einziehen könnte. „Hier sind wir!“ – Gestehe dir ein, dass Gott dein ganzes Leben im Blick hat. „Nur Betrug!“ – Mach dir bewusst, wo du Lügen auf den Leim gegangen bist. „Unsere Schande!“ – Benenne diese Dinge, damit verlieren sie ihre Kraft. Dass diese Umkehr aber noch nicht passiert ist, zeigt Vers 1. Wenn es wahr werden würde, würde Gott Gnade vor Recht ergehen lassen. Der Schwur „beim Leben des HERRN“ ist für mich eine Andeutung auf den Tod von Jesus. Das Kreuz macht deutlich, wie uns die Wege ohne Gott kaputtmachen. Aber seit der Auferstehung von Jesus ist es gleichzeitig Gottes Markenzeichen für einen hoffnungsvollen Neuanfang. Und Gott ermutigt, konkrete Schritte folgen zu lassen, damit sich dein Leben wie eine Pflanze bei Gott verwurzelt. Was müsstest du in deinem Leben umkrempeln, damit Gutes wachsen kann und du lernst, mehr und mehr mit Gott zu rechnen?

Das merke ich mir: ______________________________

____

Samstag 7

GOTT HASST UNRECHT!

Jeremia 6,9-26

Das Maß ist voll. Die Umstimmversuche Gottes haben nichts gebracht. Gott ist zornig, weil das Unrecht regiert. Gewinnsucht und Betrug, wo man steht und geht (V.13) und niemand ändert etwas daran. Deshalb gießt Gott nun seinen Zorn über sein Volk aus, wie wenn bei einem Staudamm die Schleusen geöffnet werden. Jeremia ist Teil dieses Gerichts. Er soll Nachlese halten, wie bei der Weinernte, wenn noch einmal geschaut wird, ob noch irgendwo Trauben hängen. Der Rest Israels meint die beiden Stämme Juda und Benjamin. Die anderen zehn Stämme Israels wurden von den Assyrern besiegt. Jetzt greifen die Babylonier den Süden, rund um Jerusalem, an. Alle sollen erwischt werden. Ganz schön hart. Gott wird Schlimmes zulassen. Jeremias Worte haben nichts gebracht. Das versteckte Unrecht im Volk wird nun im Gericht durch ein fremdes Volk offensichtlich und bringt den Tod. Unsere Entscheidungen haben Konsequenzen. Es geht nicht darum, ob gute Menschen Gutes erleben und andersrum. Das ist Quatsch. Aber mach dir bewusst: Wie du lebst, hat Folgen. Und sogar hier: Gott erinnert, wie gut das Leben sein könnte (V.16). Wer möchte, kann bei Gott neu anfangen und mit ihm ins Reine kommen. Denn er hasst es, wenn wir anderen Menschen oder der Welt schaden.

Das merke ich mir: ______________________________

____

KW 37 bearbeitet von Thomas Sames, Pastor,
89349 Burtenbach
E-Mail: t.sames@lkg-augsburg.de

WOCHENSPRUCH
Alle eure Sorge werft auf ihn;
denn er sorgt für euch.
1. Petrus 5,7

Sonntag 8

Lied: FJ5! Nr. 202

VERGEBLICH – ODER NICHT

Psalm 127

Wie ernüchternd kann dieser Blick sein, dass so vieles vergeblich ist. Manche Arbeit ist vergeblich. Sich Sorgen zu machen auch. Manche Pläne und vielleicht auch gute Absichten sind vergeblich.
Warum sich also einsetzen? Warum arbeiten? Auf die Motivation kommt es an. Auf die Grundhaltung. Das Ziel der Arbeit ist nicht der Reichtum, die erhoffte Sicherheit. Es geht darum, den im Blick zu haben, um den sich die Welt dreht: Es geht um ein Leben mit dem Fokus auf Gott. Beim Bogenschießen ist es gut, wenn man sich auf das Ziel konzentriert – sonst wird man den Pfeil unter Umständen ewig suchen müssen.
Was ist also dein Ziel? Worum geht es dir wirklich? Es ist gut, sich als Kind Gottes in seiner Hand zu wissen (V.3). Du bist ein Pfeil im Köcher Gottes. Er hat eine Bestimmung für dich und dein Leben – er hat ein gutes Ziel. Und du bist ein Pfeil im Köcher deines Vaters. Er sollte dir helfen, Gott immer besser kennenzulernen und mit ihm unterwegs zu sein. Falls nicht: Bete für deinen Papa und bitte Gott, dass er zu einem Mann nach Gottes Herzen wird.
Apropos: Sorgen sind vergeblich. Das stimmt sogar – sich Sorgen machen ist unnötig. Weil der Papa im Himmel einfach genial ist!

Das merke ich mir: ______________________

____

____

Alles? Wow – herausfordernd.
Das geht nur mit Gott!
Thomas Sames

9 Montag

Das Fundament entscheidet

Jeremia 7,1-15

Was für eine klare Ansage, die Jeremia da im Auftrag Gottes dem Volk macht. Lasst uns mal den Text nicht schnell abschreiben im Sinne von: „Das ist das Alte Testament. Das gilt heute so nicht mehr. Gott ist Liebe und am Kreuz ist Versöhnung." Das stimmt zwar – mit der Liebe und dem Kreuz – und doch ist Gott der Gleiche. Und er hat einen Anspruch auf unser Leben und unser Verhalten. Etwas ähnliches wie das, was Gott durch Jeremia hier seinem Volk sagt, das sagt auch Paulus der Gemeinde, in Kolosser 3 zum Beispiel. Wenn ich mich für Jesus entscheide und ihm folge, dann sollte sich auch mein Leben verändern. Als Mensch ist es so unglaublich leicht, anders zu leben, als Gott sich das wünscht – das liegt in unserer Natur. Aber durch den Glauben und unsere Beziehung mit Gott wird sich unser Leben verändern. Wir müssen nicht mehr „von Natur aus" so leben, wie es Gott nicht gefällt, sondern dürfen lernen, immer mehr so zu werden, wie er sich Leben wünscht. Und ganz ehrlich: Irgendwie ist das doch echt schön, wenn Menschen nicht stehlen, töten, ehebrechen und so weiter. Wo das mit dem Töten und Ehebrechen schon anfängt, das kannst du in Matthäus 5,21-30 nachlesen. Und dann los: Bitte Gott, dich durch seinen Geist zu verändern.

Das merke ich mir: ______________________________

____

10 Dienstag

Das kann mir nicht passieren

Jeremia 7,16-28

Eben noch (V.1) stand Jeremia an den Toren zum Tempel und hat das Volk gewarnt. Jetzt wird schon deutlich: Es hat leider nichts gebracht. Wiederholt hat Gott versucht, seinem Volk zu sagen, worum es geht. Aber sie haben nicht hingehört. Und dementsprechend hat sich auch ihr Leben nicht verändert. Leider. Sie hätten die Chance, mit dem allmächtigen Gott (V.20f.) zusammenzuleben – aber sie ziehen es vor, anderen Götzen nachzulaufen und ihnen zu dienen. Das kann uns nicht passieren, denken wir vielleicht. Und doch, diese recht alte Geschichte von Jeremia hat ihre Gültigkeit bis heute. Habe Mut, immer wieder dein eigenes Leben anzuschauen und zu prüfen: Bin ich noch auf dem richtigen Weg? Lebe ich mit Jesus? Darf er mir in mein Leben hineinsprechen? Das Volk hat damals, obwohl sie Großartiges mit Gott erlebt haben (Auszug aus Ägypten zum Beispiel, V.22), trotzdem immer wieder seinen Glauben an Gott verloren. Und weil sie nicht wirklich hinhören wollten auf das, was Gott sagt, hat Gott irgendwann angefangen, nicht mehr zu ihnen zu sprechen. Ohne Kommunikation stirbt leider jede Beziehung. Deswegen: Bleib mit Gott im Gespräch. Rede mit ihm – und höre auf das, was er dir sagt. Gott redet – aber wir sollten auch gehorchen.

Das merke ich mir: ______________________________

____

GELD VERDIRBT NICHT DEN CHARAKTER

Jeremia 9,22-23

Mittwoch 11

„So spricht der Herr." Wenn du gerne hören willst, wie Gott spricht, dann bist du auf einem guten Weg. Schließlich hast du gerade Bibel gelesen. Eine tolle Möglichkeit, zu hören, was Gott sagt. Gott spricht – auf so vielfältige Weise. Im Alten Testament oft durch Propheten, wie hier Jeremia. Im Neuen Testament klar durch Jesus. In Hebräer 11,1f. kannst du das so nachlesen. Gott spricht. Und hier macht er in aller Kürze klar, worum es geht: ein Herz zu haben, das ihn liebt. Häng dein Herz nicht an deine Weisheit, Macht oder dein Geld. Im Vergleich mit anderen Menschen sind wir vielleicht manchmal weiser, mächtiger oder reicher. Aber wir sollen uns nicht mit Menschen vergleichen. Messe dich an Gott. Du wirst schnell merken: „Ups. Gott ist allmächtig." Er weiß alles – und sein Reichtum ist unübertrefflich. Was ich meine zu haben oder zu sein, ist nichts im Vergleich zu Gott. Es ist also wesentlich schlauer, nicht auf seinen eigenen Kram stolz zu sein, sondern zu wissen: „Mein Papa ist der Schlauste, der Mächtigste, der Reichste überhaupt." Natürlich ist es voll ok, wenn du auch Weisheit hast, vielleicht auch Macht oder Geld. Aber geh damit so um, dass Gott geehrt wird. „Geld verdirbt nicht den Charakter, aber es unterstreicht ihn."

Das merke ich mir: ______________________________

____

DAS IST DOCH UNFAIR!

Jeremia 12,1-6

Donnerstag 12

Stark, wie Jeremia hier mit Gott spricht. So ehrlich – und voller Vertrauen. Jeremia spricht aus, was in seinem Herzen ist: Bewunderung über die Größe Gottes, Anerkennung dafür, wie Gott ist (V.1). Jeremia sagt, dass er Gott von Herzen lieb hat (V.3) – und doch so ein paar Fragezeichen bleiben. Welche Fragezeichen hast du im Hinblick auf Gott? Achte darauf, dass sie dich nicht von Gott wegziehen. Uns Gedanken zu machen über die Größe Gottes, seine Macht oder Gerechtigkeit – das dürfen wir. Aber wir dürfen nicht zulassen, dass wir dann die Rollen vertauschen. Dass wir uns für größer oder gerechter halten als Gott. Sondern, dass wir auch mit unseren Fragezeichen bei ihm bleiben und seine Nähe suchen. Dass wir uns an ihm festhalten – und ihn nicht einfach loslassen, nur weil wir ihn manchmal nicht verstehen. Letztlich dürfen uns unsere Fragezeichen auch in die Anbetung führen: ins Staunen darüber, dass er so groß, mächtig und gerecht ist, dass wir es gar nicht immer verstehen können. Im Prinzip verstehe ich Jeremia: Es ist echt unfair, dass manchmal Menschen ohne Gott scheinbar „gesegneter" sind als die, die es ernst meinen im Glauben. Aber: Wer zuletzt lacht, lacht am besten.

Das merke ich mir: ______________________________

____

Freitag 13

DAS STINKT ZUM HIMMEL

Jeremia 13,1-11

Hast du dir gerade auch den Gürtel bildlich vorgestellt? Dieses vermoderte Ding aus der Felsspalte? Dieses Ding, das man als Gürtel nicht mehr benutzen kann und das einfach eklig ist zum Anfassen und das so mies stinkt? Ein bisschen schmunzeln musste ich über die ersten Verse ja schon. Gott sagt –Jeremia tut. Dreimal. Und dann diese „lustige" Geschichte. Wie oft kommt es schon vor, dass Gott sagt: „Kauf dir einen Gürtel." „Und verstecke ihn in einer Felsspalte." Und doch verbindet sich mit dieser „lustigen" Geschichte eine ernste Angelegenheit. Jeremia muss mal wieder dem Volk deutlich machen, was Gott von ihm hält. Nämlich nichts. Weil sie nicht bereit sind, zu seiner Ehre zu leben. Weil sie nicht in der Bestimmung leben, die Gott für sie hat. Sie sollten „Gürtel" sein – aber in Wahrheit sind sie vermodert und stinken, weil sie sich vor ihm drücken. „Dieses Volk ist böse. Sie weigern sich, auf meine Worte zu hören. Sie folgen ihrem Starrsinn und laufen anderen Göttern nach, verehren sie und beten sie an. Darum sollen sie wie dieser Gürtel werden, der zu nichts mehr zu gebrauchen ist" (V.10). Wir sollen so leben, dass wir Gott loben, rühmen und ehren (V.11) – das ist auch viel schöner, als in einer Felsspalte zu vergammeln.

Das merke ich mir: ______________________________

____

Samstag 14

HAPPY END

Jeremia 14,1-16

Zugegeben: kein besonders erfreulicher Text. Klingt ein bisschen nach einem Film ohne Happy End. Am Ende sind alle tot oder gerade dabei zu sterben. Eine Geschichte, die vermutlich nicht im Kindergottesdienst oder der Jungschar schön ausgeschmückt erzählt werden sollte. Wie ist es zu diesem schrecklichen Ende gekommen? Erinnerst du dich – vor ein paar Tagen ging es noch darum, dass Jeremia hinterfragt hat, warum es Menschen ohne Gott so gut geht. Heute wird klar: Es geht ihnen nicht gut. Zumindest nicht am Ende. Es ging den Menschen nur scheinbar gut. Solange sie stolz sein konnten auf ihre Macht, ihren Reichtum, ihre Weisheit. Aber worum es wirklich geht, was am Ende zählt, ist: Lebe ich zu Gottes Ehre oder nur mein eigenes Leben für mich? Das besondere Drama der Geschichte von heute: Die Menschen begreifen, dass sie auf einem falschen Weg sind – aber es ist zu spät. Gott hatte sie vorher oft genug gewarnt (Gnade), aber sie haben alle Möglichkeiten zur Umkehr ausgeschlagen. Und jetzt ist es zu spät. Gott sei Dank gilt Gottes Einladung zur Umkehr unser ganzes Leben lang. Es gibt also viele gute Möglichkeiten, sich an Jesus festzuhalten – und damit am ewigen Leben. Also doch ein Happy End. Gott sei Dank.

Das merke ich mir: ______________________________

____

KW 38 bearbeitet von Thomas Kamm,
Geschäftsführer, 39340 Haldensleben
E-Mail: thomas.kamm@ecsa.de

ZUSAGE

Psalm 68,20-36

Psalm 68 ist ein Siegespsalm. Er handelt von der Größe und der Macht Gottes – gerade auch in schwierigen Zeiten. Der Liedermacher, Kämpfer und König David weiß dabei genau, wovon er singt. Er kennt Gottes Geschichte mit seinem Volk und er erinnert sich an Gottes Handeln in seinem Leben. Er weiß von den Lasten, die uns Gott täglich auferlegt, ein Lied zu singen.
Weißt du, wovon er da singt? Was hat Gott dir persönlich zu tragen auferlegt? Womit schleppst du dich gerade ab? Was macht deinen Tag schwer? David bekennt: Gott legt mir eine Last auf, doch das empfinde ich nicht als belastend. Der Herr selbst trägt diese Last! Ja mehr noch: Der Herr trägt nicht nur die Last, sondern er trägt uns! Täglich. Der allmächtige Gott ist so hilfreich, dass er zum Lastenträger wird. Gott ist der, der mich trägt (oft auch erträgt)! Gott hat mich getragen, Gott trägt mich heute und Gott wird damit nicht aufhören! So hat er es in Jesaja 46,4 versprochen.
Hast du das in der letzten Woche erlebt? Wo hat Gott dich durchgetragen? Wofür kannst du Gott ganz konkret loben, ihm von Herzen Danke sagen und ihn anbeten? Wie gut, dass Gott uns für jeden Tag zusagt, uns und unsere Lasten zu tragen. In den kommenden Tagen wirst du lesen, was das bedeuten kann.

Das merke ich mir: ______________________

____

____

WOCHENSPRUCH

Jesus Christus hat dem Tode die Macht genommen und das Leben und ein unvergängliches Wesen ans Licht gebracht durch das Evangelium.
2. Timotheus 1,10b

Das ist ja wohl die Höhe! Ohne Liebe hat alles – auch das frömmste Unternehmen – keinen Sinn. Das ist und bleibt ein tägliches Übungs- und Lernfeld.
Thomas Kamm

Montag **16**

ZUWENDUNGSMANGEL

Jeremia 15,10-21

Was für ein Dialog! Der beginnt mit Jeremias Vorwurf an seine Mutter, die er für seine Existenz verantwortlich macht. Dabei vergisst er, dass Gott ihm schon lange vorher gesagt hat, dass er ihn geschaffen hat (Jer 1,5). Jeremia sieht sich aufgrund seines Dienstes isoliert und angefeindet. Genau wie Elia fühlt auch er die Last als Einzelkämpfer. Gott antwortet auf diese Klage. Er widerspricht Jeremia nicht, sondern macht ihm deutlich, dass ihn das nicht vernichten wird. Gott will das Beste für Jeremia, für sein Volk und für uns. Auch dann, wenn es sich nicht so anfühlt. Gott macht ihm deutlich, was Paulus in Römer 8,28 sehr viel später, durch Gottes Geist inspiriert, schreiben wird. Jeremias Antwort darauf klingt zunächst gut. Er wendet sich an den Richtigen und bittet Gott, sich zu kümmern. Er freut sich daran, dass er Gott gehört, seinen Namen trägt. Doch nach zwei Versen kommt er wieder ins Klagen und bedauert den Mangel an göttlicher und menschlicher Zuwendung. Gottes zweite Antwort ist klasse: Er entlässt seinen jammernden Mitarbeiter nicht, sondern fordert ihn zum Umdenken auf. Mitten in dieser persönlichen Krise wendet sich Gott Jeremia zu und erneuert dessen Berufung. Sein „Ich bin mit dir“ gilt auch dir an diesem Tag.

Das merke ich mir: ______________________________

Dienstag **17**

ZUMUTUNG

Jeremia 16,1-13

Heute liest man viel von Work-Life-Balance. Man soll es angeblich nur nicht übertreiben, auch nicht den Dienst für Gott. Man muss auf sich achten, sich abgrenzen und alle Lebensbereiche im Gleichgewicht halten. Gott fordert von Jeremia dagegen einen ganzheitlichen Einsatz. Er bestimmt nicht nur über dessen Predigtinhalte, sondern auch über seinen Familienstand (V.2), sein Kondolenzverhalten (V.5) und seine Feier-Abende (V.8). Damit mutet Gott seinem Mitarbeiter (der sich gestern noch über seine Einsamkeit beklagt hat) eine Menge zu. Wie sieht das bei dir aus? Was darf Gott von dir verlangen? Welche Lebensbereiche darf er bestimmen (und welche bestimmst du lieber selbst)? Gott entschuldigt sich bei Jeremia nicht für seine Heirats-, Trauer- und Feierverbote. Er ist der Herr und als solcher hat er das Recht zu bestimmen. Dabei verlangt er nichts, wozu er nicht auch selbst bereit ist. Er fordert nicht nur uns zum ganzheitlichen Einsatz auf, sondern hat sich in Jesus ganzheitlich zu Tode geliebt. Deshalb darf er das auch von uns verlangen – zumindest von einigen seiner Mitarbeiter hat er das auch verlangt. Gott traut Jeremia eine Menge zu. Deshalb mutet er ihm viel zu. Empfindest du seinen Weg mit dir als Zutrauen oder als Zumutung?

Das merke ich mir: ______________________________

ZURECHTBRINGUNG

Jeremia 18,1-12

Mittwoch **18**

„Ein Bild sagt mehr als tausend Worte." Dieses Tucholsky zugeschriebene Zitat entspricht Gottes Weisheit. Auch Jesus als Gottes Sohn hat in vielen seiner Predigten Bilder verwendet. Gott beauftragt Jeremia zu einem Ortswechsel, um in der Töpferwerkstatt mit ihm zu reden. Und Jeremia geht. Er ist gehorsam (wobei zugegebenermaßen nicht jeder Auftrag Gottes so einfach für ihn umzusetzen war) und das will ich von ihm lernen. Und ich will von ihm lernen, Gottes Reden nicht nur im Gemeinschaftshaus zu erwarten. An der Töpferscheibe läuft nicht immer alles rund. Jeremia wird Zeuge, dass Misslingen auch zu diesem Beruf dazugehört. Er erlebt, wie souverän der Töpfer improvisiert und aus dem missratenen Teil einfach etwas anderes formt. Was für eine gute Nachricht für alles Misslingen von uns Missratenen! Wie gut ist es, in der Hand Gottes, des genialen Meisters, zu sein, der aus jedem missratenem Stück Ton etwas Neues machen kann! Wie das gehen kann, soll Jeremia mit dem Ruf zur Umkehr zu Gott und zur Bereitschaft, sich zu ändern, erklären (V.11). Ich will mich mit all meinen „Missbildungen" von Gott formen lassen. Ich will ihn bitten, es besser zu machen als Jeremias Zuhörer in Vers 12 und singen und beten: „Herr, mach aus mir ein Gefäß, wie du willst!"

Das merke ich mir: ______________________________

____

ZUSCHLAG

Jeremia 19,1-13

Donnerstag **19**

Noch ein erlebnispädagogischer Auftrag für Jeremia, der ihn erneut zur Töpferei führt. Ausgestattet mit einem Tonkrug und in Begleitung einiger Repräsentanten des Volkes und der Religionsbehörde, soll Jeremia an einer wichtigen heidnischen Kultstätte zwischen Öl- und Tempelberg Gottes Gericht ankündigen. Diese Botschaft gilt den Herrschern und den Beherrschten, weil sowohl die einen als auch die anderen ihren Gott verlassen haben. Wenn der lebendige Gott nicht mehr die erste Stelle im Leben einnimmt, dann werden andere Dinge oder Werte an seine Stelle treten. Götzen, die albern, nutzlos, mitunter auch mörderisch sein können. Belächeln oder bedauern wir die Leute von damals? Kann es sein, dass auch in meinem Leben Gott nicht mehr die Nummer Eins ist, und dass anderes mir wichtiger ist? Gott sagt klar an, dass er das nicht ungestraft lassen wird. Er will aufrütteln. Mitten in seiner Kurzpredigt soll es Jeremia krachen lassen: Zerbrochene Krüge haben schon zu Gideons Zeiten Menschen in Panik versetzt (Ri 7,20). Leider bewirkte Jeremias anschauliche und eindrückliche Gerichtsankündigung nichts. Auch diese Realität gehört wohl zu den Lasten, die der Herr seinem Bodenpersonal auferlegt und bei dem er tragen helfen und uns tragen muss.

Das merke ich mir: ______________________________

____

Freitag 20

UN-ZULÄSSIG?

Jeremia 20,7-18

Das klingt nicht gut. Darf ein Mitarbeiter Gottes so mit seinem Herrn reden? Darf man Gott solche Vorwürfe machen? Offenbar schon, denn das Jeremiabuch endet nicht in Kapitel 20 mit der Entlassung Jeremias. Gott lässt es sich gefallen, dass Jeremia nicht nur klagt, sondern ihn auch anklagt. So, wie das vor und nach ihm viele andere getan haben (dir fallen bestimmt selbst einige ein). Hier klagt ein Mitarbeiter über seinen Dienst, unter dem er leidet, den er jedoch nicht einfach so quittieren kann (V.9). Deshalb wünscht er sich, nie geboren worden zu sein. Jeremia hat die Faxen dicke. Der kurze Lichtblick in Vers 11 wird bald wieder überlagert. Seine vertrauensvolle Fallabgabe (V.12) und sein Lobpreisapell (V.13) werden schnell von der Verfluchung seiner Geburt überschattet. Muss das überhaupt in der Bibel stehen? Wie soll man denn nach dem Lesen dieser Verse noch sein EC-Versprechen unterschreiben oder auf Mitarbeitersuche gehen? Weil Gott die Wahrheit sagt und Jesus die Wahrheit ist, gehört das in sein Wort. Es macht uns deutlich, dass es auch in der gehorsamen Nachfolge manchmal schwer werden wird. Das schreibt und liest sich leicht, wenn es einem gut geht. Doch Vers 11 gilt auch in Krisenzeiten. Das glaube und das hoffe ich.

Das merke ich mir: ______________________________

____

Samstag 21

ZURECHTWEISUNG

Jeremia 21,1-14

Endlich ein Hoffnungsschimmer für den leidenden Jeremia: Sein König fragt nach Gott und erinnert sich an seine Wunder. Er sendet zwei Würdenträger, die in seinem Namen fragen und den Abzug der Feinde erwirken sollen. Kommt dir das bekannt vor? In Krisen erinnerst du dich an Gott und seine Möglichkeiten. Dann soll Gott eingreifen und deine Probleme so lösen, wie du es gern hättest? So einfach macht es uns Gott oft nicht. Gott bereitet seinen Boten vor. Noch bevor die königliche Delegation zu ihm kommt, lässt er Jeremia wissen, was er sagen soll. Das hat er übrigens auch uns versprochen (Lk 12,11f.). Jeremia wird für König und Volk zum Wegweiser. Er stellt sie vor die Wahl zwischen Leben und Tod (V.8): Wer bleibt, wo er ist, wird nicht überleben. Wer Gottes Zurechtweisung ignoriert und so weitermacht wie bisher, hat sich verwählt. Jeremia gibt im Auftrag Gottes Überlebens-Tipps: Bleib nicht, wo und wie du bist! Hör auf Gottes Wort! Sorge für Recht! Gott hatte seinem Volk schon einmal einen Wegweiser geschickt: Mose wies dem Volk am Ende seines Lebens den Weg zwischen Leben und Tod und hat das Volk vor die Wahl gestellt (5. Mose 30,19). Jesus ist übrigens nicht nur Wegweiser. Er selbst ist der Weg und das Leben (Joh 14,6). Gute Wahl.

Das merke ich mir: ______________________________

____

KW 39 bearbeitet von Pfarrer Cornelius Kuttler,
Leiter des EJW, 70563 Stuttgart
E-Mail: cornelius.kuttler@ejwue.de

WOCHENSPRUCH
Unser Glaube ist der Sieg, der die Welt überwunden hat.
1. Johannes 5,4b

EIN EHRLICHES GEBET

Psalm 138

Psalm 138 ist ein Gebet voll tiefer Emotionen. Mich beeindruckt, wie ehrlich David betet. Es berührt mich immer, dass die Bibel ehrlich vom Leben spricht, so wie es eben ist. David ist begeistert von Gott und unendlich dankbar, und zugleich deutet er an, dass er weiß, was es heißt, Angst zu haben. Für uns ist es vielleicht seltsam, wie offen er auch davon spricht, dass er Feinde hat. Weil wir doch wahrscheinlich eher friedlich mit anderen auskommen wollen. Aber Konflikte und Streit kennen wir auch. David sagt: Gott lässt uns damit nicht allein. Er ist nicht nur bei uns in den glücklichen Momenten des Lebens, sondern auch, wenn wir keine Kraft mehr haben und vielleicht aus manchen Konflikten nicht mehr hinausfinden. Gerade dann ist Gott da und es ist, als ob er ein Fenster öffnet und die frische Luft seiner Gegenwart in den Mief unseres Lebens hineinströmt.

Mich persönlich berührt v. a. Vers 3: Die Lutherübersetzung formuliert ein wenig altertümlich, aber gerade das spricht mich an: Gott gibt meiner Seele große Kraft, wenn ich bete und ihm mein Leben anvertraue. Gott gibt nicht nur ein wenig, sondern große Kraft – eine Kraft, die mein Leben verändert. Und es ist immer seine Kraft und nicht meine, die etwas heil werden lassen kann.

Das merke ich mir: ______________________

____

____

Wir können mit unserem Leben den Unterschied machen, wenn Gottes Liebe durch uns hindurch Menschen berührt. Wir werden lieben statt hassen, heilen statt zerstören.

Cornelius Kuttler

Montag 23

Mach die Augen auf: Gott handelt!

Jeremia 23,1-8

Vielleicht geht es dir manchmal wie Jeremia: Er denkt zurück an alte Zeiten (V.7). Gott hat die Israeliten aus Ägypten geführt, aber jetzt sitzen sie im Exil in Babylon, weit weg von der Heimat. Und alles ist so anders gekommen, als sie es sich mal erhofft hatten. Denkst du manchmal auch zurück an Zeiten, in denen du etwas von Gott gespürt hast? Vielleicht bist du zum Glauben gekommen oder du warst berührt von einer Freizeit. Damals. Und jetzt? Jetzt spürst du vielleicht so wenig davon, dass Gott da ist. Der Alltag des Lebens erstickt die Hoffnung. Wenn es uns so geht, dann hilft kein „es wird schon wieder“, sondern wir brauchen eine wirkliche, eine echte Hoffnung! Etwas, das uns Mut gibt zum Leben und uns weitergehen lässt. Jeremia spricht von der Hoffnung, dass Gott handelt. Mitten in unserem Leben. Ich glaube: Diesen König, von dem Jeremia spricht, hat Gott schon geschickt. In Jesus ist er selbst Mensch geworden. Darum können wir sicher sein: Gott ist mit uns in den guten und den hoffnungslosen Momenten unseres Lebens. Und eines ist sicher: Wir müssen nicht von alten Zeiten träumen. Es geht darum, genau hinzuschauen. Dann werden wir entdecken: Auch wenn wir davon manchmal scheinbar so wenig spüren, ist Jesus da und handelt.

Das merke ich mir: ____________________

____

Dienstag 24

Es geht um alles

Jeremia 23,16-29

Wahrscheinlich würde Jeremia bei jeder heutigen Predigtprüfung durchfallen. Denn seine Worte sind nicht ermutigend, sie bauen nicht auf, sondern zerstören. Er spricht anderen ab, dass sie im Auftrag Gottes predigen. Diese Propheten laufen seiner Meinung nach Wunschträumen von Gott nach, folgen aber nicht der Wahrheit. Und Gott selbst erscheint bei Jeremia als unnahbar und strafend. Warum ist Jeremia so kompromisslos und hart? Weil es hier um alles geht: Darum, ob Gott wirklich der Herr des Universums ist, dem wir zu gehorchen und zu dienen haben. Der Theologe Dietrich Bonhoeffer bringt dies in seinem berühmten Buch „Nachfolge“ auf den Punkt: Christen glauben oft an eine „billige Gnade“, weil sie meinen: Gott ist nett, und es ist seine Pflicht, uns zu vergeben. Aber Gnade ist für Bonhoeffer immer teuer, weil sie Jesus das Leben gekostet hat. Und weil sie uns etwas kostet, indem sie uns aufruft, Jesus nachzufolgen und ihm mit unserem ganzen Leben zu dienen. Mich bringen Jeremias Worte ins Nachdenken: Wo folge ich nur einer netten Idee von Gott und erkenne nicht, wie Gott wirklich ist? Jeremia wollte Menschen in eine echte Beziehung zum lebendigen Gott bringen. Wo brauche ich es, dass wieder mehr echte Beziehung zu Gott in mir lebt?

Das merke ich mir: ____________________

____

BITTE WENDEN!

Jeremia 26,1-19

Mittwoch **25**

Manchmal nervt mich mein Navi: Da weiß ich genau, dass ich falsch gefahren bin, und ständig heißt es: Bitte wenden! Obwohl ich nicht die Möglichkeit habe umzudrehen. Jeremia sagt auch: Bitte wenden! Aber er hat damit die frommen Männer im Tempel mehr als nur genervt. Er hat sie vor den Kopf gestoßen, weil er alles in Frage stellte, woran sie glaubten. Sie meinten: Gott ist auf ihrer Seite gegen ihre Feinde. Aber Jeremia sagt: Gott ist nicht für, sondern gegen sie. Weil sie nicht leben, wie Gott es will. In Jeremia 7 wird berichtet, was Jeremia in seiner „Tempelrede" genau sagte: Er wirft Menschen vor, fromm zu reden, aber ganz anders zu leben. Welche wunden Punkte berühren die Worte von Jeremia in uns? Wo müssen wir wenden und anders leben als bisher? Vielleicht wissen wir recht gut, was in unserem Leben nicht in Ordnung ist. Aber zu wenden, ist manchmal unendlich schwer. Weil wir nicht den Mut haben oder uns die Kraft fehlt. Die Kraft umzukehren, kann uns nur Gott geben. Wo wünschst du dir, dass sich etwas bei dir ändert? Ein erster Schritt ist, dass du mit Gott darüber sprichst. Sag ihm, was es dir schwer macht, umzukehren! Manchmal hilft es auch, jemandem zu erzählen, wie es dir geht. Zu wenden, ist nur einen Schritt entfernt.

Das merke ich mir: ____

____

WORAUF VERLÄSST DU DICH?

Jeremia 28,1-17

Donnerstag **26**

Eine seltsame Geschichte! Ist Gott nicht einer, der uns von Lasten befreit, so wie Hananja die Last des Ochsenjochs zerbricht? Aber Jeremia hat eine ganz andere Botschaft: Alle, die so denken wie Hananja, verlassen sich auf eine Lüge (V.15). Weil sie nicht erkennen, dass ihre Beziehung zu Gott zerbrochen ist und Gott sie dafür zur Rechenschaft zieht. Kurz zur Erklärung: 597 v. Chr. wurde die Elite der israelitischen Bevölkerung nach Babylon verschleppt. Für Jeremia war klar: Dies ist erst der Anfang, weil Gott das Volk weiter bestrafen wird. 587 v. Chr. wurde tatsächlich der Tempel in Jerusalem zerstört. Was sind die Lügen, auf die wir unser Leben bauen? Vielleicht lassen wir uns davon bestimmen, was andere von uns denken. Vielleicht meinen wir auch, wie die Menschen damals, dass unser Leben ganz ok ist und wir Gott nur für das brauchen, was wir allein nicht schaffen. Während der Nazizeit ist das Barmer Bekenntnis entstanden, das gegen die glaubensfeindliche Naziideologie eine klare Antwort gibt auf diese Frage: Worauf verlässt du dich? Da wird gesagt: Jesus ist das eine Wort Gottes, dem wir im Leben und im Sterben zu vertrauen und zu gehorchen haben. Welche Antwort würdest du auf diese Frage geben: Worauf verlässt du dich?

Das merke ich mir: ____

____

Freitag 27

EIN PERSÖNLICHER BRIEF

Jeremia 29,1-14

Wer schreibt heute noch Briefe? Einen Brief zu schreiben, kostet Zeit. Wer einen Brief schreibt, muss sich die Worte genau überlegen. Jeremia hat sich seine Worte gut überlegt. Ja, eigentlich waren es nicht seine Worte, sondern Gottes Botschaft an enttäuschte Menschen. Es sind persönliche Worte, die Gott auch zu uns sagt: Ich habe Gedanken des Friedens für euch! Gottes Plan für unsere Welt und unser Leben ist Frieden! Frieden für all das, was zerbrochen ist. Zerbrochene Hoffnungen kennen wir genauso wie die Menschen damals bei Jeremia. Und wir wissen auch, wie es sich anfühlt, wenn zwischen Menschen etwas zerbrochen ist. Die Bibel erzählt davon, dass die Beziehung zwischen Gott und uns zerbrochen ist. Weil wir in der Tiefe unseres Herzens nicht Gott und seinem Plan vertrauen. Wir sehnen uns nach einem glücklichen Leben, aber am Ende bleibt oft nur unser verwundetes Herz. Gottes Plan aber ist Frieden. Darum ist er Mensch geworden in Jesus Christus. Als Jesus am Kreuz stirbt, geschieht etwas Unglaubliches: Er nimmt unser Leben auf sich mit allem, was zerbrochen ist. Und darum kann zu heilen beginnen, was verwundet ist in uns. Sage Gott doch heute, wo du dich nach Frieden sehnst. Und wenn du magst, schreib ihm einen Brief!

Das merke ich mir: ______________________________

____

Samstag 28

GAMECHANGER

Jeremia 31,1-14

95. Minute, 8. Oktober 2022: Der BVB gleicht gegen Bayern aus und damit ist alles entschieden. Gamechanging-Momente wie diesen gibt es viele im Sport! Auch Jeremia spricht von einem Gamechanger – von einem alles entscheidenden Moment. Nämlich, dass Gott uns sagt: Ich habe dich schon immer geliebt. Diese Worte verändern alles. Damals bei den Israeliten und durch die Jahrtausende hindurch bei uns. Vielleicht trägst du die innere Botschaft mit dir: Ich bin für niemanden wichtig. Aber Gott sagt: Schon immer bist du geliebt. Diese Liebe hat ein Gesicht und einen Namen: Jesus Christus. Die Worte von Jeremia gewinnen durch Jesus eine tiefe Bedeutung. Hier hat Gott gezeigt, wer er ist und wie unendlich viel wir ihm wert sind. Er ist Mensch geworden und am Kreuz gestorben. Weil er sich lieber töten lässt als seine Liebe zu uns aufzugeben. Was für ein Gamechanger! Es muss nichts beim Alten bleiben in unserem Leben. Was kaputtgegangen ist an Vertrauen und Hoffnung, auch durch unsere eigene Schuld, kann zu heilen beginnen. Schon immer sind wir geliebt, lange bevor wir etwas Gutes tun oder etwas schiefgelaufen ist in unserem Leben. Was verändert es für dich, dir das bewusst zu machen? Dass Gott zu dir sagt: Ich habe dich schon immer geliebt!

Das merke ich mir: ______________________________

____

KW 40 bearbeitet von Uli Limpf,
Stadtmissionar, 75180 Pforzheim
E-Mail:uli.limpf@pforzheimer-stadtmission.de

WENN MAN AM ENDE IST
Psalm 142

Psalm 142 ist einer der Psalmen, dessen Entstehungsgeschichte wir kennen. „Von David, als er in der Höhle war“ (vgl. 1. Sam 22,1; 24,1). Die Zeit, in der David vor Saul fliehen musste, erlebte er wie ein Gefängnis (V.8). Seine Lage ist ein Alptraum. Er sieht keinen Ausweg mehr. Die Verse 1-5 sind ein einziger Schrei um Hilfe. Besonders schmerzlich für David ist, dass ihn auch seine Freunde verlassen haben (V.5). Wie gut, dass wir unser Herz vor Gott ausschütten können, wenn es uns dreckig geht. Wer Grund zum Jammern hat, braucht vor Gott keine Hemmungen haben. Erst ab Vers 6 wird der Psalm zum Gebet im eigentlichen Sinne. Konkret bittet David Gott um Rettung und Befreiung. Dabei geht es ihm nicht nur darum, das Elend loszuwerden, sondern er will Gott wieder loben können (V.8).
Nach dem 1. Weltkrieg wurden viele Christen und Adlige in Riga (Lettland) ins Gefängnis gesteckt. Auch die 22-jährige Marion von Kloth. Jeden Abend sang sie den Gefangenen ein Lied von Hedwig von Redern vor: „Weiß ich den Weg auch nicht, du weißt ihn wohl. Das macht die Seele ruhig und friedevoll ...“ Not lehrt beten. Aber es ist gut, wenn man nicht erst in der Not beten lernt.
Tipp für heute: Eigne dir ein Repertoire an Psalmen, Lied- oder Bibelversen an.

Das merke ich mir: ______________________

____

____

MONATSSPRUCH OKTOBER

DIE GÜTE DES HERRN IST'S, DASS WIR NICHT GAR AUS SIND, SEINE BARMHERZIGKEIT HAT NOCH KEIN ENDE, SONDERN SIE IST ALLE MORGEN NEU, UND DEINE TREUE IST GROß.

Klagelieder 3,22-23

Man sagt: „Liebe geht durch den Magen“. Das ist wahr, aber es geht noch weiter. Wenn unseren Liebeserklärungen keine Taten folgen, dann sind sie nur heiße Luft.

Uli Limpf

WOCHENSPRUCH

Dies Gebot haben wir von ihm, dass, wer Gott liebt, dass der auch seinen Bruder liebe.

1. Johannes 4,21

Montag 30

BUNDESTAG – BUNDESLIGA – NEUER BUND

Jeremia 31,27-34

Bund – dieses Wort kennen wir noch. Wir kennen einen Bundestag oder zumindest die Bundesliga. Wir kennen das Wort aber z. B. auch als einen „Bund Rosen“ oder als ein „Bund Radieschen“. Da wird zusammengeschnürt, was zusammengehört nach Art und Aussehen. Auch beim Bund, den Gott schließt, wird zusammengebunden, was zusammengehört. Gott und Mensch gehören zusammen. Keiner der Propheten hat das so deutlich erkannt wie Jeremia, dass der alte Bund vom Sinai an einen toten Punkt gekommen war. Gott war klar: So kann es nicht weitergehen. Etwas Neues muss her. Wie schon am Sinai geht die Initiative von Gott aus (V.31). Worin besteht das Neue? Der neue Bund besteht darin, dass jeder persönlich den Herrn erkennen wird. Erkennen ist im AT ein Ausdruck für persönliche Beziehung. Es geht darum, dass jeder persönlich Gemeinschaft mit Gott erfahren kann. Als Jesus das Abendmahl einsetzt (Lk 22,20; 1. Kor 11,25), ist die Verheißung Jeremias wahr geworden (V.34). Als Christen dürfen wir heute in diesem neuen Bund leben. Seine zentrale Mitte ist die Gemeinschaft mit Jesus. Gebet: Danke Gott, dass du durch Jesus einen neuen Bund mit uns geschlossen hast. Danke, dass uns unsere Sünde nicht mehr belasten muss. Danke, dass wir zu dir gehören.

Das merke ich mir: ______________________________

____

Dienstag 1

GOTT PROBIERT ES NOCH EINMAL …

Jeremia 36,1-19

Jeremia 36 ereignet sich im 4. Jahr des Königs Jojakim (V.1). Wir schreiben also das Jahr 604 v. Chr. Schon seit mehr als 20 Jahren hat Gott durch Jeremias Predigten versucht, Juda zur Umkehr zu bewegen (Jeremia hat ca. 627 v. Chr. mit seiner Verkündigung begonnen). Vers 3 zeigt uns einen Blick in Gottes Herz: „Vielleicht hilft ja eine schriftliche Zusammenfassung, damit Juda begreift und umkehrt. Ich würde ihnen gerne ihre Schuld vergeben.“ Das ist Gottes Anliegen bis heute. Deswegen lesen wir die Bibel. Und korrigieren das eigene Leben, wenn Gott uns in seinem Wort etwas zeigt (vgl. 2. Tim 3,16f.). Im Folgenden begegnen uns viele verschiedene Menschen. Baruch erweist sich als kompetenter Assistent Jeremias. Er kann nicht nur schreiben, sondern er verkündigt auch, da Jeremia ein Zutrittsverbot zum Tempel hatte (V.5). Beachtlich ist der junge Michaja. Er hört, was Baruch vorliest und hat dann den Mut, den Verantwortlichen zu sagen, dass etwas passieren muss (V.11ff.). Da sind die „Oberen“. Am ausgerufenen Fastentag haben sie es zwar nicht nötig, im Tempel zu sein. Dennoch sind sie innerlich wach, so dass sie bereit sind, den Worten Baruchs zuzuhören (V.15ff.). Jeremia 36 hinterfragt auch mich: Wie reagiere ich auf Gottes Wort?

Das merke ich mir: ______________________________

____

BIBELVERBRENNUNG

Jeremia 36,20-32 **2** Mittwoch

Vor einigen Jahren wurde in einer Doku der ARD eine Bibel verbrannt. Der Aufschrei gegen diese provozierende Aktion war damals verhalten. Ähnliches lesen wir in Jeremia 36. Es war Dezember, als die Schriftrolle des Baruch König Jojakim vorgelesen wird. Seite um Seite wurde dann im Kohlefeuer des Winterhauses verbrannt. Jojakim ging als erster Bibelverbrenner in die Geschichte ein. War es Übermut, Gleichgültigkeit oder Trotz? War es Angst vor der Wahrheit der Worte Gottes? Auf jeden Fall macht Jojakim klar, dass es ihm egal ist, was Gott zu sagen hat. Wie anders hat noch sein Vater Josia reagiert, als er Gottes Wort gehört hatte (vgl. 2. Kön 22,10ff.). Der Widerstand der anwesenden Minister war halbherzig (V.25). Keiner hatte wirklich den Mut, hinzustehen und zu sagen: „Das geht zu weit“. Menschlich ist ihre Furcht verständlich. Dennoch gibt es auch für uns Situationen, wo wir gefordert sind, klare Kante zu zeigen. Gott lässt sich nicht spotten (Gal 6,7f.). Dadurch, dass Jojakim die Worte des Herrn ins Feuer warf, ist er diese Worte nicht losgeworden. Keine menschliche Gewalt kann Gottes Wort vernichten (Jes 40,8). Es macht mir Mut, dass Gottes Wort Bestand hat, gerade auch in einer Welt, in der sich so viel oft so schnell ändert.

Das merke ich mir: ______________________

____

SEI KEIN FÄHNLEIN IM WIND

Jeremia 37,1-21 **3** Tag der Deutschen Einheit | Donnerstag

Zedekia ist der dritte Sohn Josias, der nach Joahas und Jojakim König über Juda wurde (vgl. 2. Kön 23,31.34; 24,18). Obwohl sie einen gläubigen Vater hatten, heißt es von allen, dass sie taten, was in Gottes Augen böse war. Zedekia erweist sich als wankelmütig. Er weiß zwar um die Wahrheit, aber er traut sich nicht, dazu zu stehen. Er will es allen recht machen. Er tut, was Nebukadnezar befiehlt (V.2). Er tut, was die Fürsten von ihm wollen (V.15). Er bittet Jeremia heimlich um Fürbitte und Hilfe (V.3.17). Ein Fähnlein im Wind. Jeremia dagegen bleibt in aller Klarheit bei dem, was Gott ihm gesagt hatte. „Kapituliert vor den Babyloniern, wenn ihr euer Leben retten wollt. Gottes Gericht lässt sich nicht mehr aufhalten“ (vgl. Jer 11,14; 14,11). Jeremia flieht nicht (V.14). Er bleibt dem Auftrag, den Gott ihm gegeben hat, treu. Dieser Weg führt ihn ins Leiden (V.16). Und doch ist auch Jeremia kein Masochist, sondern bleibt ganz Mensch. Er bittet Zedekia um die Erleichterung seiner Haft (V.20). Für mich persönlich bleibt das eine Herausforderung, kein Fähnlein im Wind zu sein und es allen recht machen zu wollen. Anregung für heute: Lasst uns Gott darum bitten, dass wir im Blick auf unseren Glauben klar sind und bleiben.

Das merke ich mir: ______________________

____

Freitag 4

RETTUNG IN LETZTER SEKUNDE

Jeremia 38,1-13

Noch in seiner Gefangenschaft im Wachhof lässt Jeremia nicht davon ab, Gottes Urteil über Jerusalem weiterzusagen. Die Stadt wird in die Hände der Babylonier fallen. Gott lässt sich nicht mehr umstimmen. Wenn ihr euch den Babyloniern ergebt, rettet ihr wenigstens euer Leben. Jeremia wollte lieber die Abhängigkeit von Babylon in Kauf nehmen, als Krieg und Elend über Jerusalem zu bringen. Diese Botschaft weiterzusagen, fiel Jeremia sicher schwer. Aber er blieb bei dem, was er von Gott gehört hatte. Das beeindruckt mich. Jeremias langjährige Feinde (vgl. Jer. 20,1ff.) werten das als Wehrkraftzersetzung (V.4). Der Staatsfeind muss aus dem Weg geräumt werden. Einmal mehr erweist sich Zedekia als schwacher König (V.5). Jeremia wird ohne Gerichtsverhandlung in eine Zisterne geworfen. Dort würde er entweder verhungern oder entkräftet im Schlamm versinken. Wirklich in letzter Sekunde rettet Gott seinen Propheten. Und das ausgerechnet durch einen äthiopischen Sklaven, der das Herz auf dem rechten Fleck hat (V.7f.). Jeremias Schicksal erinnert mich an das, was Paulus später in 2. Korinther 4,9ff. so beschrieben hat: „Wir werden unterdrückt, aber wir kommen nicht um.“ Gott bewahrt uns nicht vor Krisen. Aber er bringt uns durch (vgl. Ps 40,2).

Das merke ich mir: ______________________________

____

Samstag 5

DIE WÜRFEL FALLEN

Jeremia 38,14-28

Das letzte Mal vor der Eroberung Jerusalems kommt es zu einem Gespräch zwischen Zedekia und Jeremia. Dabei ändert sich nichts an Gottes Entscheidung, dass Jerusalem in die Hände der Babylonier fallen wird. Neu ist die Zusage Gottes, dass Jerusalem nicht durch Feuer vernichtet werden soll, wenn Zedekia kapituliert (V.17). Der Fortgang der Geschichte zeigt, dass sich Zedekia aus Menschenfurcht (V.19) gegen Gottes Wort entscheidet (vgl. 5. Mose 30,19; 1. Kor 7,23). An dieser Stelle sind auch wir immer wieder gefährdet. Brisant ist der Schluss des Kapitels (V.24-27). Jeremia lässt die Führungsschicht Jerusalems im Unklaren über den Inhalt seines Gespräches mit Zedekia. War das eine „Notlüge“? Galt das als Seelsorgegeheimnis? War es einfach nur weise? Nach dem zweiten Weltkrieg hatten Nonnen in Belgien Kaffee gekauft. Sie klemmten sich den Kaffee in ihren weiten Gewändern unter die Arme. An der Grenze geben sie zur Auskunft: „Ja, wir haben Kaffee gekauft, aber wir haben ihn unter den Armen verteilt.“ Im Umgang mit Wahrheit gilt die Richtlinie: Was wir sagen, sollte wahr sein. Aber nicht alles, was wahr ist, müssen wir sagen. Hier braucht es in unserem Alltag Weisheit und auch die Überlegung, wie größeres Unrecht vermieden werden kann.

Das merke ich mir: ______________________________

____

KW 41 bearbeitet von Matthias Kerschbaum,
Generalsekretär im CVJM Baden, 76703 Kraichtal
E-Mail: matthias.kerschbaum@cvjmbaden.de

ERHÖRT

Psalm 65

Es gibt Grund zur Hoffnung. Durch das Gebet wird diese in uns wachgehalten. Beim Beten wächst die Zuversicht in uns. Zu dieser inneren Bewegung lädt uns David mit seinem Psalm ein. Dabei ist er sich sicher, dass seine Gebete von Gott erhört werden. David hat diese Kraft selbst immer wieder erlebt. Er schwärmt dabei davon, wie Gott noch einmal neu mit ihm angefangen hat, als er dachte, dass alles aus ist. Ihn hat die eigene Schuld fast umgebracht, aber am Tiefpunkt setzt er alles auf Gott. Diese Lebenswende bestimmt seither sein Leben.

Auch in diesem Psalm ist etwas vom Jubel darüber spürbar. So kommen all die Dinge in den Blick, die auf Gottes gutes Wirken hinweisen. Wer sich mit seinen Anliegen an Gott wendet und nicht zuerst auf die eigene Kraft, der wird versorgt. David kann gar nicht anders, als dieser Logik zu folgen und deshalb will er unseren Blick ebenso in diese Richtung lenken. Bei Gott hat alles seinen Platz. Der Schmerz und unsere Verletzungen, die Scham über unser Unvermögen und die Freude über das Gelingen.

Was mich heute bewegt, möchte ich wie David vertrauensvoll vor Gott bringen.

Das merke ich mir: ____________________

____

____

WOCHENSPRUCH

Heile du mich, Herr, so werde ich heil; hilf du mir, so ist mir geholfen.

Jeremia 17,14

Liebe lenkt den Blick weg von den Eigeninteressen und verschenkt sich zum Wohl der Anderen.

Matthias Kerschbaum

7 Montag

ORIENTIERUNG

Jeremia 39,1-18

Welche schrecklichen Bilder werden hier vor Augen gemalt. Krieg, Tod und Verschleppung. Die Bibel weiß davon. Sowohl die schönen Dinge als auch die Abgründe des Lebens finden darin Platz. Gott kennt das Leben der Menschen. Das Leid und die Angst. Manchmal fragt man sich, ob die christliche Gemeinschaft in ihren Zirkeln noch davon weiß, dass Gott mitten im Leben zuhause ist. Sogar dort, wo es ganz und gar nicht heilig zugeht – zum Glück. Denn dadurch kann es besser werden. Für mich ist das ein tröstlicher Gedanke. Jeremias Anliegen ist es, dass sich die Menschen an diesem Gott orientieren, um so das gute Leben zu finden. Leider macht er die Erfahrung, dass sich dafür nur wenige interessieren. Schon gleich gar nicht die Obrigkeit. Das hat bittere Konsequenzen für viele. Sich an Gott auszurichten, ist durch den Alltag mit seinen Ablenkungen nicht so einfach. Wer weiß das nicht?

Der heutige Text will uns wachrütteln und danach fragen lassen, was Gott für unser Leben und das unserer Mitmenschen möchte. Wenn wir ihm Raum geben und ihn im Gebet fragen, können wir darauf vertrauen, dass er uns in die richtige Richtung weist.

Das merke ich mir: ______________________________

____

8 Dienstag

MITGESTALTEN

Jeremia 40,1-16

Jeremia wird zum Neuanfang gezwungen, erhält die Freiheit und bleibt im Land. Noch bestimmen die Auswirkungen des Kriegs den Alltag der Menschen. Aber die neu eingesetzten Verantwortlichen schaffen Rahmenbedingungen dafür, dass das Leben wieder im Vordergrund steht. Darauf richten sie ihr Augenmerk und versuchen sich dabei nicht im Machtgeplänkel zu verlieren. Diese Haltung kommt den einfachen Leuten zugute.

Bei diesem Textabschnitt muss ich auch daran denken, welch ein Segen es ist, in einem demokratischen Land leben zu dürfen. Mit unseren Wahlen und unserem gesellschaftlichen Engagement können wir die Rahmenbedingungen zum Guten hin beeinflussen. Lasst uns von diesen Möglichkeiten Gebrauch machen und den Verantwortlichen das dafür notwendige Vorschussvertrauen entgegenbringen. Von diesem Vertrauen, das annimmt, dass es der andere gut mit mir meint, leben funktionierende Gemeinschaften. Wo das in unseren Beziehungen anders ist, sollten wir schleunigst daran arbeiten.

Falls uns gerade jetzt eine Person oder eine Situation einfällt, wäre es eine gute Gelegenheit, etwas aktiv daran zu verändern.

Das merke ich mir: ______________________________

____

ZUKUNFT

Jeremia 41,1-18 **9** Mittwoch

Gedalja wird heimtückisch ermordet. Derjenige, der von den neuen Machthabern eingesetzt war, ist tot. Wie mag das für die einfachen Leute gewesen sein? Ein klein bisschen Ordnung und schon herrscht wieder das Chaos. An dieser Stelle möchte ich einen Gedanken aufwerfen, der uns zwar bewusst ist, aber dennoch schnell in Vergessenheit gerät. Gott steht über den sichtbaren Dingen und er lässt sich nicht von den äußeren Umständen leiten. Auch wenn aus menschlicher Perspektive, machtpolitischen Interessen und pragmatischen Erwägungen gute Argumente für ein Vorgehen sprechen, bestimmt doch der eine Herr. Ihm kann niemand und nichts einen anderen Herren vorsetzen.

So will ich den heutigen Text einmal deuten. Die Umbrüche dieser Welt, der gesellschaftliche Wandel mit seinen ständigen Neuerungen fordern uns aktuell heraus. Es wäre schön, wenn wir mit Sicherheit sagen könnten, was als Nächstes kommt. Aber das kann niemand. Falls es jemand behaupten sollte, ist höchste Vorsicht geboten. Wir können aber mit Bestimmtheit sagen, wer in Zukunft auf uns warten wird und wer mit uns durch dieses Leben geht. Jesus Christus.

Das merke ich mir: ______________________________

____

AUSGERICHTET?

Jeremia 42,1-22 **10** Donnerstag

Die Meinungsführer bitten Jeremia um Wegweisung hinsichtlich der Zielfindung auf dem Weg in die Zukunft. Er soll Gott fragen und sie versprechen, auf ihn zu hören. Aber wollen sie wirklich wissen, was Gott denkt, oder wollen sie nur eine Bestätigung für das, was sie wollen? Wohl eher Zweiteres. Denn als Jeremia ihnen sagt, dass Gott möchte, dass sie im Land bleiben und nicht nach Ägypten flüchten sollen, wollen sie nichts mehr davon wissen, was der Herr über Himmel und Erde für sie will. Sie können ihm nicht glauben, dass er etwas Gutes für sie möchte. Sie vertrauen mehr auf das, was sie vor Augen haben, als auf denjenigen, der die Zukunft kennt. Aber das kennen wir ja nur zu gut von uns selbst.

Wir sind versucht, auf das zu hören, was die Geschichte aus uns gemacht hat oder was andere über uns sagen. Wir wollen es den Menschen um uns herum recht machen, weil wir Sorge haben, dass sie sich von uns abwenden könnten.

In diese Gedanken hinein unterbricht uns der Abschnitt des biblischen Textes und möchte uns daran erinnern, dass sich der Herr über Leben und Tod wünscht, dass wir zuerst auf ihn hören.

Das merke ich mir: ______________________________

____

Freitag 11

WEGGABELUNGEN

Jeremia 43,1-13

Die Boten Gottes haben es manchmal schwer. Das lesen wir immer wieder in der Bibel. Diese Erfahrung macht auch Jeremia. Er sagt, was sich Gott von den Menschen seines Volkes wünscht und diese wollen dann doch nur ihr Ding manchen. Dabei wird Jeremia dann auch noch gegen seinen Willen auf den falschen Weg geführt. Als ob es in Ägypten besser wäre. Später stellt es sich ja noch heraus, dass das keine gute Idee war. Hätten sie nur alle auf Jeremia gehört! Ich frage mich, warum wir oft Dinge tun, die uns nicht guttun, obwohl wir es eigentlich besser wissen. Hier hat sich im Vergleich zu damals leider nicht allzu viel geändert. Auch schon im Neuen Testament ist dieser menschliche Zug bekannt. Zum Glück kennt Gott diese Besonderheit seines Volkes und lässt sich darauf ein, selbst solche krummen Wege mitzugehen. Am Kreuz nimmt er sogar die Folgen dieses Handelns persönlich auf sich. Er ist sich nicht zu schade, uns hinterherzugehen. Das will ich für mich festhalten. Darauf dürfen wir vertrauen, egal auf welchen Wegen wir gerade unterwegs sind. Mit dieser Gewissheit lohnt es sich, auf seinen Wegen zu gehen und bereits eingeschlagene Wege in diesem Sinne neu zu überdenken.

Das merke ich mir: ____________________

____

Samstag 12

ERINNERUNG

Jeremia 44,1-14

Am neuen Ort angekommen, zeigen sich schnell die alten Probleme. Das Volk bleibt anfällig für andere Götter. Jeremia erinnert deshalb erneut daran, was passiert, wenn sich das Volk zuerst am Umfeld orientiert und nicht nach Gott fragt. Allein ein neues Umfeld schützt uns also nicht davor, in alte Muster zurückzufallen. Es kann sogar sein, dass sich neue Freunde und ein neuer Lebensort ungünstig auf unser Leben auswirken. Natürlich tut es gut, auch einmal etwas anderes auszuprobieren und zu prüfen, was einem persönlich wirklich wichtig ist. Dafür bietet beispielsweise ein Umzug zu einem neuen Lebensort eine gute Gelegenheit. Wir dürfen ganz sicher sein, dass Gott uns an diesem Ort bereits erwartet. Wenn wir jedoch im neuen Setting das Gefühl entwickeln, dass wir nicht zu unserem Glauben stehen können, sollten wir ehrlich danach fragen, warum das so ist. Vielleicht ist der heutige Bibeltext der passende Moment, um darüber überhaupt einmal nachzudenken.
Gott möchte uns Orientierung für unser Leben geben. Dies zuzulassen, sich danach auszurichten, liegt an uns. Der regelmäßige Gottesdienst hilft uns dabei.

Das merke ich mir: ____________________

____

BIBLISCHES BUCH

KLAGELIEDER

Die Klagelieder stehen in den meisten deutschen Bibelausgaben im Unterschied zur hebräischen Anordnung hinter dem Prophetenbuch Jeremia. Auch das Buch lautet „Klagelieder Jeremias". Das Buch und der Text selbst geben keinen Hinweis auf den Verfasser. Allerdings wurde schon sehr früh die Verfassung durch Jeremia angenommen. Ein Vergleich mit dem Buch Jeremia, das auch schon Klagen Jeremias enthält, macht die Verfasserschaft Jeremias durchaus möglich, wenn sie auch nicht zwingend ist. Das Buch beinhaltet Klagen im echten Sinne des Wortes. Es blickt zurück auf eine der dunkelsten Zeiten, die Gottes Volk im Alten Bund erlebt hat. Nachdem schon 722 v. Chr. das nördliche Königreich Israel seine politische Souveränität verloren hatte und zur assyrischen Provinz geworden war, widerfuhr dem südlichen Königreich Juda 587 v. Chr. dasselbe Geschick. Juda wurde von den Babyloniern eingenommen, der König entmachtet, Jerusalem und der Tempel und viele andere Städte zerstört und ein Teil des Volkes in die Verbannung ins babylonische Exil geführt. In der Klage wird die beklagenswerte Situation beschrieben, in der sich die Menschen angesichts der militärischen Katastrophe befinden. Wichtiger als die Beschreibung der äußeren Not ist jedoch die Frage: Wie konnte dies geschehen? So beginnen die Kapitel 1, 2 und 4 mit dem typischen Klagewort „(Ach) wie". Diese Frage war eine geistliche Frage. Gott hatte sein Volk in dieses Land geführt und versprochen, bei ihm zu sein und es zu schützen. Wollte Gott dies nicht mehr tun und wenn ja warum, oder konnte Gott es nicht tun, weil er sich anderen Mächten gegenüber als schwächer erwies? Die Antwort der Klagelieder lautet: Gott hat sich von seinem Volk zurückgezogen, weil Israel immer wieder den Bund gebrochen hat. Die Gabe Gottes war verbunden mit dem Gehorsam. Verliert Israel den Gehorsam, dann geht auch die Gabe Gottes verloren. Aus diesem Grund wird in den Klageliedern immer wieder das Schuldbekenntnis laut. Israel ist nicht schuldlos an seinem Geschick. Gott hat es dahingegeben. Mit dieser Einsicht erfährt die ganze Situation eine tiefere Deutung. Es sind nicht einfach die politischen Machtverhältnisse, in denen Israel gegen dem großen Babylonischen Reich militärisch einfach unterlegen war. Gott selbst hat sich gegen sein Volk gestellt (vgl. Kap. 2). Die weltliche Macht ist nur sein Werkzeug. Die Klagelieder bleiben auf weiter Strecke beim Ton der Klage. Aber in der Mitte, im dritten Kapitel, bricht sich die Hoffnung Bahn. Es ist die Rede von Gottes Güte, Barmherzigkeit und Treue. Gott verstößt nicht auf ewig, er wendet sich neu zu.

Hartmut Schmid, Honorarprofessor für Altes Testament
an der Internationalen Hochschule Liebenzell

BIBLISCHES BUCH

2. KORINTHER

Die Gemeinde in Korinth stellte in vielerlei Hinsicht eine der größten Herausforderungen des Apostels Paulus dar. Nachdem er im 1. Korintherbrief verschiedene Fragen zum Gemeindeleben, den Geistesgaben und anderen Dingen beantwortet hatte, schien sich die Lage zwischen den dort miteinander streitenden Gemeindefraktionen (1.Kor 1,10-13) zunächst entspannt zu haben. Doch schon wenig später kam es zu heftigen Auseinandersetzungen, in die auch Paulus selbst mit hineingezogen wurde (2,1f.; 7,12). Die Korinther zweifelten nicht nur an seiner Redegabe (10,10; 11,6), sie unterstellten ihm wohl auch, sich an den von ihm gesammelten Kollekten zu bereichern (7,2; 12,16). In jedem Fall wurde sein Apostelamt generell in Frage gestellt.

Da er ein entsprechendes Empfehlungsschreiben aus Jerusalem nicht vorweisen könne (3,1), müsse er einen anderen Beweis seiner Vollmacht bringen (12,12; 13,3). Die Angriffe kamen wohl von einer Gruppe von Leuten, die „mit dem Wort Gottes Geschäfte machen" (2,17) – eine Anschuldigung, die offensichtlich damit zusammenhängt, dass seine Gegner für ihre Verkündigung Geld nahmen (11,7-9; 1. Kor 9,12-18).

Diese in der Zwischenzeit in Korinth eingedrungenen Missionare nannten sich wie Paulus auch „Apostel" (11,13), er selbst nennt sie sarkastisch „Überapostel" (11,5; 12,11). Was die „Überapostel" lehrten, ist unklar. Anscheinend kam es ihnen vor allem darauf an, mit Hilfe des Evangeliums ihr eigenes Ansehen zu steigern. Dass sie für ihre Verkündigung Geld verlangten, machten wiederum die sichtlich beeindruckten Korinther dem „ehrenamtlich" auftretenden Paulus zum Vorwurf, nach dem Motto: Was nichts kostet, ist auch nichts wert.

Der Apostel brach daraufhin seinen Besuch in Korinth ab und schrieb von Ephesus aus einen scharfen Brief nach Korinth, der nicht mehr erhalten ist (2,3-9). Das Schreiben scheint in der Stadt für einige Aufregung gesorgt zu haben (7,8-12), die Korinther bemühten sich in der Folgezeit jedenfalls um ein besseres Verhältnis zu ihrem Apostel. Paulus beschloss daraufhin, noch einmal nach Korinth zu reisen (13,1). Zur Vorbereitung seines Besuches schickte er Titus mit einigen Brüdern nach Korinth, um dort die Kollekte für Jerusalem vorzubereiten (8,6-24). Zudem schrieb er den 2. Korintherbrief, dessen ersten neun Kapiteln noch die Erleichterung abzuspüren ist, die der Apostel gefühlt haben muss, als sich die Spannungen mit seiner Gemeinde abbauten.

Dr. theol. Thomas Weißenborn,
Dozent am mbs-Bibelseminar, Marburg
E-Mail: thomas.weissenborn@m-b-s.org

KW 42 bearbeitet von Thomas Seeger,
Teen- und Jugendreferent im EC-Nordbund,
22941 Bargteheide
E-Mail: referent@ec-nordbund.de

Lied: FJ5! Nr. 236

WOCHENSPRUCH

Es ist dir gesagt, Mensch, was gut ist und was der Herr von dir fordert, nämlich Gottes Wort halten und Liebe üben und demütig sein vor deinem Gott.
Micha 6,8

ICH UND GOTT – EIN TEUFELSKREIS

Psalm 106,1-23

Im Grunde erlebt Israel das, was wir bis heute kennen: Unsere Gottesbeziehung ist ein ständig umkämpftes Auf und Ab. Schonungslos bekennt der Psalm, dass wir von den Wundern, die wir erleben, nie nachhaltig beeinflusst werden. Wir sind kurz verwundert und schnell werden wir übermütig und Gott gerät wieder in Vergessenheit. „Not lehrt Beten.“ Das stimmt. Und dann erfahren wir: Gott ist treu. Er hilft immer wieder. Wir loben und preisen ihn dafür. Aber Ruhm ist vergänglich. Man könnte verzweifeln, wenn man die Geschichte Israels verfolgt. Immer wieder hält das Glück nur wenige Momente und dann fällt das Volk wieder von Gott ab. Das kann doch nicht wahr sein …
Dieser Psalm gibt einen kurzen Abriss von diesem Wechselbad der Gefühle. In so komprimierter Form wird dieser schnelle Wechsel von Zuwendung und Abfall zur Farce. Unser Gottesverhältnis gleicht einem Teufelskreis. Ich finde es wichtig, dass wir nicht vergesslich werden. Nehmen wir uns Zeit, unsere Geschichte mit Gott im Blick zu behalten. Gerade diese kurze Zusammenfassung kann uns helfen, demütig und dankbar Gott gegenüber zu bleiben. Wie wäre es, wenn wir den Teufelskreis durchbrechen und Gott fest im Blick behalten? Vielleicht hilft ein Tagebuch.

Das merke ich mir: ____________________

____

____

Dieser Satz ist eine Herausforderung an mich. Er hilft mir, mich immer wieder zu hinterfragen und mir selbst auf die Schliche zu kommen.

Thomas Seeger

Montag 14

ZU KREUZE ZU KRIECHEN LOHNT SICH

Jeremia 44,15-30

Manchmal setzt man aufs falsche Pferd. Du ahnst es, aber du musst es dann durchziehen. So ging es den Israeliten. Als es ihnen gut ging, hängten sie ihr Herz an andere Götter und opferten ihnen Zeit und Geld. Das war der Anfang vom Ende. Jeremia hatte sie gewarnt, aber zu einer Umkehr kam es nicht mehr. Sie verloren den Boden unter ihren Füßen. Höchste Zeit, zur Besinnung zu kommen und zu Kreuze zu kriechen. Aber manchmal ist es zu schwer, Fehler einzugestehen. Ich drehe mir lieber die Tatsachen zurecht. „Als wir anfingen, anderes zu vergöttern, ging es uns gut. Also weiter so." Der Einwand ist berechtigt, aber trotzdem falsch, denn es ging euch in Gottes Gegenwart gut. Er zog sich erst zurück, als ihr anfingt, ihn zu ersetzen. Damit ging es euch anfangs natürlich noch gut. Trotzdem war die Entscheidung falsch. Sie hat euch von Gott entfernt. Das merkt man aber erst, wenn es zu spät ist. Manchmal muss man über seinen Schatten springen, damit die Sonne wieder scheint. Zu Kreuze zu kriechen, war noch nie einfach, aber Jesus starb am Kreuz, damit es sich wieder lohnt. Wir dürfen uns Fehler eingestehen und umkehren. An welchen Gott hängst du dein Herz? Wem opferst du Zeit und Geld? Wem gibst du dich voll und ganz hin?

Das merke ich mir: ______________________________

____

Dienstag 15

GLÜCK IM UNGLÜCK – SEGEN IM FLUCH

Jeremia 45,1-5

Allein das Aufschreiben macht Baruch depressiv. Er erhält Einblick in Gottes Seelenleben. Er wäre überzeugt. Nur fehlt ihm der Einfluss, wirklich etwas zu ändern. Er ist nur „die Tippse" von Jeremia. Und schon auf den hört keiner. Er ist viel zu unbedeutend, um am ganz großen Rad zu drehen. Das Gefühl kenne ich. Problem erkannt, Problem gebannt. Im großen Stil funktioniert das nur, wenn man ausreichend Einfluss hat. Wenn der fehlt, hängen schnell die Köpfe: „Da kann man nichts machen. Es ändert sich sowieso nichts." Lohnt es sich dennoch, sich für die ganz große Sache zu investieren? Mitgehangen, mitgefangen. Das gilt vom ersten Tag der Schöpfung an. Wir sind als Menschheit gemeinsam vor Gott verantwortlich. Wir können von Gott nicht das große Glück verlangen, wenn wir uns kollektiv gegen dieses Glück entscheiden. Trotzdem: Auch wenn für das große Glück kein Mehrheitsentscheid zustande kommt: Du wirst nicht untergehen, weil Gott dich sieht. Lasst uns nach dem Besten streben. Mit aller Kraft für Mehrheiten kämpfen und Veränderung anstreben. Denn das Beste wäre es, die Welt würde sich mit Gott versöhnen. Und wo das nicht gelingt, können wenigstens wir als Versöhnte in dieser gefallenen Welt leben. Das ist Segen im Fluch. Immerhin.

Das merke ich mir: ______________________________

____

WENN MAN SICH VERRANNT HAT …

Klagelieder 1,1-11.17-22

Mittwoch **16**

Montag erst haben wir gelesen, wie das Volk Israel sehenden Auges ins Verderben lief. „Wir hören nicht auf dich! Wir hören nicht auf das Wort, das du uns im Namen des Herrn verkündet hast“ (Jer 44,16). Eben noch war der Stolz so groß, dass man sich keinen Fehler eingestehen konnte. Jetzt schon muss man zugeben, dass man sich verrannt hat. Kennst du das? Jesus erzählt im Neuen Testament eine ähnliche Geschichte. Vielleicht klingt sie vertrauter, weil sie sich persönlicher anhört. Es ist die Geschichte vom verlorenen Sohn (Lk 15): Ein junger Mann erinnert sich an bessere Zeiten. Er hat seine Heimat, sein Vaterhaus links liegen lassen. Jetzt blutet ihm das Herz, wenn er an früher denkt: „Es ging mir mal gut, bis ich mich von meinem liebenden Vater entfernt habe. Wie komme ich dahin wieder zurück?“ Die Antwort ist so leicht und doch so schwer: Wenn man sich verrannt hat … muss man umkehren. Komm zurück in die Nähe Gottes. Fokussiere dich neu auf Jesus. Gewöhne dir an, wieder Zeit mit ihm zu verbringen. In der Stillen Zeit, in der Anbetung und im Lobpreis, im Gottesdienst und im ständigen Gebet (im unbekümmerten Smalltalk mit Gott). Wenn man sich verrannt hat – sollte man umkehren. Es ist nie zu spät, den Kurs zu korrigieren.

Das merke ich mir: ______________________________

____

WAS IST DAS DENN FÜR EIN GOTT?

Klagelieder 3,1-33

Donnerstag **17**

Was für ein Gott wird denn hier beschrieben? Vers 17 steht in der Mitte und ist auch der Gipfel: „Gott, du hast mir meinen Seelenfrieden genommen!“ Aber manchmal geht es einem so! Der Beter ist selbst überrascht, dass er so denkt. Wenn man total verzweifelt ist, dann ist auf einmal alles schlecht und man wittert hinter allem eine Verschwörung. Dann schießt man auf alles und gegen jeden. Auch Gott bekommt dann den ganzen Frust ab. Alles okay, Gott kann damit leben. Seine Schultern sind stark genug. Er hat ein breites Kreuz. Ich darf so klagen. Ich darf dann sogar unfair gegenüber Gott sein. Aber dann ist es wichtig, in sich zu gehen und ehrlich zu werden: Gott meint es grundsätzlich gut mit mir. Manchmal wünsche ich mir, dass er schneller allem Übel ein Ende setzt. Das tut er nicht. Manchmal wird er seine Gründe haben und manchmal ist es nur meine Ungeduld, die ihn zur Eile treiben will. Wie auch immer. In Gott habe ich einen Begleiter, der mich nicht im Stich lässt, selbst wenn alle anderen es tun. Das ist im wahrsten Sinne des Wortes aller Ehre wert. Und ich kann mir sicher sein, dass ich mit Gott an meiner Seite jedes tiefe Tal durchqueren werde. Gott hat ein breites Kreuz und dieses Kreuz steht für Licht am Ende des Tunnels.

Das merke ich mir: ______________________________

____

Freitag **18**

HAND AUFS HERZ, FINGER IN DIE WUNDE

Klagelieder 3,34-66

Wenn es mir schlecht geht und jemand sagt „selbst schuld“, dann verteidige ich mich meist sofort. Ehrliche Momente gibt es, wenn ich mal in mich gehe. Hand aufs Herz: Bin ich nicht selbst schuld? Und dann merke ich, dass ich im Grunde kein Recht habe, mich zu beschweren, sondern dass ich mich nicht gut verhalten habe. Und das kann man nicht einfach so durchgehen lassen. Ich habe nicht so leben wollen, wie es gut und angemessen gewesen wäre. Natürlich ginge das besser! Ich wollte nur nicht. Einsicht ist der erste Weg zur Besserung. Zerknirscht komme ich vor Gott. Wie ein Kind zu seinen liebevollen Eltern läuft, mit denen es sich gerade gestritten hat: Papa, wollen wir uns wieder vertragen? Kann es wieder gut werden? Das ist meine Hoffnung. Viel mehr als hoffen kann ich nicht. Ein Recht darauf besteht nicht. Aber es gibt Grund zur Hoffnung: Es sind meine Eltern. Und dann darf ich weinend zu Papa sagen: Guck doch mal, wie es mir gerade geht. Meine Situation überrascht ihn nicht, aber es tut gut, wieder mit ihm zu reden. Und dann gibt es Grund zur Hoffnung, weil er ist, wie er ist. Er hat beim letzten Mal geholfen und er wird es wieder tun. Gott sagt: Heul' dich bei mir aus. Wir bekommen das wieder hin (vgl. Mt 11,28).

Das merke ich mir: ______________________________

____

Samstag **19**

WAS KANN ICH DENN EIGENTLICH DAFÜR?

Klagelieder 5,1-22

Die ganze Woche haben wir uns jetzt damit beschäftigt, dass Israel selbstverschuldet in die Krise gerät. Jeremia sagt es immer wieder: Euch trifft die logische Konsequenz eures Handelns und das ist die Strafe Gottes. In den Klageliedern hören wir davon, wie Israel das letztlich zugeben muss und um Vergebung bittet. Heute gibt es leicht andere Töne. Heute kommt jemand zu Wort, der feststellt: Ich kann die ganze Misere verstehen, in der wir stecken. Einzig: Ich kann nichts dafür. Ich bin unglücklich darin verstrickt. Ich muss ausbaden, was andere verschuldet haben. Das ist logisch, aber unfair. Ich habe keine Chance. Diese Situation kennen wir bis heute. Nicht für alles, was mir widerfährt, bin ich verantwortlich. Spannend ist, dass der Schreiber dieser Zeilen nicht auf Gott rumhackt. Es gleicht mehr einer Verhandlung oder einer Bitte: Wenn wir für das geradestehen müssen, was unsere Vorfahren verbockt haben, dann haben wir nichts mehr zu lachen. Kann es einen Neustart geben? Dann hätten wir die Chance, wieder bei dir zu Hause zu sein und könnten bei dir bleiben? Wie wird Gott antworten? Spoiler: Lies mal Römer 5,8. ;-) Nicht alles wird gut. Aber: Wer zuletzt lacht, lacht am besten. Und zum Schluss wird es was zu lachen geben.

Das merke ich mir: ______________________________

____

KW 43 bearbeitet von Simon Schuh,
EC-Bundesgeschäftsführer, 34134 Kassel
E-Mail: simon.schuh@ec.de

TIEFE ABGRÜNDE

Psalm 106,24-48

Bei diesem Bußpsalm wird dem Volk Israel das eigene Versagen vor Augen geführt. Das Volk hat gemacht, was es wollte und sich dabei in keiner Weise um Gott gekümmert. Die Folgen davon waren schrecklich und von Sklaverei und bestialischen Kultmorden geprägt. Alles selbst gewählt. Gott ließ sie einfach tun, was sie wollten. Und doch verabscheute er, was sie taten. Trotzdem verschloss Gott sein Ohr nicht vor dem ernstgemeinten Bitten.

Gottes Barmherzigkeit kommt in der Geschichte des Volkes Israel immer wieder zum Vorschein. Beim Lesen des Psalms kommt mir die, zugegeben grenzwertige, Serie Lucifer in den Sinn. Lucifer, der gefallene Engel, hat keine Lust mehr auf die Hölle und beschließt eine Weile auf der Erde zu leben. Dabei lässt er die Menschen in ihre tiefsten Abgründe schauen. Immer wieder versuchen die Menschen, Gott für ihre Taten und Gefühle verantwortlich zu machen. Lucifer antwortet immer und immer wieder: Mensch, Gott hat das nicht zu verantworten, das bist alleine du!

Nachgefragt: Von wem oder was lässt du dich bestimmen? Römer 8,31-39 machen mir Mut! Gottes Liebe gilt mir – für immer!

Das merke ich mir: ____________________

____

____

WOCHENSPRUCH

Lass dich nicht vom Bösen überwinden, sondern überwinde das Böse mit Gutem.
Römer 12,21

Lied: FJ5! Nr. 111

Lebe, was dich verändert hat – und entdecke die Veränderung bei den Menschen um die herum. Gottes Liebe verändert alles!

Simon Schuh

21 Montag

GOD IS IN CONTROL!

2. Korinther 1,1-11

Wer bisher dachte, dass Paulus ein Held sei, den wird dieser Brief enttäuschen. Sicher, Paulus war als Apostel schon etwas Besonderes. Jedoch bringt ihm diese besondere Aufgabe auch jede Menge Stress. Ein ruhiges Leben sieht anders aus. Paulus berichtet von Verfolgung, Leid und Kraftlosigkeit. Er spricht von Todesurteilen und der Todesangst. Klar ist eines: Kein Mensch kann das von sich aus durchstehen. Paulus und Timotheus müssen lernen, dass Gott genau dann eingreift, wenn die Lage ausweglos erscheint. Und wenn der Gott, der Tote wieder ins Leben holt, eingreift, verändert sich alles.

Wie geht es dir heute mit diesen Worten? Kennst du diese Situationen, die dir den Boden unter den Füßen wegreißen? Ich möchte dir Mut machen, Gott genau das vor die Füße zu legen. In manchen Situationen hilft nur sein Eingreifen. Dieses Eingreifen kann sehr unterschiedlich sein. Eins ist jedoch sicher: GOD is in Control! Gott kann und er wird dich durchtragen.

Gebet: Jesus, pass auf mich auf. Beschütze und bewahre mich. Hilf mir und gib mir die Kraft, auch anderen zu helfen.

Das merke ich mir: ________________________________

____

22 Dienstag

EHRLICH VOR GOTT UND VOR MENSCHEN

2. Korinther 1,12-24

Man spürt in den Zeilen, dass es jede Menge Stress gibt. Paulus wird Unwahrheit vorgeworfen. Heute so und morgen ganz anders. Was Paulus sagte und schrieb, schien für die Korinther nicht zusammenzupassen. Paulus verteidigt sich energisch. Warum nur steigert er sich so in die Sache hinein? Paulus möchte nicht, dass die Frohe Botschaft von Jesus Christus Schaden nimmt. Gemeinsam mit Silvanus und Timotheus hatte er die Gemeinde gegründet (vgl. Apg. 18). Gott ließ eine Gemeinde entstehen, obwohl es starken Gegenwind gab. In einer Erscheinung ermutigt Gott Paulus, nicht locker zu lassen (Apg. 18,9-10).

Diese Erlebnisse haben sich bei Paulus tief eingebrannt. Gott gibt eine Zusage und hält diese auch. Gott selbst schafft den Wunsch der Menschen nach einer Veränderung, nach Umkehr und Schuldvergebung. Trotz aller Streitigkeiten beruft sich Paulus immer wieder darauf: Jesus Christus ist die gemeinsame Basis. Das ewige Leben ist uns sicher. Der Heilige Geist wirkt in und durch uns. Impuls: Wo gibt es in deiner Jugendarbeit/Gemeinde Zoff? Bleibt ihr trotz Streit zusammen? Bete für deinen Gegner und sei zur Versöhnung bereit.

Das merke ich mir: ________________________________

____

Mittwoch 23

Teuflische Absichten

2. Korinther 2,1-11

Alles hätte so schön sein können in Korinth. Die Gemeinde wächst. Das Spektrum der Menschen, die dazukommen, ist enorm. Schaut man in den 1. Korintherbrief, wird klar, dass die Gemeinde eine echt bunte Truppe war. Arm und Reich kommen zusammen. Menschen mit unterschiedlichen Moralvorstellungen nehmen Jesus Christus an. Die Gottesdienste sind bunt, attraktiv und wohl auch etwas chaotisch. Insgesamt ein Spiegelbild der Gesellschaft in Korinth. Das scheinbare Durcheinander stößt nicht ab, sondern macht Menschen neugierig. Gott nutzt dies und Menschen entdecken die Freiheit in Christus. Doch dann kommt es mehr und mehr zu Streit. Unterschiedliche Glaubensauslegungen und sonderbare Lehren machen sich breit. Es herrscht Streit darüber, wie denn ein Leben als Christ im Alltag aussieht. Paulus hat keine Probleme mit Auseinandersetzungen, wenn es darum geht, die Frohe Botschaft zu schärfen. Er warnt aber auch vor unnützem und unnötigem Streit. Gemeinde ist für ihn nicht Debattierklub für Insider, sondern Rettungsboot für Verlorene. Gemeinsam geht es darum, Menschen zu retten und sie fit zu machen für ein Leben nach Gottes Willen. Gottes Gegenspieler setzt alles daran, dies zu verhindern. Klar ist aber: Jesus ist und bleibt Sieger!

Das merke ich mir: ______________________________

____

Donnerstag 24

Eau de Christus – der Duft nach Leben

2. Korinther 2,12-17

Was für ein Bild wird uns heute vor Augen geführt. Paulus fühlt sich wie in einem Triumphzug. Mit viel Tamtam wurden damals militärische Siege gefeiert. Es ging darum, dem Volk die Verlierer vor Augen zu führen. Der siegreiche Feldherr wurde gefeiert und in den höchsten Tönen gelobt. Wenn so ein Triumphzug durch eine Stadt ging, gab es kein Halten mehr. Junge und Alte, Arme und Reiche, Sklaven und Freie, sie alle waren auf den Beinen. Alle wollten Sieger und Besiegte sehen. Mitfeiern und Mitfreuen war angesagt. Ein Triumphzug war Partystimmung pur. Während ich diese Zeilen schreibe, muss ich an ein altes Lied aus meinen Zeltlagerzeiten denken. Vermutlich hat dies schon Paulus gesungen: Jesus Christus ist der Sieger über Hölle, Tod und Teufel, darum wähl ich ihn – Interessant, dass Paulus seine Missionsreisen als Triumphzüge bezeichnet. Seine Aufgabe dabei ist simpel: einfach den Leuten erklären, wer Christus ist. Der Rest erledigt sich von alleine. Wie ein extrem anziehender Duft verbreitet sich die Frohe Botschaft. Sie dringt zu allen durch, ob sie es hören wollen oder nicht. Challenge: Sei Teil des Triumphzugs. Trage etwas Eau de Christus und sei gespannt, was passiert!

Das merke ich mir: ______________________________

____

Freitag 25

KEIN BOCK AUF SELBSTDARSTELLUNG

2. Korinther 3,1-11

Man hat schon fast das Gefühl, dass Paulus sich in Rage geschrieben hat. Nach dem Triumphzug erfolgt Ernüchterung. Das Verlangen der Gemeinde nach wohlformulierten Empfehlungsschreiben geht Paulus völlig gegen den Strich. Er hat keinen Bock, sich und seine Person darzustellen. So ist er nicht angetreten. So versteht er seinen Dienst nicht. Er wehrt sich gegen menschengemachte Star-Evangelisten, die für vollmächtiges Reden fürstlich entlohnt wurden. Nicht mit ihm. Er stellt klar, dass veränderte Menschen sein Empfehlungsschreiben sind. Nur dort, wo der Heilige Geist in Menschen wirkt, passiert Veränderung. Nur dort, wo Gott selbst das Reden eines Predigers bestätigt, herrscht auch sein Geist.

Paulus legt noch eine Schippe drauf und führt den Korinthern vor, dass sie selbst der beste Beweis für Gottes Wirken sind. Paulus kam ohne Show, ohne Glanz und Gloria, aber mit der Vollmacht Gottes. Warum also sollten sie nicht dem Menschen vertrauen, durch den sie Gottes Geist empfangen hatten.

Persönliche Frage: Wie sieht das bei mir aus? Welchen Predigern folge ich? Welcher Worship führt mich zu echter Anbetung?

Das merke ich mir: ______________________________

____

Samstag 26

AUGENHÖHE

2. Korinther 3,12-18

Paulus spricht offen davon, was ihn frei und selbstbewusst auftreten lässt. Es ist Jesus Christus, der ihn vor Gott als gerecht dastehen lässt. Nicht seine besonders herausragenden Leistungen bringen die Versöhnung mit dem Schöpfer des Universums. Es ist allein der Glaube an Jesus Christus als Retter und Erlöser. Das ändert alles. Die komplette Lebenseinstellung. Die eigene Prägung und eine scheinbar unveränderliche Glaubenssicht. Paulus beschreibt aus eigener Erfahrung seine Sichtweise auf das Alte Testament als Christushasser und als Freund des Evangeliums. Er beschreibt es mit einem Schleier, der zwar Umrisse erkennen lässt, aber doch das Wesentliche verdeckt. Dieser Schleier verdeckt Gefühle, er verschließt Herzen. Jesus allein kann den Schleier lüften. Nur er kann den Verstand und das Gefühl für Gottes neue Realität öffnen.

Nun sind wir Menschen offen, als Gottes Gegenüber (Ebenbild) zu leben, auf Augenhöhe. Gottes Geist schenkt uns eine ganz neue Freiheit, eine Freiheit, die nur Gott geben kann!

Zum Nachdenken (V.17-18): Wie sieht diese neue Freiheit für dich aus? Wem kannst du davon erzählen?

Das merke ich mir: ______________________________

____

KW 44 bearbeitet von Ronald Seidel,
Jugendpastor/EC Referent,
08371 Glauchau
E-Mail: ronald.seidel@ec-sachsen.de

NOT LEHRT BETEN

Psalm 143

Mit diesem siebten Bußpsalm läuten wir die neue Woche ein, in der wir im 2. Korintherbrief schmökern werden. Hier sehnt sich ein Beter nach dem Eingreifen Gottes, da er in tiefer Not zu stecken scheint. Wir wissen, dass der Verfasser David ist, der hier um sein Leben bangt. Er kennt nur eine einzige Adresse, an die er sich in seiner Not wenden möchte. Der Psalm könnte aber auch aus der Feder von Paulus stammen. Im ersten Kapitel des 2. Korintherbriefes hat er vergleichbare Todesangst und er betete sicher mit ähnlichen Worten zum Herrn. Nur den letzten Vers des Psalms würde Paulus wohl umschreiben und ihn in neutestamentliche Kleidung packen. Statt: „... und vernichte meine Feinde um deiner Güte Willen und bringe alle um, die mich bedrängen!“, würde Paulus wohl beten: „... erbarme dich über meine Feinde und lass sie zur Erkenntnis der Wahrheit kommen, damit auch sie deine Gnade schmecken!“ Auf jeden Fall lehrt Not Beten und treibt uns in die Arme Gottes. In großer Not zu stecken und trotzdem Gott als wichtigste Anlaufstelle im Leben zu haben, wird uns in der kommenden Woche wie ein roter Faden begleiten.
Lasst uns in den nächsten Tagen sehnsüchtig nach Gott fragen und sein Wort (ob Psalm oder Korintherbrief) wertachten.

Das merke ich mir: ______________________

____

____

MONATSSPRUCH NOVEMBER

WIR WARTEN ABER AUF EINEN NEUEN HIMMEL UND EINE NEUE ERDE NACH SEINER VERHEIßUNG, IN DENEN GERECHTIGKEIT WOHNT.

2. Petrus 3,13

Damit wären auf einen Schlag auch alle zwischenmenschlichen Konflikte dahin ...

Ronald Seidel

WOCHENSPRUCH

Bei dir ist die Vergebung, dass man dich fürchte.

Psalm 130,4

28 Montag

Wahrheit fragt nicht nach Meinung

2. Korinther 4,1-6

Bevor ich einem Menschen vertraue, prüfe ich sein Motiv. Will er wirklich nur mein Bestes? Also mein Geld, wie der Vertreter an der Haustür? Man sollte meinen, dass Paulus eine Rechtfertigung nicht nötig hätte, jedoch kann man Vers 2 nicht anders verstehen. Es sind klare Vorwürfe an ihn und Timotheus gerichtet und darum erklärt Paulus erneut seine geläuterte Motivation. Sie begegnen sehr unterschiedlichen Lehrmeinungen und sind daher eben nicht „everybody´s darling". Nein, im Gegenteil: Es gibt wohl viele Kritiker in Korinth und in der Gegend von Achaja. Darum betonen sie ihre uneigennützigen Zwecke mit dem bekannten Vers 5: „Wir predigen nicht uns selbst, sondern Christus!" Dass sie überzeugt sind, im Recht zu sein, und nichts als die pure Wahrheit zu predigen, gipfelt in der Aussage von Vers 3 und 4.

Mit eigenen Worten zusammengefasst steht dort: „Wer unser Evangelium nicht versteht und nicht glaubt, den hat die Welt verblendet." Diese, fast mit Arroganz zu verwechselnde Überzeugung ist ihr Antrieb. Trotz vieler Gegner und Gegenwind machen sie weiter. Die Wahrheit fragt nicht nach meiner oder deiner Meinung.

Das merke ich mir: ______________________________

____

29 Dienstag

Bis der Tod uns scheidet? Nöö

2. Korinther 4,7-18

Paulus redet hier nicht wie der Blinde von der Farbe. Gleich im ersten Kapitel des Briefes verrät er uns, was er nicht verschweigen möchte. 2. Korinther 1,8f. erzählt er von der Provinz Asien, wo er und Timotheus über ihre Kräfte beschwert und überzeugt waren, sterben zu müssen. Er hatte also an der Stelle mit seinem Leben abgeschlossen und dann kam es doch anders. Wer schon einmal fast gestorben wäre, der überlegt beim nächsten Mal, wenn er wieder in eine ähnliche Situation kommt, genau, was er anders machen möchte. Paulus aber erinnert sich an die damalige Bedrängnis und geht nur umso kühner voran. In Vers 13 sagt er: „Ich glaube, darum rede ich!" und solange er lebt, wird er reden. Und zwar nicht irgendetwas, sondern das lebendige Evangelium. Ich denke, keiner von uns war je in einer ähnlich lebensbedrohlichen Lage wegen des Evangeliums. Das gibt mir Mut für meine, im Vergleich, recht kleinen Herausforderungen in Sachen Zeugnisgeben. Weil Paulus den Ausgang der Geschichte kennt und glaubt, ist er so mutig und beflügelt durch die Kraft des Heiligen Geistes. Das will ich mir von ihm abschauen für das nächste Zwischen-Tür-und-Angel-Gespräch.

Das merke ich mir: ______________________________

____

Nicht nur Red Bull verleiht Flügel

2. Korinther 5,1-10

Woher nimmt dieser Mensch seine Kraft? Er macht kein Geheimnis aus der Anfechtung, die er tagtäglich erlebt. Das sind nicht nur die offenkundigen Gegner, die ihm immer widersprechen, sondern hier in Korinth sind es auch Gemeindeglieder, die andere Lehrmeinungen vertreten. Paulus hat viel erlebt, aber das Eindrücklichste wird die Bewahrung in Dürrezeiten gewesen sein. Viele von uns Christen, die in Bedrängnis geraten, fokussieren sich nur auf das vor ihnen liegende Problem. Paulus macht das anders, indem er sich an die vergangenen Siege erinnert. Er schaut zurück und somit kommt er immer wieder zu der Erkenntnis: „Wenn er mir gestern geholfen hat, hilft er auch heute." Wer Flügel hat, bekommt eine Übersicht. Das vor ihm liegende Problem wird überschaubar. Erinnere dich an die vergangenen Siege und dann stell dir die Frage: „Warum sollte Gott im jetzigen Problem nicht dasselbe tun?" Die Froschperspektive verleitet uns, vor dem Problem zu kapitulieren. In Vers 7 steht der Schlüsselsatz: „Wir wandeln im Glauben und nicht im Schauen." Wir sehen die Lösung noch nicht, aber sie wird kommen. Hör endlich auf, deinem Gott zu erzählen, wie groß dein Problem ist, sondern fang an, deinem Problem zu erzählen, wie groß dein Gott ist!

Das merke ich mir: ____________________

____

Das Musketierprinzip

2. Korinther 5,11-15

Ein krasser Text, wie eine Steilvorlage für eine Verfilmung. „Einer für alle und alle für einen!", rufen es die drei Musketiere aus, bevor sie in den Kampf ziehen. Paulus hat es lange vor den Musketieren ausgerufen und bei ihm ist klar, dass „einer" für Jesus steht und „alle" für uns. Musketiere rufen diesen Satz und währenddessen ziehen sie ihren Degen aus der Scheide. Daher kommt auch das Wort „Entscheidung". Das Schwert aus der Scheide ziehen. Wer das tut, hat eine Entscheidung getroffen. Das Kreuz wird oft als sehr passives Symbol verwendet. Ich denke, Paulus würde uns beibringen wollen, dass das Kreuz auch Ähnlichkeit mit einem Schwert hat, welches es aus Glaubensgewissheit aus der Scheide zu ziehen gilt. Wer die Entscheidung trifft, dem Wort Gottes zu glauben, der wird mutiger in seinen Glaubensschritten. Dabei geht es um Mut und nicht um Leichtsinn. Wir führen keinen „heiligen" Krieg, der aus Hass aufruft, Schwerter zu ziehen. Wir sind getrieben von der Liebe Christi. So formuliert Paulus es auch in Vers 14: „Die Liebe Christi treibt uns!" Nicht der Hass gegen die Welt. „Einer für alle und alle für einen" ist ein tiefes Siegel der Liebe und das sollte unsere Motivation sein.

Das merke ich mir: ____________________

____

1 Allerheiligen | Freitag

VERWANDLUNG ...

2. Korinther 5,16-21

In diesem Text steckt der Unterschied zwischen christlich sein und Christ sein. Christlich ist einer, der die ethischen und moralischen Grundsätze für gut befindet und mit der christlichen Lehre sympathisiert. Paulus schreibt hier deutlich: „Ist jemand in Christus, ist er eine neue Kreatur. Das Alte ist vergangen, siehe, Neues ist geworden." Dieser Vers hat mich von meiner Jugend an tief beeindruckt. Die Bibel ist voller Zuspruch und Anspruch. Dieser Teil schmeckt für mich nach Zuspruch. Ich bekomme die Chance, dass alles neu wird. Mein Charakter kann anders werden, die Grundeinstellungen in mir können sich ändern und Christus verändert nicht nur sinnbildlich mein Herz. Aus einem Lügner wird ein ehrlicher Mensch, aus einem Choleriker wird ein Entspannter und aus einem Dieb wird ein Geber. Diese Liste ist beliebig fortführbar und ich durfte schon viele Menschen kennenlernen, die in diese Liste gehören. Ich bin selbst einer von ihnen. Wir verstehen Paulus nicht, wenn wir die Botschaft vom Kreuz nicht 100%-ig glauben. Seine Leidenschaft für den Glauben könnte ein Kritiker verwechseln mit „lebensmüde". Dann hätten wir Christus missverstanden. Wer Ostern glaubt, bleibt nicht wie vorher. Jesus verwandelt uns schon jetzt für danach.

Das merke ich mir: ______________________________

____

2 Samstag

IRGENDWANN IST JETZT

2. Korinther 6,1-10

So heißt ein Titel von Max Giesinger, in dem er beschreibt, dass er es bereut, Dinge auf die lange Bank zu schieben. Auch Paulus schreibt hier im ersten Vers eine Ermahnung. Wir sollen die Gnade Gottes nicht umsonst empfangen haben. Sie soll anderen nützlich sein. Es nützt niemandem, wenn wir sie nur mit uns herumtragen und sie für uns behalten. Aber bin ich schon bereit loszugehen? Bevor ich auch ein Diener Gottes sein kann (V.4), muss ich doch erst meine Angst loswerden, meine Nöte überwinden, geduldig werden, Kraft und Erkenntnis sammeln usw. So oder so ähnlich höre ich es manchmal in der Seelsorge. Fast 30 dieser Dinge zählt Paulus hier in einer langen Liste auf und benennt sie nicht als Zustände, die es zu überwinden gilt, bevor man losgehen kann.
Nein, IN ALL DIESEN DINGEN sind er und sein Mitschreiber Timotheus schon Diener Gottes. Wie einen Ohrwurm wiederholt er diesen Aufruf und die Einladung, als geliebte Kinder Gottes den neuen Menschen anzuziehen. Auf was warten wir dann eigentlich noch? Vielleicht nehmen wir den Refrain von Max Giesinger als guten Ohrwurm mit in den Tag. „Irgendwann ist jetzt."

Das merke ich mir: ______________________________

____

KW 45 bearbeitet von Martin Siehler,
Vorsitzender im Liebenzeller Gemeinschafts-
verband, 71665 Vaihingen an der Enz
E-Mail: martin.siehler@lgv.org

Lied: FJ5! Nr. 196

AUF DEN HERRN VERTRAUEN

Psalm 125

Friede und Zuversicht strahlen aus diesem Psalm, den Gläubige auf ihrem Weg nach Jerusalem beten. Die Berge, die Jerusalem umgeben, sind ein starkes Bild für den Schutz Gottes. Der Beter weiß: Auf den Herrn kann ich vertrauen, sein Schutz wackelt nicht. Allerdings muss sich sein Vertrauen bewähren. In Israel haben die das Sagen, die nicht nach Gott fragen. Sie gehen eigene Wege, unabhängig von Gott. Wer Selbstbestimmung zum höchsten Wert seines Lebens macht, stört sich an einem Gott, der Vertrauen und Gehorsam erwartet. Aber das Leben ohne Gott führt auf krumme Wege, davon ist der Beter überzeugt. Leider üben diese krummen Wege eine hohe Anziehungskraft aus. Deshalb ist es schwer, standhaft zu bleiben. Damit Gottesfürchtige nicht auf Abwege geraten, begrenzt Gott den Einfluss und die Macht der Gottlosen (V.3). Wer unabhängig von Gott sein Leben bewältigen will, wird nicht bleiben. Wer auf Gott vertraut, wird für immer bestehen. Er wird selig werden (Mt 24,13).

Dieser Psalm versichert mir: Die Anfechtung wird nie stärker sein als der Beistand Gottes. Der Friede, der Israel zugesprochen wird, gilt auch allen, die diesen Psalm lesen und sich zu Herzen nehmen. Zum Frieden gehören im AT ein auskömmliches Leben und göttliche Geborgenheit.

Das merke ich mir: ______________________

____

____

WOCHENSPRUCH

Dem König aller Könige und Herrn aller Herren, der allein Unsterblichkeit hat, dem sei Ehre und ewige Macht.

1. Timotheus 6,15b.16a.c

Alles in Liebe kann nur Jesus! Von seiner Liebe will ich mich prägen und mein ganzes Tun bestimmen lassen! In dieser Liebe öffnet und bereichert mein Tun Beziehungen.

Martin Siehler

4 Montag

MIT JESUS AN EINEM STRANG

2. Korinther 6,11 – 7,1

Ein junger Mann, der in der Musikkappelle zu Hause ist, kam zum Glauben an Jesus. Er fragte mich, ob er die Gruppe verlassen solle, um sich mehr in der Gemeinde zu engagieren. Meine Antwort: „Von wem sollen deine Kameraden von Jesus hören, wenn nicht von dir? Sollte es in der Gruppe aber zu Situationen kommen, in denen Gott beleidigt wird, musst du sie verlassen." Meine Persönlichkeit in Gott darf niemand antasten, sie ist heilig. Wenn ich Gott gehöre, kann Beliar (Name für Satan) keinen gleichberechtigten Einfluss anmelden. Darum geht es Paulus, wenn er die Korinther ermahnt, mit den Ungläubigen nicht an einem Strang zu ziehen. Es geht nicht um die tägliche Zusammenarbeit mit Nichtchristen, sondern darum, wer Sinn und Ziel meines Lebens bestimmen darf. Es wird nicht gutgehen, wenn ich mich mit Menschen verbinde, denen Karriere, Geld, Ansehen alles bedeuten. Mein Leben wird aber gesegnet, wenn ich mich vorbehaltlos auf Christus einlasse. Es wird stark, wenn ich mich mit denen verbinde, die auf Jesus hören und sich vom Heiligen Geist leiten lassen. Ich bin ein Tempel (V.16) für Gott. Paulus sorgt sich, dass die Korinther sich ihm gegenüber verschließen. Dabei sehnt er sich danach, dass sie mit ihm gemeinsam an einem Strang ziehen.

Das merke ich mir: ______________________________

____

5 Dienstag

ALLES WIEDER GUT

2. Korinther 7,2-16

Eine Person kann eine ganze Gemeinde stören. So passiert in Korinth. Sie hat mindestens beleidigt oder noch mehr Böses getan (V.12). Paulus geriet in Misskredit. Seine Akzeptanz als geistlicher Vater der Gemeinde war gefährdet. Damit drohte die Gemeinde aus dem Tritt zu geraten. Wenn Einzelne ihre Interessen über andere stellen, wird es für jede Gemeinde gefährlich. Wer sich der Korrektur entzieht, wird leicht zum Verführer. Von Paulus können wir lernen, dass er die heikle Situation nicht laufen lässt. Nicht zu wissen, wie sein Brief aufgenommen wird, lässt ihn kaum zur Ruhe kommen (V.5). Weitere Schwierigkeiten in Makedonien und die Angst, wie alles weitergeht, machen Paulus zu schaffen. Er sehnt sich nach offener und herzlicher Gemeinschaft (V.2f.) mit den Korinthern. Als die Rede auf Titus kommt, ist zu spüren, wie Paulus ein Stein vom Herzen fällt (V.6f.). Seine Seelsorge in Liebe und Wahrheit ist angekommen. Gott hat es geschenkt, dass den Korinthern die Augen für ihr verkehrtes Verhalten geöffnet wurden. Die Ermahnung führte nicht zu Trotz und Selbstrechtfertigung, sondern zur Reue. Die beste Grundlage für einen Neuanfang. So wird alles wieder gut und Paulus kann sich aus ganzem Herzen freuen.

Das merke ich mir: ______________________________

____

AUS LIEBE GEBEN

2. Korinther 8,1-15 **6** Mittwoch

Nur wer hat, kann geben. Die Makedonier haben nicht viel, aber sie wollen Teil der Spendengemeinschaft für Jerusalem sein. Den Gläubigen in Jerusalem, von denen das Evangelium ausging, geht es schlecht. Den Gläubigen in Korinth, die das Evangelium aus Jerusalem empfangen haben, geht es wirtschaftlich gut. Paulus startet die erste Spendenaktion für christliche Gemeinden. Er überlässt das Spendenverhalten nicht dem Zufall, sondern plant die Sammlung (1. Kor 16,2). Dabei achtet er auf Verhältnismäßigkeit, keiner soll durch seine Spenden in Not geraten. Er erklärt, wofür das Geld eingesetzt wird. Die Begründung für das Spenden ist aber nicht die Not, sondern die Liebe Jesu (V.9). Er wurde arm, damit ich reich werde. Wenn sich mein Leben vor allem ums Verdienen dreht, hat mich diese Liebe noch wenig berührt. Das göttliche Geheimnis (wer gibt, wird gewinnen; wer behält, verliert; Mt 16,25) ist logisch nicht zu erklären, aber vielfache Erfahrung. Der gute Wille soll in die Tat umgesetzt werden (V.11). Ich habe schon als Kind von meinen Eltern ein Opfer für den Kindergottesdienst mitbekommen, später lernte ich, selbst zu spenden. Spenden sind freiwillig, sonst wäre es eine Steuer. Von Herzen kommende Spenden sind ein Zeichen der Liebe.

Das merke ich mir: ______________________________

____

VERTRAUENSWÜRDIGE MITARBEITER

2. Korinther 8,16-24 **7** Donnerstag

Vertrauen ist gut, Kontrolle ist besser. Dieses Prinzip wendet Paulus bei seiner großen Spendenaktion an. Mit dem Geld unterstützt er die verarmte Gemeinde in Jerusalem (Gal 2,10). Er stellt den Korinthern seine drei Gesandten vor. Titus ist der Vertraute des Paulus, er hat sich bei den Korinthern schon bei der Übergabe des Tränenbriefes bewährt. Dazu werden zwei vertrauenswürdige Mitarbeiter von den Gemeinden in Makedonien berufen. Beim Spenden spielen Vertrauen und Transparenz eine sehr große Rolle. Der Spender will sicher sein, dass seine Spende auch tatsächlich ankommt. Die Sammlung unter den heidenchristlichen Gemeinden ist ein großes Zeichen der Verbundenheit mit der ersten Gemeinde aus Juden in Jerusalem (Röm 15,26). Da darf nichts schiefgehen. Paulus ist richtig dankbar und begeistert von seinen Leuten, sie sind eine „Ehre Christi" (V.23). Leidenschaftliche und vertrauenswürdige Mitarbeiterinnen und Mitarbeiter beflügeln die Jugend- und Gemeindearbeit. Besondere Sorgfalt beim Thema Finanzen ist auch bei uns wichtig. Denn Geld gehört neben Sexualität und Macht zu den Einfallstoren des Versuchers. Eine Kassenprüfung sollte deshalb nicht lästige Pflicht, sondern ein Nachweis sein, dass alles einwandfrei abläuft (V.20f.).

Das merke ich mir: ______________________________

____

8 Freitag

EINEN FRÖHLICHEN GEBER LIEBT GOTT

2. Korinther 9,1-15

Es war gewagt, was Paulus machte. Den Makedoniern erzählte er, wie toll die Korinther Spenden einsammeln. Die Makedonier wurden dadurch inspiriert und sammelten weit mehr als erwartet. Leider geriet aber die Sammlung in Korinth ins Stocken. Deshalb musste Paulus seine Leute schicken, damit es mit dem Spenden weiterging. Wenn er mit einer makedonischen Delegation kommt, wollte er keine Enttäuschung erleben. Paulus gibt dem Spenden eine höhere Bedeutung als nur „Hilfe für Arme" (Hebr 10,24; Spr 11,24). Nicht der Spendenbedarf der Gemeinde steht im Vordergrund, sondern dass Gott seine Kinder mit vielen Gaben, auch finanziellen Ressourcen, beschenkt. Weil ich habe, kann ich geben. Fröhlich kann ich nur freiwillig geben. Spenden dürfen mich Überwindung kosten, aber nicht das Ergebnis von moralischem Druck sein. Paulus vergleicht das Geben mit Säen, wer spärlich sät, erntet wenig. Beim Spenden geht es um Liebe und Segen in meinem Verhältnis zu Gott. Die „Ernte" beim Spenden entsteht dort, wo andere durch meine Freigiebigkeit Gott danken (V.11). Zur schönen Erfahrung beim Spenden gehört: Wer gibt, wird von Gott reich versorgt (V.8). Welche Gaben hat Gott dir anvertraut? Wer dankt Gott durch das, was du weitergibst?

Das merke ich mir: ______________________________

____

9 Samstag

KONFRONTIERT MIT VORWÜRFEN

2. Korinther 10,1-11

Es gibt kein Patentrezept, wie man auf Vorwürfe gut reagiert. Der Vorwurf: schwacher Auftritt. Paulus bleibt freundlich. Mit dem klaren Ziel, alles Denken dem Gehorsam gegenüber Christus unterzuordnen. Es bestand die Gefahr, dass Paulus seinen Einfluss auf die Herzen der Korinther verliert. Als Gemeindegründer (V.8) hätte er keine Wegweisung mehr geben können. Deshalb musste er stark auftreten. Es waren zwar nur einige (V.2), die Paulus schlecht machten, aber sie hatten das Zeug, die Gemeinde zu spalten. Sie verbreiteten falsche Lehren. Es entstanden verschiedene Gruppen (vgl. 1. Kor 1,12). Die „Christusgruppe" sah sich exklusiv, dem musste Paulus widersprechen. Denn zu Christus gehören alle, die Jesus als Herrn angenommen haben. Sie zeichnet gerade aus, dass sie einander annehmen und achten (Phil 2,3). Paulus bittet die Gemeinde um Einsicht (V.1). Er will keinen Kampf gegen die Verleumder führen. Wenn aber nötig, wird er strafen und aus der Gemeinde ausschließen (V.6). Der Vorwurf, Paulus würde nur menschlich agieren, ist unglaublich. Sie sprechen Paulus ab, vom Heiligen Geist geleitet zu sein. Gerade in der Auseinandersetzung hält sich Paulus an die Kraft Gottes.

Das merke ich mir: ______________________________

____

KW 46 bearbeitet von Sebastian Stattaus,
Leiter EC-FSZ Dobel, 75335 Dobel
E-Mail: sebastianstattaus@swdec.de

EWIGES LEBEN!

Psalm 90

Oktober 2022. Im EC Freizeit- und Schulungszentrum Dobel findet ein Seminar statt. Hans (Name geändert) ist als Ausbilder dabei. Am letzten Abend erzählt er uns von seiner alten Mutter, die im Sterben liegt. Er wartet täglich auf den Anruf seines Bruders, um schnell nach Hause zu fahren. Ein Anruf kommt nicht, aber wenige Tage später eine Mail, dass Hans selbst überraschend verstorben sei. Psalm 90 ist in erster Linie für die Lebenden gedacht. Der Beter bittet Gott eindringlich: Lass mich vor Augen haben, dass auch meine Tage gezählt sind! Keiner weiß, wie viele noch bleiben. Situationen wie die von Hans führen mir die Realität knallhart vor Augen. Das ist belastend und beängstigend. Aber ich muss mich damit auseinandersetzen, dass auch mein (junges) Leben mal endet. Was kommt? Wie geht es weiter? Die Bibel bezeugt: Wer an Jesus glaubt, der wird (weiter-)leben – auch wenn er stirbt. Es gibt ein ewiges Leben in der Herrlichkeit Gottes. Diese Gewissheit kann mir auch im Angesicht des Todes helfen und mich gleichzeitig unterstützen, mein Leben hier zu gestalten und auch zu genießen. Ich weiß, dass es irgendwann zu Ende sein wird, aber auch, dass es danach in der engen Gemeinschaft mit Jesus weitergeht. Das macht mich dankbar.

Das merke ich mir: ______________________

____

____

WOCHENSPRUCH

Siehe, jetzt ist die Zeit der Gnade, siehe, jetzt ist der Tag des Heils!
2. Korinther 6,2b

Lied: FJ5! Nr. 226

Ich bin dankbar dafür, dass Paulus nicht geschrieben hat: Alles geschehe „aus" Liebe, sondern „in" Liebe.
Der Unterschied ist gravierend!
Sebastian Stattaus

Montag **11**

VOM HOCHSTAPELN

2. Korinther 10,12-18

Gert Uwe Postel (geb. 1958) hat eine Ausbildung zum Postboten. Durch gefälschte Dokumente gelang es ihm aber, sechsmal eine Anstellung als Psychiater zu bekommen. Unter anderem nahm er den Decknamen Dr. med. Dr. phil. Clemens Bartholdy an. Das sächsische Kabinett bot ihm sogar eine Professur an. Bei der Bewerbung um eine Oberarztstelle hielt er einen Fachvortrag über die „Lügensucht im Dienste der Ich-Erhöhung" und stach damit 38 Mitbewerber aus. Dummerweise gebrauchte er in einem Expertengespräch einen psychiatrischen Fantasiebegriff, um auszureizen, wie weit er gehen kann. Postel wurde anschließend verhaftet. Wahrscheinlich faszinieren Hochstaplergeschichten, weil sie einem den Spiegel vorhalten. Ich will mehr sein, als ich bin. Aber wenn es rauskommt, wird es nicht nur zum Problem mit meinen Mitmenschen, sondern auch mit Gott. Ich kann mir nur schwer eingestehen, ganz von Gott abhängig zu sein, und dass ich ohne ihn nichts tun kann. Vielleicht ist heute Demut angesagt. Demut im biblischen Sinn bedeutet, vor Gott alle Hochstapelei fallenzulassen und sich in seinem Licht zu sehen. Ich will gleich damit anfangen: Gert hat mir seine Geschichte nicht persönlich erzählt. Ich habe sie selbst aus einer täglichen Bibellese „geklaut".

Das merke ich mir: ____________________

____

Dienstag **12**

BRAUTVATER PAULUS

2. Korinther 11,1-15

Paulus hat es nicht leicht mit den Korinthern. Dort gibt es Gegner, die nicht zimperlich mit ihm sind. In seiner Abwesenheit machen sie ihn schlecht und versuchen, seine Autorität und Kompetenz als Apostel und Leitungsperson zu untergraben. Paulus ringt in diesem Brief spürbar darum, nicht Gleiches mit Gleichem zu vergelten. Ganz ehrlich? Genau das wäre mein Ansatz gewesen. So kann ich das doch nicht stehen lassen. Aber sein Antrieb ist ein anderer: „Denn ich wache mit einer Eifersucht über euch, die von Gott kommt. Schließlich habe ich euch mit einem einzigen Mann verlobt. Ich will euch als unberührte Jungfrau Christus zur Braut führen" (V.2). Paulus fungiert als Brautvater und sieht die Frucht aller bisherigen Arbeit in Korinth gefährdet. Er hat ganzen Einsatz gebracht, doch die Gemeinde hat angefangen, auf andere Stimmen zu hören. Ein teuflisch guter Plan! Den Menschen dort zu packen, wo er besonders gefährdet ist – an seiner Eitelkeit und Ehre. Und das erlebe ich bis heute. Immer dann, wenn meine Gedanken weggelenkt werden von meiner ungeteilten Hinwendung zu Jesus. Immer dann, wenn andere Dinge am Rande meines persönlichen Glaubenslebens ein zu großes Gewicht bekommen, bin ich in Gefahr, von Jesus wegzukommen.

Das merke ich mir: ____________________

____

EIGENLOB STINKT!

2. Korinther 11,16-33

Mittwoch **13**

Hier stinkt's gewaltig! Die falschen Apostel heben ihre Erfolge und Qualitäten in den Himmel (V.18). Sie treten als Herren auf, lassen es sich auf Kosten der Gemeinde richtig gut gehen, bringen sogar Gemeindemitglieder mit Gewalt zum Schweigen (V.20). Paulus nimmt diesen Ton des Eigenlobs auf, um den Korinthern einmal übertrieben aufzuzeigen, wie sich das anhört (V.16). Seine Gegner berufen sich auf ihre Herkunft. Aber darum geht es nicht, sondern um die heute gelebte Gemeinschaft mit Jesus. Dafür gibt sich Paulus ganz hin (V.23-27). Wie sieht das in unserer Gemeinde oder Jugendarbeit aus? Dürfen wir unsere Erfolge und unser Dasein also nicht mehr feiern? Sollen wir uns in Sack und Asche hüllen und leidend unserer Mission nachgehen? Ganz und gar nicht! Im Gegenteil: Wir sollen uns bewusstmachen, wer Anfänger und Vollender unserer Arbeit im Reich Gottes ist! Wer uns dazu befähigt hat, unsere Gaben in der Gemeinde einzusetzen. Das geschieht nicht aus uns selbst! Paulus lebt es uns vor: Er rühmt sich seiner Schwachheit (V.30), in der die Kraft Jesu zum Zuge kommt. Wie Jesus sich uns Menschen hingegeben hat, so gebe ich mich ihm in meinem Alltag, in Schule und Beruf und meinem Dienst in der Gemeinde hin. Voller Demut!

Das merke ich mir: ______________________________

____

VON SCHWACHEN UND STARKEN

2. Korinther 12,1-10

Donnerstag **14**

Was ist denn das für ein Widerspruch in Vers 10? Wer schwach ist, kann nicht gleichzeitig stark sein! Oder doch? Paulus musste genau diese Erfahrung in seinem Leben machen. Er studierte bei seinem Professor Gamaliel. Gleichzeitig war er begeisterter Anhänger des jüdischen Glaubens, seine Mission gestochen scharf: den neu entstandenen Glauben an Jesus rücksichtslos ausrotten. In dieser Rolle fühlte er sich stark, bis ihm Jesus selbst begegnete. Von da an verlief sein Leben völlig anders. Aus dem Verfolger wurde ein Verfolgter. Dazu kam ein Riesenproblem, das Paulus als „Dorn im Fleisch" und „Engel Satans, der ihn mit Fäusten schlägt" eindrücklich beschreibt. Wohl handelte es sich hierbei um eine dauerhafte Krankheit. Manche Theologen vermuten ein Augenleiden. Dreimal hatte er Gott angerufen, dass dieser „Engel Satans" von ihm ablassen möge. Aber er erhielt zur Antwort: „Lass dir an meiner Gnade genügen; denn meine Kraft ist in den Schwachen mächtig" (V.9). Paulus erkennt darin ein biblisches Grundprinzip. Gott gebrauchte für seine machtvollen Taten ausschließlich Menschen, die sich ihrer eigenen Schwachheit bewusst waren und ihr Vertrauen ganz auf Gott setzten. Das gilt auch mir – heute, wo ich mich alles andere als stark fühle!

Das merke ich mir: ______________________________

____

Freitag 15

AUGE UM AUGE!

2. Korinther 12,11-21

Hast du schon mal deine Glaubwürdigkeit verloren? Das ist ein schier unerträgliches Gefühl. Weiß ich aus eigener Erfahrung. Dir schnürt es die Luft ab. Auch die Glaubwürdigkeit von Paulus steht auf dem Spiel. Die Gemeindeglieder erheben schwere Vorwürfe gegen ihn. Sie zweifeln daran, ob er ein richtiger Apostel ist und das Einmaleins der Sprachenrede beherrscht. Anschuldigungen stellen ihn in Frage. Dabei war er sogar Gemeindegründer in Korinth. Dass er kritisiert wird, kann er hinnehmen. Den Zweifel, dass das gepredigte Evangelium keine Wirkung hinterlassen haben soll, kann er so nicht stehen lassen. Es ist nicht weise, sich auf Selbstruhm einzulassen. Man spürt Paulus sein Unbehagen bei diesem Thema ab. Aber er muss die Sache durchstehen und wird dabei zum Narren. Für die Deutung der Korinther hat Paulus nur Ironie übrig. Sie sollen ihm das angebliche Unrecht verzeihen. Damit will er sie gewinnen. Jesus sagt in der Bergpredigt: Wehrt euch nicht, wenn euch Böses widerfährt. Wir Christen dürfen uns wehtun lassen, ohne den anderen wehzutun. Jesus entbindet uns von der Vergeltungssucht, weil Gottes Gerechtigkeit siegt. Das bedeutet: Böses mit Gutem zu vergelten, ohne sich dabei alles gefallen zu lassen. Schon mal probiert?

Das merke ich mir: ____

____

Samstag 16

ALLES HAT EIN ENDE!

2. Korinther 13,1-13

Jetzt am Ende des 2. Korintherbriefes haut Paulus nochmal ein Feuerwerk an Emotionen raus. Seine Gedanken gipfeln in Vers 13: „Die Gnade unseres Herrn Jesus Christus und die Liebe Gottes und die Gemeinschaft des Heiligen Geistes sei mit euch allen." Kommt mir irgendwie bekannt vor – habe ich oft auf harten Kirchenbänken oder in Gemeindehäusern gehört. Meist zu Beginn der Predigt. Doch Paulus wählt diese Worte für das Ende seines Briefes. Dabei lässt er sich von drei Schlagworten leiten: Von „Gnade" spricht er, weil Gott sich durch Jesus mir zuwendet, egal, wie katastrophal mein Leben gerade verläuft! Der zweite Teil des Grußes berichtet von der „Liebe" Gottes, welche mich trägt. Die Liebe ist Grund für Gottes barmherziges Handeln. Und der dritte Teil des Grußes endet mit der Verheißung der „Gemeinschaft des Heiligen Geistes". Jener gute Geist stiftet Gemeinschaft und verbindet uns Christen damals wie heute. Wie schon Paulus grüßen Verkündiger mit den letzten Zeilen aus dem 2. Korintherbrief ihre Gemeinde eingangs der Predigt. Wie auch immer die Predigt verlaufen wird, Gottes Verheißungen gelten allen. Sie bleiben unverrückbar bestehen. Selbst wenn wenig Herzens-Rhetorik geboten wird, setzt dies Gottes Verheißung nicht außer Kraft.

Das merke ich mir: ____

____

GEBET IN SCHWIERIGEN ZEITEN

Lieber Vater im Himmel, ich möchte mit dir reden
und kann doch nur schweigen.
Zu schwer drückt die Last auf meinen Schultern,
zu weit weg scheint deine Liebe mir.
Bist du nicht ein „guter Gott“, ein Gott, der für seine
Menschen einsteht, ihnen (auf)hilft?
Ich möchte dich so gerne spüren und erleben, dich
ganz um mich haben, doch du schweigst und ich kann
dich nicht finden in all meinem Elend.

Wo bist du?

Doch bist du nicht auch dann da, wenn ich dich
nicht sehe, nichts von deiner Gegenwart spüre?
Ich möchte darauf vertrauen, daran festhalten,
dass du an meiner Seite bist, mich hältst und umfängst,
auch wenn es mir schwer fällt, das gerade zu glauben.

Hilf du mir Herr! Zeig dich! Beende dein Schweigen!
Halte mich fest ...

Steffi Pfalzer

BIBLISCHES BUCH

2. PETRUS

Der 2. Petrusbrief ist vermutlich die umstrittenste Schrift des NT, seine Echtheit wurde bereits in der frühen Kirche bestritten. Neben stilistischen Fragen spielten dabei auch inhaltliche Gründe eine Rolle. Tatsächlich hat wohl kaum ein Schreiben des NT so klare Freunde und Gegner.

Zudem scheint vieles in dem Brief in unsere Zeit hineingeschrieben zu sein. Die „verderbliche Irrlehre", die das Gericht Gottes leugnet und aus der „Guten Nachricht" ein Wohlstands-Evangelium für die „Spaßgesellschaft" macht, ist auch uns nicht fremd. Der Brief ist hier so aktuell, weil er einen Zug in uns Menschen anspricht, der leider auch nach 2000 Jahren Christentum nicht verloren gegangen ist und wohl nie verloren gehen wird. Petrus warnt eindringlich davor, Freiheit in diesem Sinn als Freiheit zum Ausleben niederster Instinkte zu verstehen. Es ist ein Leben „im Irrtum". Statt die erhoffte Freiheit zu erlangen, wird man zum „Knecht des Verderbens", „überwunden" von den eigenen Begierden (vgl. 2,18 f.). Dem begegnet der Apostel nicht nur mit seinen eindringlichen Erinnerungen an das Gericht Gottes. Er stellt auch Christus ins entsprechende Licht. „Herrlichkeit" und „Kraft" sind die Stichworte, die in diesem Zusammenhang mehrmals vorkommen (vgl. 1,3.16.17). Er erinnert an das, was wir in Jesus schon haben und sind: In ihm haben wir „alles, was zum Leben und zur Frömmigkeit dient" (1,3), durch ihn „sind uns die teuren und allergrößten Verheißungen geschenkt", damit wir „dadurch Anteil" bekommen „an der göttlichen Natur" (1,4). Das alles sind keine „ausgeklügelten Fabeln", sondern Heilstatsachen. Petrus verweist auf den Abschnitt der Heilsgeschichte, den er selbst miterlebt hat, den „heiligen Berg", auf dem Jesus von seinem Vater im Himmel die Sohnschaft bestätigt bekam (vgl. 2,16-18). Und er gliedert dies ein in die große Geschichte Gottes mit den Menschen, aufgeschrieben im AT, dem „prophetischen Wort", der „Weissagung in der Schrift" (vgl. 1,19 f.). Durch sie spricht Gott, denn in ihr äußern sich „vom Heiligen Geist getriebene Menschen" (1,21).

So kurz er sein mag, gibt der 2. Petrusbrief damit wichtige Hinweise zum richtigen Umgang mit der Bibel. Was dort zu lesen ist, ist keine „eigene Sache", sondern Rede „im Namen Gottes". Es ist das „Licht, das da scheine an einem dunklen Ort, bis der Tag anbreche und der Morgenstern aufgehe" (1,19 f.). Und indem Petrus auch auf die Briefe des Apostels Paulus verweist, zeigt er gleichzeitig, wohin die Reise in späteren Zeiten gehen wird. Zu dem AT tritt das NT hinzu, das die gleiche Autorität beansprucht – und zu dem auch dieser Brief hinzugehört.

Dr. theol. Thomas Weißenborn,
Dozent am mbs-Bibelseminar, Marburg
E-Mail: thomas.weissenborn@m-b-s.org

KW 47 bearbeitet von Matthias Trick, Pfarrer,
73765 Neuhausen auf den Fildern
E-Mail: matthias.trick@elkw.de

WARUM DIE BIBEL VON DER SÜNDE REDET

Psalm 51

Hier steht in fünf Versen (V.3-7) fünfmal Sünde. Warum ist das so ein Thema hier? Warum ist es so ein Thema in der Bibel? Warum unter Christen? Warum so oft im Text? Weil Sünde schwer wiegt. Weil Sünde tödlich ist („Blutschuld“, V.16; geht auch mit Worten; Mt 5,21f.). Weil Sünde Gottesferne ist (V.11.13: „Angesicht verbergen“; Ps 104,29). Der wichtigste Grund ist aber: weil Gott die Sünde vergibt! Wie es gleich am Anfang deutlich wird (V.3), wo in einem Satz, in einem Atemzug, Sünde und Barmherzigkeit genannt sind. Psalm 51, die Bibel, sie reden von der Sünde, weil sie um die Vergebung wissen. Nur, weil sie die Vergebung kennen, können, nein dürfen, auch Christen von der Sünde reden.

Genau darum geht es in Psalm 51, um die Vergebung. Dazu gehört, dass ich meine Sünde erkenne und bekenne (V.3-8), Gott um Vergebung (V.9ff.) und um Veränderung (V.12ff.) bitte und dann zu Gottes Ehre lebe (V.14-21). Kurz und klar zusammengefasst in 1. Johannes 1,8f. Zum Erkennen hat David nach einem Ehebruch (V.2) und einem Mord (2. Sam 11) ein bisschen Nachhilfe gebraucht (2. Sam 12,1-12). Als er es aber erkannt hat, war er sofort zur Vergebungsbitte bereit (2. Sam 5,13).

Tun wir es ihm gleich, vielleicht und am besten auch mit seinen Worten aus Psalm 51.

Das merke ich mir: ______________________

____

____

WOCHENSPRUCH

Wir müssen alle offenbar werden vor dem Richterstuhl Christi.

2. Korinther 5,10

Bei der Liebe geht es nicht nur um ein gutes Gefühl, sondern darum, anderen Gutes tun zu wollen.

Matthias Trick

Montag 18

Glauben und Leben gehören zusammen

2. Petrus 1,1-11

Irgendwas passt nicht. Irgendwo hapert's. Irgendwann schlägt was um in diesem Abschnitt. Der Anfang klingt schön, fast überschwänglich. Der Schreiber stellt sich vor und zeigt, was ihn mit seinen Adressaten verbindet: der kostbare Glaube, die Gerechtigkeit Gottes, der Retter Jesus (V.1). Dann gibt's Segenswünsche (V.2). Dann wird betont, wie großartig und was für ein Geschenk es ist, ein Christ sein zu dürfen (V.3f.). Und dann hört es sich in Vers 4b plötzlich wie eine kleine Stolperfalle an: Alles ist toll, wir gehören zu Gott – wenn ... Wenn was? Wenn wir zuvor der Vergänglichkeit entkommen. Hä? Ja bin ich der denn nicht schon entkommen, wenn ich ein Christ bin? Habe ich denn dann nicht schon das ewige Leben? Gehöre ich denn nicht schon zu Gott, wenn ich an Jesus glaube? Und jetzt kommt ein Satz, den vor allem evangelische Ohren gerne überhören: Schaut, dass zu eurem Glauben das rechte Verhalten kommt (V.5, vgl. V.10). Beides gehört nämlich zusammen, untrennbar: der Glaube an Jesus, UND dass dieser Glaube auch gelebt und in meinem Handeln sichtbar wird. Wir betonen gern das eine: Der Glaube ist das Wichtigste! Oder das andere: Das richtige Handeln ist wichtig! Hier wird deutlich: Das eine gibt es nicht ohne das andere!

Das merke ich mir: ______________________________

____

Dienstag 19

Hören und Sehen gehören zum Glauben

2. Petrus 1,12-21

Das Entscheidende steht in Vers 16: die Geschichte mit Jesus, dass er Gottes Sohn ist (V.17) und nicht nur gekommen ist, sondern wiederkommen wird. Das ist keine gut erfundene Geschichte (wörtlich: kein „Mythos"), die sich jemand ausgedacht hat. So lautet ja die beliebte Behauptung, mit der das Evangelium abgelehnt wird. Sie ist alt (vgl. Mt 27,64; 28,13) und wird bis heute wiederholt („Die Bibel ist ein Märchenbuch", hat jemand zu mir gesagt). Nur macht das die Behauptung nicht richtiger. Petrus sagt: Die Geschichte mit Jesus ist kein Märchen, kein Mythos und nicht von uns erfunden, sondern wir haben das erlebt. Wir haben es selbst gesehen. Wir haben Gottes Stimme gehört. Und sie hat uns getroffen. Sie hat uns bewegt. Sie hat unser Leben verändert. Sowas kann man gar nicht erfinden (V.21a), sondern da ist was, nein jemand, nämlich Gott selbst, sein Heiliger Geist, der treibt uns an, das weiterzusagen und zu bezeugen, „was wir gesehen und gehört haben" (Apg 4,20). Auch die Propheten des Alten Testaments haben das schon bezeugt. Ihr Wort und das der Apostel, das sollen wir hören, auch heute. Es bewegt Menschen, auch heute. Es gibt Kraft und stärkt unseren Glauben – gerade heute. Wir glauben kein Märchen, wir glauben diesem Wort.

Das merke ich mir: ______________________________

____

VERSUCHUNG UND BEWAHRUNG

2. Petrus 2,1-11

Sie werden kommen, die falschen Propheten (V.1). Nicht vielleicht, nicht eventuell, nicht möglicherweise, sondern ganz sicher. Jesus selbst hat das angekündigt (vgl. Mt 24,11). Und sie werden Erfolg haben (V.2a). Wo die Wahrheit ist (V.2b), da ist die Lüge nie weit (V.3). Wo Offenheit für den Glauben ist, da sind die Geldeintreiber nicht fern (V.3; vgl. Mt 21,12f.). Aber die falschen Propheten, die falschen Lehrer, die andere verführen und von Jesus wegbringen, sie werden zur Rechenschaft gezogen werden (V.3b.9b; vgl. Mt 18,6f.). Gott hat gezeigt, dass er zur Rechenschaft zieht (V.4-7): bei der Sintflut (vgl. 1. Mose 7,21ff.) und an Sodom und Gomorra (vgl. 1. Mose 19,24f.). Nicht vielleicht, nicht eventuell, nicht möglicherweise, sondern ganz sicher wird er auch alle falschen Propheten zur Rechenschaft ziehen. Beides ist wichtig zu wissen: dass sie kommen werden, und dass sie zur Rechenschaft gezogen werden. Warum? Damit wir wachsam sind und am Glauben festhalten und an der rechten Lehre, wie sie in der Bibel steht. Und damit wir durchhalten in der Anfechtung und im Ringen mit den falschen Propheten. In allen Versuchungen und Bedrohungen unseres Glaubens gilt: Gott wird mich retten und bewahren. Versprochen (1. Kor 10,13)!

Das merke ich mir: ____________________

____

DEUTLICHE WORTE

2. Petrus 2,12-22

Deutliche Worte! Fast wie bei Amos im Alten Testament, der den maßgeblichen Leuten in Israel zu seiner Zeit Ähnliches vorgeworfen hat: dass sie in Luxus schwelgen (V.3b; vgl. Am 3,12b;6,4) und betrügen (vgl. Am 8,5). Dazu kommen hier Lüsternheit und Ehebruch sowie Habgier (V.14). Keine Bereitschaft nachzudenken und umzukehren. Blindheit für Gott und seinen Willen, wie bei Bileam (V.15f.), den (was für eine Geschichte in 4. Mose 22,21-35!) sein Esel darauf hinweisen musste, was Gottes Wille ist. Und am schlimmsten: Andere werden vom Glauben abgebracht (V.14b.18bf.). Darum die deutlichen Worte wie bei Jesus (Mt 18,6). Wo es um das ewige Heil von Menschen geht; um das Heil derer, die Jesus nachfolgen, vielleicht noch gar nicht lange, die Stärkung brauchen im Glauben. Wo es um das ewige Heil von Menschen geht, da sind deutliche Worte nötig. Die an unsere Verantwortung erinnern. Pastoren, Prediger, Gemeindeleiter tragen geistlich Mitverantwortung für andere. Es gibt nichts Zerstörerischeres in der Gemeinde und in der Kirche, als dass nicht nur der Glaube nicht gestärkt, sondern die Jesusnachfolge auch noch verächtlich gemacht wird. Die harten und deutlichen Worte möchten wachrütteln. Vergiss trotzdem nicht, was in 2. Petrus 2,9 steht!

Das merke ich mir: ____________________

____

Freitag 22

Wachrüttler

2. Petrus 3,1-10

Dieser Brief ist ein Wachrüttler. Ein zweiter (V.1). Offenbar hat der erste nicht gereicht. Die Christen haben sich einlullen lassen. Weil Jesus noch nicht wiedergekommen ist, wie er es versprochen hat (Mt 24,30; vgl. 1. Thess 4,15). Weil es Leute gibt, die sagen: Das passiert eh nicht mehr, dass Jesus wiederkommt (V.4). Dabei hat Jesus selbst schon angedeutet, dass das ein bisschen dauern und man da schläfrig werden kann (vgl. Mt 25,1-13). Aber Gottes Uhren gehen anders als unsere. Er rechnet in anderen Zeitkategorien (V.8; vgl. Ps 90,4). Er lässt uns auch nicht mit Absicht warten oder vertrödelt seine Zeit, sondern die Zeit, in der Jesus noch nicht wiederkommt, diese Zeit ist unsere Chance. Sie ist die große Möglichkeit, dass immer noch, und dass möglichst viele Menschen zu Jesus finden (V.9). Er will ja, „dass alle Menschen gerettet werden" (1. Tim 2,4). Die Zeit bis zum Kommen Jesu ist die Zeit, die gute Nachricht weiterzusagen. Nutzen wir sie! Und vergessen wir dabei nicht: Jesus wird kommen. Und er wird „kommen wie ein Dieb in der Nacht" (V.10). Also so, dass man ihn nicht schon von weitem sieht. Er wird überraschend kommen. Deshalb sollen wir wachsam sein und immer mit ihm rechnen. Richten wir unser Leben darauf aus.

Das merke ich mir: ______________________________

____

Samstag 23

Wo Christen stur sein sollen

2. Petrus 3,11-18

Der Weltuntergang ist nicht das Ende! Dass diese Welt (das ganze Weltall, vgl. 2. Petr 3,10) vergehen wird, sagt uns die Bibel oft (V.11; vgl. Jes 65,17; Mt 24,35; Offb 21,1). Aber danach kommt nicht nichts. Danach kommt Gottes neue Welt (V.12), wo Gerechtigkeit herrscht (V.13; vgl. Jes 65,19b-25) und Jesus für alle sichtbar regieren wird („Herrlichkeit"; V.18). Der Weltuntergang ist also für Christen eigentlich keine Drohkulisse. Sondern wie wir „wissen" (V.17), dass er kommen wird, genauso „wissen" wir auch, dass damit und dann endgültig Gottes Reich kommt. Weil wir das wissen, ja sogar darauf „warten" (V.12.14), deshalb können und sollen wir unser Leben jetzt schon darauf ausrichten. Indem wir – allen Widrigkeiten und Anfeindungen und Verführungen durch falsche Propheten (vgl. 2. Petr 2,1-22; 3,3f.) zum Trotz – so leben, wie es Gottes Willen („Heiligkeit"; V.14) und dem Glauben („Gottesfurcht"; V.14) entspricht. Indem wir nicht den Halt verlieren (V.17) und unbeirrbar am Glauben und am Leben nach Gottes Geboten festhalten. Im guten Sinne stur zu sein, wenn vieles davon in Frage gestellt wird – darauf kommt es an. Das ist die Auf- und Herausforderung hier.

Das merke ich mir: ______________________________

____

BIBLISCHES BUCH

JESAJA

SETTING

Jesaja wirkte ca. zwischen 740 und 700 v. Chr. in Jerusalem. Mit einer außergewöhnlichen Vision wurde er von Gott zum Propheten berufen (6,1-13). Israel war in das Nord- und in Südreich geteilt. Jerusalem wurde 733 vom Nordreich belagert (7,1-9), bevor dieses 722 von der Großmacht Assyrien erobert wurde. Die Assyrer besetzten auch große Teile des Südreichs, 701 belagerten sie Jerusalem (vgl. 1,8; 36-37).

ÜBERBLICK

In dieser Situation prangert Jesaja soziale Missstände, Unglaube und Sünde an (1,1-18; 3,1 ff.), ruft zum Glauben (7,9) und verkündet den Untergang des Südreiches (1,21-31, Weinberglied in 5,1-7). Gleichzeitig verkündet er aber auch durch das ganze Buch hindurch Gottes Trost und sein Heil (1,18; 4,2-6). Den von 587-538 v. Chr. nach Babylon verschleppten Juden kündigt er die Rückkehr an (44,21-28). Viele Abschnitte blicken auch über das Volk Israel hinaus und verheißen Gottes Heil für alle Völker (2,1-5.11; 45,22f.; 56,1-8; vgl. auch Mt 28,19; Apg 10).

AUF DEN PUNKT GEBRACHT

Das Jesajabuch hat keine einfache Gliederung: Gerichts- und Trostworte wechseln mit Verheißungen und Erzählungen ab. Es ist auch nicht immer sofort klar, welche Verheißung sich wann erfüllt (hat): Viele haben sich bereits in der Geschichte Israels, andere im Kommen Jesu erfüllt. Wir Christen erleben auch, wie sich viele Verheißungen Gottes immer wieder in unserem Leben erfüllen (z. B. 40,29-31; 41,10 oder 42,3). Manche Verheißungen stehen aber noch aus, wie z. B. der neue Himmel und die neue Erde (Jes 65).

WEITER GEDACHT

Gerade im Jesajabuch kannst du erkennen, wie mächtig Gott ist, dass er Verheißungen gibt und in der Geschichte erfüllt. Du kannst erleben, wie er dich durch sein Wort persönlich anspricht und seine Verheißungen in deinem eigenen Leben wahr macht.

Für uns Christen ist das Buch vor allem wegen der Schilderungen des Messias (9; 11) und des Gottesknechts (42,1-7; 49,1-6; 50,4-9; 52,13-53,12) wertvoll, die ganz eindrücklich auf Jesus hinweisen. Jesaja ist nach den Psalmen das Buch des AT, das im NT am häufigsten zitiert wird (vgl. z. B. Lk 4,16-19 und Jes 61,1-2).

Johannes Bauer, München
E-Mail: Johannes@bauers.bayern

LUKAS

Lukas war ein Arzt mit heidenchristlichem Hintergrund, dessen Name an drei Stellen des NT erwähnt wird (Kol 4,14; Phlm 24; 2.Tim 4,11). Jedes Mal ist Lukas in der Nähe des Apostels Paulus. Nach der Apostelgeschichte, hinter dessen „Wir" Lukas sich wohl verbirgt, muss er in Troas zu Paulus gekommen sein, als dieser auf der zweiten Missionsreise durch die kleinasiatische Stadt kam (Apg 16,10). Von dort aus begleitete er den Apostel nach Philippi, wo er zurückblieb, um auf der dritten Missionsreise wieder zu ihm zu stoßen (Apg 20,6). Von da an scheint Lukas den Apostel durch verschiedene Städte Kleinasiens bis nach Jerusalem begleitet zu haben. Von Jerusalem aus wurde Paulus nach Cäsarea überführt, wo er rund zwei Jahre lang in Haft blieb (Apg 24,27). Während dieser Zeit könnte Lukas im Haus des Philippus gewohnt haben. Philippus, der zum „Urgestein" der Jerusalemer Gemeinde gehörte, könnte Lukas mit wichtigen Informationen über Jesus und die erste Gemeinde versorgt haben. Von Cäsarea aus begleitete Lukas Paulus nach Rom, wo er mit Johannes Markus zusammengetroffen sein muss. Die beiden werden nebeneinander erwähnt (Kol 4,14; Phlm 24) und auch 2. Timotheus 4,11 setzt voraus, dass sie sich gut kennen. Insofern ist es nicht verwunderlich, dass Lukas das Evangelium des Markus als Hauptquelle für sein eigenes Werk benutzt hat, wie die meisten Ausleger vermuten. Was Lukas wichtig ist, wird gleich zu Anfang seines Evangeliums deutlich, wenn der Engel den Hirten von Bethlehem sagt: „Euch ist heute der Heiland geboren, welcher ist Christus, der Herr" (2,11). Mit Jesus ist der Retter der Menschheit gekommen. Und es sind Außenseiter, Benachteiligte, Leute wie die Hirten auf dem Feld vor Bethlehem, auf die Lukas sein Augenmerk in besonderer Weise richtet. Nur dieser Evangelist überliefert das Gleichnis vom barmherzigen Samariter, in dem Jesus einen von frommen Juden als „unrein" Angesehenen ausdrücklich hervorhebt (10,25-37). Lukas erwähnt zudem, dass Jesus nach der Berufung des Levi von diesem zu einem großen Festmahl eingeladen wurde, wozu auch viele seiner „Zöllner- und Sünder-Kollegen" gekommen waren. Nicht zuletzt finden sich die Geschichte von der Bekehrung des Oberzöllners Zachäus (19,1-10) und das Gleichnis vom Pharisäer und Zöllner (18,9-14) nur hier. Andererseits finden sich in keinem anderen Evangelium so harte Worte gegen die Reichen wie in diesem (6,24-26). Das macht den Ernst dessen deutlich, was Lukas in seinem Evangelium beschreibt: Es geht um das ewige Heil, um die Rettung der Welt, die nur durch Jesus möglich ist.

Dr. theol. Thomas Weißenborn,
Dozent am mbs-Bibelseminar, Marburg
E-Mail: thomas.weissenborn@m-b-s.org

KW 48 bearbeitet von Edit Szilágyi,
Gemeindepädagogin, 54568 Gerolstein
E-Mail: kicsitanko@yahoo.com

WOCHENSPRUCH
Lasst eure Lenden umgürtet sein und eure Lichter brennen.
Lukas 12,35

24 Sonntag | Ewigkeitssonntag
Lied: FJ5! Nr. 231

PFAD DER GERECHTEN

Jesaja 26,7-19

Bedrückt liefen wir in Jerusalem durch die Räume von Yad Vashem. Einige Jugendliche gaben schon bei der Hälfte des Besuches auf, alles gründlich anzuschauen. Verständlich. Hier, in der Holocaustgedenkstätte, erinnerte alles an die Gräueltaten, die Menschen untereinander anrichten können. Namen über Namen, Bilder, Gegenstände von Personen, die brutal verfolgt und deren Leben ausgelöscht wurde. Der Gedanke, dass dabei viele Nationen mitgemacht haben, war gruselig.
Dann aber kamen wir in den Garten. Dort befindet sich die „Allee der Gerechten unter allen Völkern". Eine völlig andere Atmosphäre. Auch hier sind Namen aus aller Herren Länder zu lesen. Die der Gerechten. Solcher Menschen, die zur selben Zeit Juden nicht umgebracht, sondern gerettet haben. Es gab sie. Nicht wenige. Für diese Menschen wurden Bäume gepflanzt, die grünten und in der Hitze Schatten spendeten. An dieser Stelle verstand ich auch bildlich, was „Gerechte" wirklich heißt. Über sie sagt Jesus: „Denn ich war hungrig, und ihr habt mir zu essen gegeben. Ich war durstig, und ihr habt mir zu trinken gegeben. Ich war fremd, und ihr habt mich aufgenommen" (Mt 25,35). Was für einen Unterschied macht es, diesen Pfad, diese „Allee" der Gerechten zu gehen!

Das merke ich mir: ______________________

____

____

Dieser Auftrag ist die schönste und schwerste Last!
Edit Szilágyi

25 Montag

Was kann ich tun?

Jesaja 56,1-8

„Was kann ich tun?", fragte ich mich, als der Ukraine-Krieg ausbrach. Ich besuchte gerade meine Eltern im Nachbarland. In der Presse las ich am nächsten Tag, welchem Bunker unsere Straße zugeordnet wird, falls der Krieg weiterzieht. Wir müssen was tun! Aber was? Ich schlug meinen Eltern vor, sofort zu mir nach Deutschland zu ziehen, wenn die Lage unsicher wird. Wir beteten zu unserem Gott und Heiland und sagten ihm all unsere Sorgen und Fragen. Wir lobten ihn, dass er ein fester Fels in unsicheren Zeiten ist. Viele öffneten ihre Häuser und nahmen die Geflüchteten auf. So erlebten wir die Dreiecksbeziehung, von der die Bibelstelle, in einem zeitlich und geschichtlich anderen Zusammenhang, schreibt: untereinander für Gerechtigkeit sorgen und Gott die Treue halten. In den dunkelsten Stunden. Wie alles ausgeht? Das wissen wir heute noch nicht. Im heutigen Text verspricht der Herr, dass seine Hilfe bereits unterwegs ist. Damals war es der Tempel in Jerusalem, der nach Jahren der Zerstörung wieder aufgebaut werden konnte. Halten wir uns in allen Umständen an der Dreiecksbeziehung und an Gottes ewig währendem Versprechen fest: „Denn meine Hilfe ist schon unterwegs, bald zeigt sich meine Gerechtigkeit." Das ist es, was wir tun können.

Das merke ich mir: ______________________________

____

26 Dienstag

Verantwortung und Dauerparty

Jesaja 56,9-12

Warum soll man angetrunken bzw. betrunken kein Auto fahren? Richtig! Die Reaktionsfähigkeit verlangsamt sich, das Verantwortungsgefühl nimmt ab. Wird man zu einer Party eingeladen, wo man vorhat, alkoholische Getränke zu konsumieren, sorgt man im besten Fall für einen nüchternen Fahrer, eine Fahrerin für die Heimfahrt. Setzt man sich selbst hinter das Lenkrad, riskiert man einiges: Führerschein, Unfälle, das Leben anderer und nicht zuletzt das eigene Leben. Es könnte aber auch ohne Konsequenzen vonstatten gehen. Das wiederum könnte ermutigen, sich das nächste Mal erneut etwas oder ganz „abgefüllt" hinters Lenkrad zu wagen. Denn Partys sind cool und Spaß ist toll! Etwas ähnliches beklagt Adonai, der Herr, in diesen Zeilen. Die Propheten Israels, die hätten „Wächter" sein sollen, missachteten ihre Verantwortung, auch die Priester taten ihren Job nicht. Lieber lebten sie ihr Leben als Dauerparty, ohne Konsequenzen.
Doch: zeitweilige Konsequenzlosigkeit schont nicht vor langfristigen Auswirkungen: Es kostet das Leben (das geistliche Leben) anderer und das eigene. Nicht nur damals. Lies dazu Offenbarung 19,17f. Was ist deine Verantwortung, die du lieber in Dauerparty ertränken würdest?

Das merke ich mir: ______________________________

____

WER ABER AUF MICH VERTRAUT ...

Jesaja 57,1-13

Mittwoch **27**

Die Zeilen, die wir lesen, sind hart. Wir treffen hier den sogenannten „Gott des Alten Testaments“, der urteilt. Reden wir hier von demselben Papa im Himmel des Neuen Testaments? Ja! Was passiert hier eigentlich? Die Verschleppung nach Babylonien war ein Gottesurteil. Gottes auserwähltes Volk, sein geliebtes Kind, kümmert es nicht im Geringsten, ob Gott irgendetwas zu sagen hat. In solchen Situationen urteilt Gott. Sein Urteil sollte dem Volk zeigen, wie das Leben ohne ihn ist, z. B. als Vertriebene in Babylon. Dort, in der Not, sucht das Volk seine Nähe und hört seine Stimme, die es vorher nicht hören wollte. Das ist Umkehr. Nach seiner Umkehr führt Gott sein Volk zurück (nicht von heute auf morgen) nach Israel. Dort angekommen, treffen sie auf Volksgenossen, die ihre Not und die darauffolgende Umkehr nicht erlebt haben, sowie auf andere Völker, die andere Götter ehren. Was die Gottesbeziehung anbelangt, ähnelt die Situation derjenigen vor der Verschleppung. Und ja, das macht Gott wütend. Denn sein Rat ist das Beste für das Volk. Die nichtexistierenden Götzen, das ausschweifende Leben machen sie den anderen Völkern gleich: ziellos, vom Winde verweht. Nur die, die sich zu ihm wenden, werden das Land wirklich erben (V.13).

Das merke ich mir: ______________________________

____

ICH WILL!

Jesaja 57,14-21

Donnerstag **28**

Sollte der gestrige Tag das für uns immer noch unangenehme Bild des „urteilenden“ Gottes mit sich gebracht haben, so treffen wir heute auf den ewig barmherzigen Gott. Und ja, es ist derselbe Gott. Es ist atemberaubend, den 18. Vers zu lesen. Obwohl Gott den Lebensstil seines Volkes kennt, WILL er es heilen, leiten und ihm Trost spenden. Sehen wir hier nicht den „Abba“, den Vater von Jesus? Was für einen unaussprechlich großzügigen Gott, einen Papa im Himmel, haben wir? Der nicht nur sein Volk, sondern die ganze Menschheit kennt, mit allem Schmerz und Leid, mit all der Habgier, dem Egoismus und der Not, die wir durch die Geschichte ohne Unterbrechung leben. Und doch will er Heilung schenken; und doch möchte er mit dieser Sorte Mensch Gemeinschaft haben; und doch opfert er seinen Sohn für all unsere Sünden. Warum? Weil er es WILL. Sage dir heute im Laufe des Tages immer wieder: 1. Gott will mich heilen. 2. Gott will mich leiten! 3. Gott will mir Trost spenden! 4. Gott will mir Frieden schenken! Und das alles, obwohl er meine Wege kennt. Es ist kein Mantra, sondern die Wahrheit, die der Gott des Himmels und der Erde immer wieder in die Herzen der Menschen schreiben will, wenn sie es annehmen.

Das merke ich mir: ______________________________

____

Freitag 29

GOTT BEEINDRUCKEN?

Jesaja 58,1-9a

Paul ist ein junger Mann. Er geht auf gar keinen Fall in die Nähe einer Kirche. Er erzählt, wieso. Bis zum Ende des Studiums wohnte er daheim. Die Familie galt als sehr religiös. Sie fehlte in keinem Gottesdienst, die Kinder besuchten alle altersentsprechenden Angebote der Gemeinde. Eine vorbildliche Familie. Dann zog Paul aus und jetzt fühlt er sich frei. Er meidet das religiöse Leben. Ob er das intensive Gemeindeleben als Zwang empfand? Nein! Es lag an den zwei Gesichtern der Familie. In der Gemeinde war sie makellos. Doch zu Hause war das genaue Gegenteil der Fall. Böse Worte fielen, seelischer Terror war Alltag, Ehebruch, Aggression und Lieblosigkeit bedrückten die Familie nach innen. Paul wollte kein Teil dieser Heuchelei werden. Er wollte sich davon erholen. Ein langer Weg steht ihm bevor. Vielleicht können wir mit unserer vermeintlichen Religiosität Menschen täuschen. Aber auch das gelingt nur zeitweilig. Früher oder später sieht unsere Umgebung hinter die Kulissen. Wie viel mehr tut es Gott! Der Prophet beschreibt deutlich in den heutigen Zeilen, dass zur Schau gestellte religiöse Bräuche Gott gar nicht beeindrucken. Ehrliche Worte, die Hilfe für Bedürftige, kommen bei ihm umso mehr an.

Das merke ich mir: ______________________________

____

Samstag 30

HAB VERGNÜGEN AM HERRN!

Jesaja 58,9b-14

Wie bitte? Vergnügen am Herrn, an Gott haben? (V.14) Moment mal! Vergnügen hat man doch im Vergnügungspark oder in guter Gesellschaft oder auf einer Party, an einem Spieleabend, aber am Herrn? – Merkwürdige Formulierung. Andere Übersetzer schreiben „Lust an dem Herrn haben“. Warum eigentlich nicht? Wenn Vergnügen, wenn Lust zu haben generell das höchste aller Gefühle ist, warum sollen wir es nicht in Zusammenhang mit Gott empfinden? Letzten Endes jagen wir gerne nach diesem guten Gefühl der seelischen Zufriedenheit, nach besonderen Augenblicken. Die zurückkehrende Gemeinde mag es für sich rechtfertigen können, dass ein Wiederaufbau, ein Neuanfang mit viel Arbeit, mit Geschäften und Selbstbeschäftigung einhergeht. Gottes Perspektive ist eine andere: erfülltes, neu aufgebautes, vergnügtes Leben fängt an und endet in der Gemeinschaft Gottes, im Teilen mit den Bedürftigen und nicht im Bezogensein auf sich selbst. Wo das ICH, das eigene Vorwärtskommen, im Mittelpunkt steht, da schwindet die Sicht auf die Gemeinschaft und der seelische Tank läuft leer. Jesus fasst es zusammen: „Du sollst den Herrn, deinen Gott, lieben ... und ... liebe deinen Mitmenschen wie dich selbst“ (Mt. 12,30-31). Hab Vergnügen am Herrn!

Das merke ich mir: ______________________________

____

KW 49 bearbeitet von Lydia Wüst,
Diakonin, 47803 Krefeld
E-Mail: lydiawuest@online.de

MACHT HOCH DIE TÜR

Psalm 24

In der Königszeit Israels war die Bundeslade das sichtbare Zeichen der anwesenden Herrlichkeit Gottes. In einer feierlichen Prozession zog somit Gott selbst zeichenhaft in die Stiftshütte und den späteren Tempel ein. Der einzigartige und mächtige Gott und Schöpfer der ganzen Welt wird als König der Herrlichkeit geehrt. Wer darf in die Nähe dieses heiligen Gottes kommen (V.3f.)?
Die Antwort: jeder. Aber Moment, da kommt schon eine Einschränkung: jeder, der „schuldlose Hände" und ein „ehrliches Herz" hat. Tja, wer hat das schon? Meine Gedanken und Taten sind sicherlich nicht immer so tadellos. Wie gut, dass Gott uns Menschen kennt.
Als Christen dürfen wir daher aufatmen, denn wir lesen in Matthäus 27,1-11, wie Gott ein weiteres Mal in Jerusalem einzieht. Dieses Mal als Mensch, demütig, auf einem Esel reitend. Jesus strahlt eine andere Würde und Heiligkeit aus, als die vergoldete Bundeslade damals. Wer darf sich ihm nähern? Die Antwort: jeder. Dieses Mal ist es ganz ohne „aber" (Mt 9,9-13; 11,28; Joh 6,37). Das feierliche Adventslied „Macht hoch die Tür" von Georg Weissel handelt von diesem königlichen Einzug Jesu. Auch in unsere Herzen. Schau dir den Text in dieser Adventszeit doch einmal ganz bewusst an und komme neu ins Staunen.

Das merke ich mir: ____________________

____

____

MONATSSPRUCH DEZEMBER

MACHE DICH AUF, WERDE LICHT; DENN DEIN LICHT KOMMT, UND DIE HERRLICHKEIT DES HERRN GEHT AUF ÜBER DIR!

Jesaja 60,1

Danach sehne ich mich sehr, dass Gottes Liebe in meinem Handeln die treibende Kraft ist. Seine Liebe soll dadurch auch für Menschen in meinem Umfeld erlebbar werden.

Lydia Wüst

WOCHENSPRUCH

Siehe, dein König kommt zu dir, ein Gerechter und ein Helfer.

Sacharja 9,9

2 Montag

WO IST GOTT?

Jesaja 59,1-15a

Die ersten zwei Verse klingen wie Antworten auf die verzweifelten Fragen des Volkes Israel: „Warum greift Gott nicht ein? Hört er unsere Klagen und Bitten nicht? Ist er zu weit entfernt?“ Der Prophet gibt hier eine ganz deutliche Antwort: „Es liegt nicht an Gott, dass er euch so weit weg erscheint. Ihr selbst tragt die Verantwortung. Ihr habt euch von Gott entfernt und ihn mit eurem gottlosen Verhalten auf Abstand zu euch gehalten!“ Jesaja malt das Bild einer kaputten Gesellschaft, die in Betrug, Gewalt, Egoismus und Unrecht verstrickt ist. Wer dagegensteuert, macht sich mächtige Feinde. Gott scheint auch in unserem Alltag oftmals weit entfernt oder handlungsunfähig. Wo ist Gott? Korruption, Unterdrückung und kriminelle „Netzwerke“ machen ein ehrliches und friedliches Leben immer schwieriger. Doch wie schnell schiebe ich Schuld auf andere – ich bin ja nicht so, oder? Jesaja bringt es in Vers 4a auf den Punkt: „Keiner und niemand ist da, der gerecht ist oder handelt.“ Auch ich nicht. Welch Geschenk, dass wir mit allem zu Gott kommen dürfen, was uns von ihm trennt. Egal, ob wir bewusst oder unbewusst gehandelt haben. ER vergibt gerne (1. Joh 1,9). Scheint Gott dir gerade ganz nah oder eher weit weg zu sein? Woran könnte das liegen?

Das merke ich mir: ______________________________

____

3 Dienstag

WAS TUT GOTT?

Jesaja 59,15b-21

Wie in 1. Mose 1,31 sieht Gott auch hier, was auf der Erde vor sich geht. Dieses Mal fällt sein Urteil allerdings erschreckend aus: „es missfiel ihm und er war entsetzt“. Niemand ist da, der etwas an dieser scheinbar ausweglosen Situation ändert. Hier kann Gott nicht länger „nur“ zusehen. Er überlässt die Menschen nicht sich selbst. Er greift ein, wird aktiv und schafft Recht und Gerechtigkeit. Beim Weiterlesen scheint Gottes Handeln ziemlich brutal. Rache, Zorn und Vergeltung klingen nicht nach dem liebenden Gott, wie wir ihm in Jesus begegnen. Das Wort „Vergeltung“ heißt aber nichts anderes als das Prinzip in Galater 6,7: „Denn was der Mensch sät, das wird er auch ernten.“ Gutes und Schlechtes. Das Ziel dieses beherzten Eingreifens Gottes ist immer die Umkehr zu ihm (V.19ff.), die Wiederherstellung, Erlösung, Frieden und das segensreiche Leben in seiner Gemeinschaft. Gott schließt seinen Bund auch mit uns. Wir haben einen Gott, der sich selbst opfert, in seinem Sohn Jesus Christus. Für dich und mich. Damit wir wieder in Frieden und Gemeinschaft mit ihm leben können. Wir sind nicht auf uns allein gestellt. Gott sei Dank! Wo hat Gott in deinem Leben beherzt eingegriffen? Wie kannst du deinen Blick schärfen für Gottes Handeln?

Das merke ich mir: ______________________________

____

MUSIK LIEGT IN DER LUFT

Jesaja 60,1-14

Kennst du den Kanon „Mache dich auf und werde Licht“? Er passt gut in die momentane Adventszeit, so wie die drei ersten Verse dieses Kapitels. Dieses strahlende Licht erwähnt auch Johannes in den ersten Versen seines Evangeliums im Neuen Testament. Er beschreibt den Mensch gewordenen Sohn Gottes, Jesus Christus, als das wahre Licht, das die Finsternis der Welt erhellt. Auch der weitere Text klingt für die damaligen Hörer wie Musik – Zukunftsmusik. Das Volk Israel wird wieder aus allen Ländern zurück in sein Land gebracht. Ob durch die Luft (1949 wurden durch die Luftbrückenaktion „Operation Fliegender Teppich“ rund 50.000 Juden aus dem Jemen nach Israel gebracht) oder übers Wasser (Das Flüchtlingsschiff „Exodus“ brachte 1947 etwa 5.000 Juden von Frankreich nach Palästina/Israel) – bis heute sammelt Gott sein Volk in dessen verheißenem Land. Vieles liegt auch für uns noch in der Zukunft. Gott meint es immer gut mit seinem Volk und auch mit uns. Daher können wir in den Kanon vom Anfang mit einstimmen. Jesus spricht es uns in Matthäus 5,14 zu: „Ihr seid das Licht der Welt.“ Mache dich doch heute auf und sei Licht für jemanden in deiner Umgebung. Durch einen kleinen Gruß, ein Lächeln, ein offenes Ohr – sei kreativ und werde Licht.

Das merke ich mir: ______________________________

____

ZUKUNFTSMUSIK – BIS ZUR EWIGKEIT

Jesaja 60,15-22

Die wunderbare Zukunftsvision über Jerusalem und Israel geht weiter. Das Volk Israel wird eines Tages Jesus als seinen wahren Retter und Erlöser erkennen. Dann wendet sich für sein Volk alles zum Guten (V.16b ff.). Kein Terror mehr (V.18). Alles wird neu. Auch der Kalender, der seit der Schöpfung Bestand hat (1. Mose 1,14-18), wird dann überflüssig. Sein Volk darf erleben, dass der Herr selbst für immer sein Licht sein wird – und die Zeit der Trauer vorbei ist (V.20). Dann erfüllen sich Gottes Verheißungen vollständig, die er bereits Abraham und später König David gegeben hat. Israel erhält sein Land, wird eine große Nation und wird für die ganze Welt zum Segen (1. Mose 12,2; 15,18; 17,1-27; 2. Sam 7,14). Die Botschaft, damals wie heute, lautet: Gott hat alles im Griff und wird es zu seiner Zeit vollenden (V.22). Auch wir dürfen auf die Erfüllung seiner Verheißungen für uns vertrauen: ewiges Leben in Gemeinschaft mit IHM. Und das beginnt schon jetzt, wenn wir unser Vertrauen in Jesus setzen. ER ist das Licht der Welt (Joh 8,12; 9,4f.) und wir dürfen sein Licht weitergeben (Mt 5,14), bis sich sein Plan erfüllt (Offb 21,23; 22,5). Schreibe dir doch einige Verheißungen aus der Bibel auf und hänge sie an einem sichtbaren Ort auf.

Das merke ich mir: ______________________________

____

6 Freitag

GUTE NACHRICHTEN

Jesaja 61,1-11

Vielleicht hast du dich heute Morgen schon über einen gefüllten Nikolausstiefel gefreut? Auch der Heilige Nikolaus war der Überlieferung nach für die Armen da. Aber Gefangene zu befreien, gebrochene Herzen zu heilen, Verzweiflung in Lobpreis zu ändern ..., das konnte er wohl nicht. Als Jesus in einer Synagoge in Nazareth über diese ersten Verse aus Jesaja 61 predigt, bezieht er diese auf sich persönlich (Lk 4,17ff.). Diese „Gute Nachricht“ ist Jesus selbst. Weiter ruft Jesus „ein Jahr der Freiheit“ aus. Damit meint er ein spezielles Jahr, das in 3. Mose 25,10ff. näher erklärt wird. Ihm geht es aber nicht um das Erlassen materieller Schulden und die Freiheit aus der Schuldsklaverei (wie dort beschrieben). Jesus ruft die Freiheit aus der Sklaverei der Sünde aus, wie es Paulus später im Römerbrief erklärt (Röm 6,17ff.). Auch die weiteren guten Nachrichten über Wiedergutmachung, Heilung, Aufbau und einen neuen Bund werden erst durch Jesus Christus vollständig möglich. Wie schön, wenn es bei all den schlechten Nachrichten zur Zeit Jesajas, wie auch in unserer Zeit, einen Grund zum Freuen und Jubeln gibt (V.10f.). Diese Nachrichten interessieren andere bestimmt auch. Wem könntest du heute zum Überbringer dieser „Guten Nachricht“ werden?

Das merke ich mir: ______________________________

____

7 Samstag

LAUTE ERINNERUNG

Jesaja 62,1-12

Wer ist es, der nicht schweigen will, bis Jerusalem wieder vollkommen hergestellt ist? Wer hat Wächter aufgestellt, die ebenfalls nicht schweigen und Gott Tag und Nacht an Jerusalem und sein Volk „erinnern“ sollen? Ist es Jesaja als Prophet oder sogar Gott selbst, dessen Worte Jesaja an die Hörer weitergibt? Beide Varianten lohnen sich. Ist es die Stimme des Propheten, dann reihen wir uns doch als „Wächter“ mit ein und liegen Gott für die Wiederherstellung seines Volkes in den Ohren. Wir finden auch an anderen Stellen gute Gründe dafür (z. B. Röm 11,12ff.18; Apg 3,20f.; Joh 4,22). Werden die Verheißungen an Israel vollkommen erfüllt, dann werden auch unsere Segnungen vollkommen sein. Oder spricht Gott selbst, wie in Psalm 50,2? Erinnert er sich selbst an sein Volk? Ja, so lesen wir über Jesus, dass auch er bei Gott, dem Vater, Fürbitte für uns Menschen einlegt. Das tat er während seines Lebens auf der Erde (Joh 17,6-26; Lk 22,32) wie auch jetzt, während er zur Rechten Gottes sitzt (Röm 8,34; 1. Joh 2,1). Wie wäre es mit einem neuen Weckton für dein Handy? Als Erinnerung, dass Gott sein Volk und dich niemals vergisst. Als Erinnerung daran, Gott weiter in den Ohren zu liegen, bis alle Verheißungen erfüllt sind.

Das merke ich mir: ______________________________

____

Gebet im Sturm

Jesus, ich komme zu dir, so wie ich bin.
Du kennst mich. Du weißt alles.
Ich will dir sagen, was mich bedrückt:
Ich fühle mich den Umständen nicht gewachsen.
Es tobt ein starker Sturm – alles ist durcheinander.
Der Wind peitscht mir ins Gesicht:
mal von da, mal von dort.
Wo ist der Ort, an dem ich ruhen kann?
Wo ist der Ort, an dem ich sicher bin?
Wer ist der, dem ich vertrauen kann?
Wer ist der, der mich versteht?

DU bist meine Burg, in der ich sicher bin.
DU bist mein Fels, auf dem ich bleiben kann.
DU bist der, der mir sagt, wer ich bin.
DU bist der, der mich annimmt, wie ich bin.

Du erlöst mich durch deine Gnade.
Deshalb stütze ich mich auf dich,
denn du hältst mich fest.
Amen

Gebet entstanden im Projekt „Lebenstraum – Persönlichkeit, Glaube, Beruf"

ABSCHLUSS VOR DEM SCHLAFENGEHEN

BEVOR ICH SCHLAFE,
WILL ICH ALLES IN DEINE HÄNDE LEGEN.
WAS MICH FROH MACHT –
ABER AUCH, WAS MICH BEDRÜCKT:
WOFÜR BIN ICH DANKBAR?
WAS WILL ICH LOSLASSEN?

JESUS – ALLE DIESE DINGE
LEGE ICH BEWUSST IN DEINE HÄNDE.
DANKE, DASS ICH JETZT
IN DEINEM FRIEDEN EINSCHLAFEN DARF.

AMEN.

Gebet entstanden im Projekt „Lebenstraum – Persönlichkeit, Glaube, Beruf“

KW 50 bearbeitet von Matthias und
Marie Engelhardt, Mitarbeiter beim
Dt. EC-Verband, Schulsozialarbeiterin,
34119 Kassel
E-Mail: matthias.engelhardt@ec.de

GLÜCK IM UNGLÜCK

Psalm 144

„Du glückliches Volk, dessen Gott der Herr ist!“ Irgendwie werde ich beim Lesen des Psalms das Gefühl nicht los, dass der Psalmbeter in einer gewissen Spannung lebt. Auf der einen Seite ruft er nach Gott, fleht ihn an, erinnert sich an Gott als seine Stärke und sein Schild. Ausrufe, die an eine Kriegssituation erinnern. Auf der anderen Seite freut er sich aber auch über seine Situation. Das Sprichwort „Glück im Unglück“ geht mir beim Lesen des Psalms nicht aus dem Kopf. Vielleicht befindest du dich gerade in einer ähnlichen Spannung. Die Spannung zwischen Klagen und Loben, zwischen Danken und Bitten, zwischen staunend Gott anbeten und keine Worte haben für das Leid, das dir begegnet. Wo erlebst du gerade eine solche Zwischenzeit?
Die Texte der kommenden Woche nehmen uns mit hinein in das Klagen des Volkes Israel, und was wir davon ausgehend für unser Leben mit Jesus lernen können. Ich lade dich ein, dich zum Ende des Jahres diese Woche auf eine Reise in die Zwischenzeit zwischen Klagen und Loben aufzumachen und vielleicht ganz bewusst auf das Jahr zurückzuschauen.
Wo hast du Grund zum Klagen und wo zum Loben? Und wo möchtest du das diese Woche ganz bewusst vor Gott bringen?

Das merke ich mir: ______________________

____

____

WOCHENSPRUCH

Seht auf und erhebt eure Häupter, weil sich eure Erlösung naht.
Lukas 21,28

8 2. Advent | Sonntag Lied: FJ5! Nr. 60

Glaube ist ein Tu-Wort. Und unser Tun hat eine klare Linie: Liebe. Das fordert mich immer wieder heraus, wirklich auch in Liebe zu meinem Gegenüber zu handeln.

Matthias Engelhardt

Montag 9

... WAS ER DIR GUTES GETAN HAT!

Jesaja 63,7-14

Ich will mich an das erinnern, was Gott mir Gutes getan hat. An das, was ich von anderen darüber gehört habe, wie sie Gott begegnet sind, wie sie sein Eingreifen und sein Wirken erlebt haben. An das, wie ich Gottes Wirken selbst erlebt habe. Hast du einen Ort, an dem du deine Begegnungen mit Gott sammelst? Welche Erlebnisse fallen dir jetzt gerade ganz spontan ein? Nimm dir ein bisschen Zeit, darüber nachzudenken.
Auch der Beter aus Jesaja erinnert sich an Gottes Handeln in der Vergangenheit. An das, wie Gott Mose zur Seite stand und das Volk Israel geführt hat. Und in seiner Erinnerung entdecken wir eine klagende und fragende Sehnsucht: Wo ist dieser Gott, der sich doch bereits schon einmal gezeigt hat? Wo ist der, der schon einmal mächtig gewirkt hat?
Die Erinnerung an Gottes Handeln in der Vergangenheit kann helfen, nicht nur in der Klage zu versinken, sondern den hoffnungsvollen Blick auf Gott zu bewahren. Wenn Gott bereits gewirkt hat, wenn er sich als Hoffnungsträger erwiesen hat, dann kann er es auch wieder tun.
Im Blick auf das Jahr, das hinter dir liegt: Wo hast du dieses Jahr Gott erlebt? Und in welchen Situationen suchst du noch nach seinem Wirken?

Das merke ich mir: ______________________________

____

Dienstag 10

HILFESCHREI

Jesaja 63,15 – 64,6

Gott, du bist so weit weg! Manchmal scheint es, als ob du es dir im Himmel gemütlich gemacht hast und uns fern bleibst. Wo bist du? Wir brauchen dich. Mit diesen Zeilen machen die Israeliten klar: Wir sind verzweifelt! Wir können nicht mehr! Wir brauchen dich! Aber: Wir erleben dich gerade nicht! Das alles hat seinen Höhepunkt in der Bitte: „Reiß doch den Himmel auf und komm herab, sodass die Berge vor dir beben!“ Einfach mal bei Gott ausweinen, vor ihn kommen und alles loswerden, was dich beschäftigt. Mit allen Fragen, die das Leben mit sich bringt. Mit allen Sorgen, die dich beschäftigen. Wir können es machen wie der Beter aus Jesaja: alles vor Gott ausbreiten! Flehen, Klagen, Bitten! Und wir dürfen unsere Situation vor Gott hinlegen und ihn fragen: Wo bist du? Ehrlich sein, mit dir und Gott. „Es geht uns, als wärst du nie unser Herrscher gewesen!“ Autsch, da sitzt der Schmerz tief. Absolute Frustration, die da aus dem Volk kommt.
Wo erlebst du genau das gerade: Frust, Trauer, Klage, ...? Wo brauchst du seine Gegenwart und sein Wirken? Wo brauchst du, dass er den Himmel aufreißt und Berge beben lässt. Bring all das heute vor Gott und sei dir sicher: Er hört dich.

Das merke ich mir: ______________________________

____

WIE GEHT ES DIR?

Jesaja 64,7-11

Vielleicht wird sie dir heute begegnen. Diese eine Frage: „Wie geht es dir?" Ich merke, dass bei mir die Antwort oft schnell und unüberlegt „gut!" ist. Doch manchmal entdecke ich da eine kleine Stimme in mir, die mich fragt: „wirklich?" Im heutigen Abschnitt beschreibt das Volk Gott, wie es ihnen wirklich geht. Und ihre Antwort ist alles andere als „gut!". Sie leben im Exil. Ihr Land, ihre Heimat, ihre Heiligtümer sind zerstört. Vor ihnen liegen Zerstörung und Ungewissheit. Und das tragen sie vor Gott. Und gleichzeitig erinnern sie sich daran, wer sie sind und wer Gott ist: Gott ist der Töpfer, wir Menschen der Ton. Unser Leben mit all unseren Höhen und Tiefen liegt in seiner Hand. Das ist herausfordernd! Gerade, weil wir doch gerne selbst unser Leben gestalten und in der Hand haben wollen. Herausfordernd, weil wir immer wieder merken, wie kurzsichtig und eigensinnig unsere Planungen sind. Herausfordernd, mich seinem Reden und Wirken zu öffnen und mich von ihm leiten zu lassen. Für heute möchte ich dir zwei Gedanken mitgeben. 1. Stell dir heute ernsthaft die Frage: „Wie geht es dir?" und bringe das ehr-lich vor Gott. Und 2.: Schau mal hin, wo du dein Leben gerade ohne Gott planst und fang wieder an, um sein Reden und Wirken zu bitten und danach zu suchen!

Das merke ich mir: ______________________________

____

DEN FINGER IN DIE WUNDE GELEGT

Jesaja 65,1-10

Jetzt spricht Gott. Und er beschönigt nichts. Verschont nicht. Zwei Dinge begeistern mich an diesem Abschnitt: Gott spricht. Kapitelweise klagt Israel sein Leid. Die Israeliten schütten ihr Herz vor Gott aus. Und Gott antwortet. Er lässt sie nicht im Regen stehen, sondern antwortet auf ihre Klagen und Anfragen. Und dabei ...

... ist er ehrlich! „Ich wollte gefunden werden, doch niemand hat nach mir gesucht." Er spielt den Ball zurück zu den Israeliten. Sie hatten oft genug, die Chance, das Exil abzuwenden, wenn sie nur umgedacht und ihr Handeln geändert hätten. Aber jetzt erleben sie die Konsequenz ihres Handelns: das Exil. Und Gott spricht das an. Er bügelt nichts glatt, sondern spricht an, was Sache ist: Ihr erlebt gerade die Konsequenz eurer Taten und Gedanken.

Für mich ist der Text heute Ermutigung und Ermahnung: Ermutigung, dass unser Gott hört und spricht. Er ist ein Gott, dem wir nicht egal sind! Und Ermahnung, nicht immer gleich den Fehler bei anderen zu suchen, sondern auch mal bei mir zu schauen, wo ich in den Konsequenzen meines eigenen Handelns stecke.

Das merke ich mir: ______________________________

____

Freitag 13

NEUES LEBEN

Jesaja 65,17-25

Gott lässt sein Volk nicht mit einem „selber Schuld" zurück. Er schenkt ihnen eine neue Perspektive. Und mit neu meint er nicht nur erneuert, ein wenig aufgehübscht und glatt poliert, sondern etwas ganz Neues. Aus Trauer wird unermesslicher Jubel. Aus dem Tod wird ein langes Leben. Aus Heimatlosigkeit wird Eigenheim. Aus Hunger wird Gottesversorgung. Aus Feindschaft wird Freundschaft. Ein neues Jerusalem erwartet Israel. Ganz neu! Und dieses ganz Neue wird nichts sein, was der Mensch schaffen wird. Schon am Anfang des Abschnitts macht Gott klar: Ich schaffe! Ich, Gott, werde handeln, werde erschaffen. Du, Mensch, empfange!

Diese neue Perspektive des neuen Lebens inmitten der Trauer und der Verzweiflung des Exils wirkt wie ein Hoffnungsschimmer. Ein „es wird noch viel besser als damals". Wenn wir Grund zur Klage haben, ist es hilfreich, nicht in unserer Perspektive auf das „Jetzt" zu versinken, sondern bewusst um Gottes Sicht auf das Heute und Morgen zu bitten. Ich ermutige dich, genau das heute zu tun. Nimm dir dafür einen Zettel und schreibe die Punkte auf, die dir gerade Grund zur Klage geben. Und dann bete bewusst bei jedem Punkt dafür, dass Gott dir seine Perspektive schenkt.

Das merke ich mir: ______________________________

____

Samstag 14

HAPPY END?

Jesaja 66,1-4

Mal ganz ehrlich: Hätten wir nicht mit dem Ausblick auf das neue Jerusalem enden können? Solche Texte sind vor allem nach einem so hoffnungsvollen Abschnitt wie gestern ziemliche Stimmungskiller. Strafe und Demütigung wirken da irgendwie unangebracht. Doch je öfter ich mir diesen Abschnitt durchlese, umso mehr entdecke ich auch hier einen Hoffnungsschimmer Gottes. Gott lässt das Leid der Israeliten nicht einfach folgenlos. Er wird für Gerechtigkeit und Ausgleich sorgen und nimmt so die Klagen und das Leiden der Israeliten ernst. Der Schöpfer kümmert sich um seine Schöpfung. Der Vater wird sich um seine Kinder kümmern. Das ist Gottes Zusage in diesem Abschnitt. Und das gibt Trost. Trost inmitten des Leidens: Gott nimmt uns ernst und wird sich der Sache annehmen und für Gerechtigkeit sorgen. Denke an den Anfang der Woche zurück: Hat sich in dieser Woche bereits etwas getan? Gibt es heute Situationen, die du Gott neu hinlegen möchtest? Nimm dir konkret 5 Minuten, um diese Situationen zu sammeln, schreibe sie auf und stecke sie in einen Briefumschlag. Verschließe diesen Umschlag und öffne ihn erst in 6 Monaten wieder. Ich bin gespannt, wo du Gottes tröstendes Eingreifen entdecken wirst.

Das merke ich mir: ______________________________

____

KW 51 bearbeitet von Christian Holfeld,
Referent für Pfadfinderarbeit, 34134 Kassel
E-Mail: christian.holfeld@ec.de

WOCHENSPRUCH

Bereitet dem Herrn den Weg, denn siehe, der Herr kommt gewaltig.
Jesaja 40,3.10

AUFSTIEG UND ABSTIEG

Psalm 130

Was der Psalmbeter in Vers 1 betet, kennen viele Menschen: eine tiefe innere Not. Verzweiflung, innere Unruhe. Er fühlt sich ganz, ganz unten. Doch für seinen Zustand beschuldigt er nicht etwa andere Menschen oder führt das auf schwierige Umstände zurück. Er ist hier ganz selbstkritisch und demütig, denn seine Sünden haben ihn immer tiefer hinabgezogen. Er erkennt, dass er einen falschen Weg eingeschlagen hat. Einen Weg, der von Gott weg führt. Umso größer erscheint ihm in seiner Tiefe nun die Größe Gottes. Er tut das einzig Richtige: Er betet: „HERR, höre meine Stimme!“ Sein Gebet ist voller Zuversicht, denn er weiß, dass Gott gerne vergibt. Und er weiß, dass er ihm ganz persönlich vergeben hat.
Deshalb ist dieser Bußpsalm eigentlich ein Aufstiegspsalm. Er berichtet von jemandem, der sich als Absteiger sieht und verzweifelt am Boden liegt. Doch seine Hoffnung gründet sich auf Gottes Wort und seinen wunderbaren Verheißungen: „Denn bei dem HERRN ist die Gnade!“ Diese Zusage nimmt er persönlich für sich und seine Situation an. Sein Blick nach oben hilft, dass er sich wieder aufrichtet und aufsteht. Zum Glück hat er sich in seiner Not an die richtige Adresse gewandt.

Das merke ich mir: ______________________

____

____

Liebe fängt im Kleinen an: beim Zuhören, beim Interesse anderen gegenüber, bei der Aufmerksamkeit und Zeit, die man jemandem schenkt.
Christian Holfeld

Montag **16**

ALLE BRAUCHEN TROST!

Jesaja 66,5-14

Es scheint so, dass es ein schier grenzenloses Bedürfnis nach Trost gibt. Viele Menschen tragen große Lasten mit sich herum. Schon als kleines Kind schreit man nach der Mama, um getröstet zu werden. Später wissen wir uns auch selbst zu helfen, doch in vielen Lebenssituationen sehnen wir uns nach jemandem, der unsere Hand nimmt und hält. Anlass dafür gibt es genug. Sei es die Nachrichtenlage, seien es in Not geratene Menschen, die wir lieben oder eigene Hilflosigkeit. Jeder ist trostbedürftig, doch nicht immer geben wir das vor anderen zu. Wir wollen stark sein und anderen nicht unser Innerstes offenbaren. Leider ist die Angst vor Verletzung oder Zurückweisung oft so stark, dass wir uns selten weisen Menschen anvertrauen. So holen sich manche Menschen Trost an der falschen Stelle. Jeder weiß, dass Alkohol keinen Trost spenden kann. Auch ausgelassene Feiern oder eine tolle Netflixserie können innere Not nur kurzfristig überdecken. Nur eine Hinwendung zu Gott schenkt tiefen Trost. Er kann aus der tiefsten Not heraushelfen und diese in Freude verwandeln. 2. Korinther 1,3 (Luther 2017) bringt das auf den Punkt: „Gelobt sei Gott, der Vater unseres Herrn Jesus Christus, der Vater der Barmherzigkeit und Gott allen Trostes."

Das merke ich mir: ______________________________

____

Dienstag **17**

WAS BRINGT DIE ZUKUNFT?

Jesaja 66,15-24

Jesaja riskiert einen Blick in die Zukunft und gibt die Gedanken Gottes darüber an Israel weiter. Dieser kleine Ausschnitt aus dem, was kommt, ist auch für uns heute sehr erhellend. Das hat seinen Grund darin, dass ein paar dieser Aussagen noch nicht eingetroffen sind. Wie z. B. „Der HERR richtet die ganze Welt mit Feuer und Schwert", „Ich werde alle Völker zusammenrufen" und „Ich schaffe einen neuen Himmel und eine neue Erde". Er wird sowohl richten als auch zusammenrufen. Sein Plan gipfelt in der herrlichen Zukunft derjenigen, die sich zu Gott halten. Das geschieht vielleicht schon bald oder in noch ferner Zukunft. Wir wissen das nicht. Was wir aber wissen, ist, dass Gott einen großen Plan mit uns und dieser Welt hat. Vielleicht hilft uns dieser kurze Ausschnitt dabei, die heutige persönliche Situation in einem großen Rahmen zu denken. Der Rahmen ist der Plan Gottes für mich und dich und für die ganze Welt. Das Heute ist eine Momentaufnahme des großen Bildes. Alles Schöne und alle Herausforderungen können wir heute in dem Licht von Gottes großem und gutem Werk betrachten. Psalm 37,5: „Lass den HERRN deinen Weg bestimmen! Vertrau auf ihn! Er wird es schon machen."

Das merke ich mir: ______________________________

____

DEIN GEBET IST ERHÖRT WORDEN!

Lukas 1,1-17

Mittwoch **18**

Vor einem Monat bin ich komplett überrascht worden. Zwei Menschen, die mir beide sehr am Herz liegen, sind seit Jahren zerstritten. Vorwürfe auf beiden Seiten. Es kam sogar zum Kontaktabbruch. Das Ganze ging volle 40 Jahre lang. Bis letzten Monat. Einer der beiden streckte die Hand aus und – oh Wunder – der andere nahm sie an. Es kam zu einem ersten Treffen. Damit hätte ich nicht mehr gerechnet!
Kennst du auch solche Situationen, in denen du etwas Positives erlebt hast, mit dem du nicht mehr wirklich gerechnet hättest? Der jüdischen Priester Zacharias hat viele Jahre für eigenen Nachwuchs gebetet. Er und seine Frau waren schon sehr alt und er hätte während des Tempeldienstes nicht damit gerechnet, dass ihm der Engel verkündet: „Dein Gebet ist erhört worden!"
So ist Gott: Er gibt zur richtigen Zeit. Welche Zeit genau richtig ist, wissen wir nicht im Voraus. Mich ermutigt die Geschichte des Zacharias und seiner Elisabeth dazu, weiter Hoffnung zu bewahren. Nicht zu resignieren. Immer wieder im Gebet die Dinge, die mir wichtig sind, vor ihm auszubreiten. Und dann auf das Wunder der Gebetserhörung zu warten.

Das merke ich mir: ______________________________

____

DAS HAT DER HERR AN MIR GETAN

Lukas 1,18-25

Donnerstag **19**

Plötzlich ging es ganz schnell. Viele Jahre hatte Elisabeth unter ihrer Kinderlosigkeit gelitten. In der damaligen Zeit war dies ein Makel und sie fühlte sich außen vor. Doch dann kam die überraschende Gebetserhörung und nun ist sie schwanger. Sie, die ausgestoßene Frau, war plötzlich im Rampenlicht. Gott beschenkt sie mit diesem außergewöhnlichen Johannes. Ihre Liebe zu Gott wird sich auf die Erziehung ihres Sohnes auswirken. Der Kleine im Bauch wächst später zu einer großen Persönlichkeit. Daran hat Elisabeth einen entscheidenden Anteil. Gott vertraut ihr ein Kind an und sie hat das Vorrecht, es bei sich aufwachsen zu lassen, es zu prägen und später auch wieder loszulassen. Elisabeth weiß, wem der Dank gehört: „Das hat der Herr an mir getan", bekennt sie.
Nimm dir jetzt etwas Zeit und überlege, was der Herr an dir getan hat. Welche Gaben hat er dir gegeben, damit du Gutes damit tun kannst? Welche Fähigkeiten hat er dir geschenkt, mit denen du dir und anderen dienen kannst? Lies anschließend 1. Petrus 4,10: Dient einander – jeder mit der Gabe, die er erhalten hat. So erweist ihr euch als gute Verwalter der Gnade, die Gott vielfältig schenkt.

Das merke ich mir: ______________________________

____

Freitag 20

NEUBEGINN

Lukas 1,26-38

Lukas berichtet uns heute von der Begegnung zweier Frauen, die sich am Wendepunkt der Geschichte treffen: Maria, die werdende Mutter Jesu und Elisabeth, die werdende Mutter von Johannes dem Täufer. Beide stehen im Dienst einer ganz großen Sache. Sie begleiten und prägen ihre Kinder eine Zeit lang, bis diese charakterlich und geistlich bereit sind, ihren eigenen, bedeutenden Dienst zu beginnen. Der Autor schildert auch in seinem zweiten Werk, der Apostelgeschichte, solche schicksalshaften Begegnungen: von Petrus und Kornelius, was die Erweiterung des Evangeliums auf die Heiden darstellt. Oder von Paulus und Jakobus auf dem Apostelkonzil. Dies ist der Beginn der heidenchristlichen Kirche. Diese Begegnungen stellten einen Neubeginn, eine Zeitenwende dar. Wenn Jesus uns persönlich begegnet, macht er auch alles neu. Wir können das Alte hinter uns lassen. Unser Gott ist der Gott des Neuanfanges! Folgen wir ihm nach, dann lässt er uns nicht in der Vergangenheit gefangen zurück, sondern führt hinaus in die Weite des Glaubens. Jesaja 43,18.f.: Denkt nicht mehr an das, was früher geschah. Beschäftigt euch nicht mit der Vergangenheit. Schaut her, ich schaffe etwas Neues! Es beginnt schon zu sprießen – merkt ihr es denn nicht?

Das merke ich mir: ______________________________

____

Samstag 21

EINFACH MAL DANKE SAGEN!

Lukas 1,39-56

Maria erlebt hautnah, wie Gott an ihr wirkt. Auf wunderbare Weise wählt er sie aus, um Jesus zur Welt zu bringen. Hätte sie auch anders reagieren können? Wir sehen es als selbstverständlich an, dass sie dieses wunderschöne Loblied anstimmt. Doch wenn es uns gut geht, vergessen viele Menschen Gott. Sie wenden sich zwar in Notzeiten an ihn mit der Bitte um Hilfe, doch vergessen ihn, wenn es wieder bergauf geht. Ist es schlecht, in der Not zu Gott zu rufen? Auf keinen Fall! Viele Psalmen sind aus der Not entstanden. Gott will gerade in unseren Tiefen dabei sein und uns „durch das dunkle Tal" führen. Doch wir sollen ihn anschließend nicht beiseite schieben. Maria handelt vorbildlich. Sie preist Gott in der Zeit, als er sie segnet. Das sollte ein Vorbild für uns sein.

Wenn wir beschenkt werden, sollen wir dies wahrnehmen und Gott dafür von Herzen „Danke" sagen. Aus echter Dankbarkeit Gott gegenüber entsteht Freude. Dankbarkeit verändert die Sicht auf die täglichen Fragen, Zweifel und Sorgen.

Epheser 5,20: „Dankt Gott, dem Vater, zu jeder Zeit und für alles – im Namen unseres Herrn Jesus Christus."

Das merke ich mir: ______________________________

____

KW 52 bearbeitet von Andy Marek,
Gemeinschaftspastor, 08209 Auerbach
E-Mail: andymarek@lkgsachsen.de

DAS GANZ NORMALE AUF UND AB

Psalm 102

Dieser Wochenpsalm, der die Weihnachtswoche einläutet, scheint erstmal gar nicht viel mit Weihnachten zu tun zu haben. Das, was er beschreibt, passt eher in die Passionszeit (V.1-12). Aber er macht doch auch deutlich, was es bedeutet, Mensch zu sein: in Schwierigkeiten zu stecken, Krankheiten durchzumachen, Spott ertragen zu müssen. Die Weihnachtsbotschaft ist ja genau das, nämlich dass Gott Mensch wird und deswegen auch alle menschlichen Abgründe kennt und durchgemacht hat. Also doch ein Weihnachtspsalm!

Der mittlere Teil (V.13-23) sticht aus den negativen Beschreibungen hervor, ist hoffnungsvoll und positiv. Aber danach wird es wieder hart (V.24f.), anschließend (V.26-29) wieder fröhlicher. Also ein ständiges Auf und Ab, wie im richtigen Leben halt. Es wird immer Hoch-Zeiten und Tiefpunkte geben, immer wieder Tage der Freude und Dankbarkeit, aber auch der Trauer und des Schmerzes. Das ist menschlich und völlig normal. Auch wenn man manchmal den Eindruck hat, anderen geht es immer nur gut. Der Wochenpsalm ermutigt uns, ehrlich vor Gott zu sein und ihm nicht nur unser Auf, sondern auch unser Ab hinzulegen. Probier's doch einfach mal aus. Vielleicht auch nicht nur mündlich, sondern schriftlich in deinem eigenen Psalm!

Das merke ich mir: ______________________

____

____

WOCHENSPRUCH

Freuet euch in dem Herrn allewege, und abermals sage ich: Freuet euch! Der Herr ist nahe!

Philipper 4,4.5b

Gar nicht so leicht umzusetzen, definitiv eine Jahresaufgabe!

Andy Marek

Montag 23

Namen sind nicht Schall und Rauch

Lukas 1,57-66

Johannes wird geboren, der „Wegbereiter" von Jesus. Wie damals üblich, wollen sie ihn nach seinem Vater nennen, doch der hat vom Engel Gabriel den Auftrag bekommen, dass er Johannes heißen soll (Lk 1,13). Ist doch eigentlich egal, oder? Nicht ganz. Ein Name ist mehr als Schall und Rauch, weil er die Person, die er bezeichnet, zu etwas Einzigartigem macht. Außerdem vergegenwärtigt man sich die Person, wenn man ihren Namen nennt. Der Name steht im Alten und auch im Neuen Testament außerdem für den Menschen selbst bzw. sein Wesen. Deswegen nimmt Gott auch hin und wieder Namensänderungen vor, wenn ein wichtiges Ereignis einen Menschen stark verändert hat – so z. B. bei Abram (1. Mose 17,1-8) und Jakob (1. Mose 32,23-33). Deswegen geht es in der Bibel auch so häufig um den Namen Gottes oder Jesu. Bis dahin, dass von Jesus gesagt werden kann (Apg 4,12): „Gott hat uns auch keinen anderen Namen unter dem Himmel bekannt gemacht, durch den wir Rettung finden." Frag doch mal deine Eltern, was sie sich bei deinem Namen gedacht haben! Und weißt du, was dein Name bedeutet? Was drückt er über dich aus? Wie kannst du deinem Namen im Alltag gerecht werden? („Johannes" bedeutet übrigens „Gott ist gnädig".)

Das merke ich mir: ______________________________

____

Heiligabend | Dienstag 24

Ein Mann vieler Worte

Lukas 1,67-80

Ob Zacharias, der Vater von Johannes dem Täufer, ein Mann vieler Worte war, ist uns nicht überliefert. Wir wissen nur, dass er mindestens für die Dauer der Schwangerschaft seiner Frau stumm war, weil er den Worten des Engels Gabriel nicht geglaubt hatte (Lk 1,20). Stell dir das mal vor: mehrere Monate lang nichts sagen zu dürfen! Gut, für Männer vielleicht kein Problem. ;-) Aber das wird im Alltag gar nicht so leicht gewesen sein. Und dann stell dir vor, du darfst wieder reden: Was wäre das Erste, was du sagen würdest? Die ersten Worte des Zacharias sind uns überliefert: Er lobt Gott! Ich hätte jetzt eher ein Schimpfen erwartet, dass Gott ihn so lange hat stumm sein lassen. Nein, ein Wortschwall ohnegleichen bricht aus ihm heraus: Im Griechischen bestehen diese zwölf Verse Lobpreis quasi aus nur zwei riesigen Sätzen, in denen er Gott dafür lobt, dass er die Geschichte seines Volkes und mit seinem Volk fortschreibt und Rettung nahe ist. Bist du ein Mensch vieler Worte? Wie hoch ist der Anteil des Klagens und Schlecht-über-andere-Redens daran? Wie hoch der Anteil zu danken und gut von anderen zu reden? Probier doch heute mal aus, ein Mensch vieler guter Worte zu sein.

Das merke ich mir: ______________________________

____

„KENN ICH SCHON!“

Lukas 2,1-14

1. Weihnachtstag | Mittwoch **25**

Wie oft hast du diesen Text in deinem Leben schon gehört oder gelesen? Bestimmt mehr als zwei Mal. Dann ist die Gefahr immer groß, dass man nichts Neues mehr davon erwartet. „Bekannter Text, muss ich nicht mehr hinhören!“, denkt man sich dann vielleicht. Dazu kommt, dass unser Bild von diesem Text sehr stark von Krippenspielen und Gemälden geprägt ist, die aber oftmals ganz schön viel hineininterpretieren. So steht z. B. nirgends etwas von einem Wirt oder davon, dass Maria und Josef ewig nach einer Unterkunft gesucht haben. Auch scheinen sie schon einige Zeit in Bethlehem gewesen zu sein, als Jesus zur Welt kam (V.6). Nicht mal das Wort „Stall“ findet sich irgendwo – klar, wenn Jesus in eine Futterkrippe gelegt wurde, liegt die Vorstellung von einem Stall nahe, aber der war damals in aller Regel direkt im Haus und nicht in einem separaten Gebäude. Auch stellte sich der Engel zu den Hirten und flog nicht heran. Und dass Hirten und Sterndeuter (Mt 2,1-12) gleichzeitig bei Jesus waren, ist auch höchst unwahrscheinlich. Lies und höre die bekannten Weihnachtstexte dieses Jahr doch nochmal ganz neu: Was entdeckst du, das dir noch nie vorher aufgefallen ist?

Das merke ich mir: ____________________

____

DAS SCHÖNSTE GESCHENK

Lukas 2,15-20

2. Weihnachtstag | Donnerstag **26**

Hirten besuchen den neugeborenen Jesus. Und Maria hat das bewegt. Sie „bewegte es in ihrem Herzen“, d. h., sie dachte immer wieder darüber nach. Und vielleicht hat sie es dem kleinen und immer größer werdenden Jesus auch immer wieder erzählt, wer da damals kurz nach seiner Geburt bei ihm gewesen ist. Und vielleicht hat Jesus auch wieder daran gedacht, als er sich als Erwachsener dann als „der gute Hirte“ (Joh 10,11) bezeichnet hat. Diese Hirten damals waren auch gute Hirten; sie haben zwar ihre Schafe zurückgelassen, aber genau das Richtige getan: Sie sind zu Jesus gekommen. Große Geschenke wie die Sterndeuter (Mt 2,11) hatten sie nicht dabei, aber daran werden sie auch überhaupt nicht gedacht haben.

Es klingt jetzt vielleicht ein wenig fromm-verklärt, aber materielle Geschenke sind auch gar nicht nötig: Jesus möchte uns als Person. Das ist wie bei einer Geburtstagsfeier: schön, wenn es Geschenke gibt. Aber wenn die Eingeladenen alle absagen, ist irgendwie das Ziel verfehlt. Dann lieber keine Geschenke, aber die Leute sind da.

Würdest du von dir sagen, dass nicht nur etwas von dir Jesus gehört, sondern dass du Jesus gehörst?

Das merke ich mir: ____________________

____

Freitag 27

Es geht straff auf Ostern zu!

Lukas 2,21-24

Maria und Josef sind Juden und tun deswegen das, was Gott durch Mose vorgeschrieben hat. Z. B. das Kind als Zeichen des Bundes zwischen Gott und seinem Volk zu beschneiden oder den erstgeborenen Sohn im Tempel „darzustellen". Letzteres war ein Brauch, der an den Auszug aus Ägypten erinnern sollte: Weil der Pharao das Volk damals nicht ziehen lassen wollte, hatte Gott alle Erstgeburt von Mensch und Tier umkommen lassen. Darum opferte man dem Herrn alles Männliche, das zuerst geboren wurde – außer natürlich erstgeborene Söhne, weil Gott ja keine Menschenopfer fordert. Diese wurden stattdessen „ausgelöst", d. h. dafür wurde ein Ersatzopfer gebracht. Damals in Ägypten hat Gott sein Volk von der Strafe verschont, indem er ihnen den Auftrag gegeben hat, das Blut eines geopferten Lammes an ihre Türrahmen zu streichen. Wo Gott das Blut sieht, würde es kein Gericht und damit keinen Toten geben. Was für ein Bild für Jesus! Dieser Jesus, der hier „ausgelöst" wird, wird gut 30 Jahre später alle Menschen „auslösen", wird selbst das Opferlamm sein und die Strafe für die Schuld aller Menschen auf sich nehmen. Mitten zu Weihnachten also schon ein Blick Richtung Ostern! Was haben deiner Meinung nach Weihnachten und Ostern noch miteinander zu tun?

Das merke ich mir: ______________________________

____

Samstag 28

„Sie haben ihr Ziel erreicht!"

Lukas 2,25-35

Eine ungewöhnliche Episode, die uns hier berichtet wird. Aber auch wieder so eine besondere Begegnung kurz nach der Geburt Jesu, die Maria wohl auch „in ihrem Herzen bewegt" haben wird. Und vielleicht hat sie unter dem Kreuz ihres Sohnes an Simeons Aussage mit dem Schwert gedacht. Mehr wissen wir von diesem Simeon leider nicht, nur, dass er wahrscheinlich schon älter war und sich nun das erfüllt, was Gott ihm versprochen hatte: einmal live den Retter zu sehen. Simeon erkennt, dass das kleine Kind, das da gerade in den Tempel gebracht wird, dieser Retter ist. Jetzt kann er in Frieden sterben, weil er sein Ziel erreicht hat. Das finde ich ein schönes Ziel im Leben, Jesus zu finden und in ihm den Retter zu erkennen. Hast du dieses Ziel schon erreicht? Wenn nein, was hindert dich daran? Rede doch einfach mal mit einem Menschen darüber, dem du vertraust und der dich nicht gleich dafür verurteilt, dass du „noch nicht so weit bist". Wenn ja: Glückwunsch! Das heißt jetzt aber nicht, dass du sterben kannst (obwohl du dann bereit bist fürs Sterben), sondern dass Jesus mit dir dein restliches Leben prägen und gestalten will. Also: Ziel erreicht, auf zur weiteren Erkundung des Lebens! :-)

Das merke ich mir: ______________________________

____

KW 53 bearbeitet von Sandra van Westen,
Kinder-und Teenagerreferentin, 34134 Kassel
E-Mail: sandravanwesten@yahoo.de

Lied: FJ5! Nr. 201

WOCHENSPRUCH
Das Wort ward Fleisch und wohnte unter uns und wir sahen seine Herrlichkeit.
Johannes 1,14a

KÖNIGLICHE LIEBE

Psalm 2

Vor kurzem haben wir das Fest der Liebe gefeiert – Weihnachten. Gott hat seinen Sohn aus Liebe zu uns auf die Welt geschickt. Und jetzt lesen wir in Psalm 2 vom Zorn Gottes. Wie passt das zusammen? In diesem Psalm geht es um die Machtfrage zwischen Gott und den Menschen. Die Könige der Welt stehen Gott und seinem Gesalbten (Messias) gegenüber. Die Menschen rebellieren gegen Gott, sie wollen sich auf der Erde nichts von ihm sagen lassen. Doch Gott ist mächtiger als die Menschen und nichts auf der Erde kann ihn abhalten.
Ab Vers 5 wird er wütend, denn nur wer an den kommenden Retter glaubt, wird dem Zorn entkommen. Der Psalmist rät den Königen, sich Gott zu unterwerfen und Ehrfurcht vor dem Herrn zu haben. Es gibt nur einen Weg zum ewigen Leben und zwar der Glaube an Jesus Christus. Gott hat uns Jesus geschickt, damit er am Kreuz starb und wir frei von unseren Sünden werden. So sehr liebt Gott die Menschen und wird zornig und traurig, wenn die Menschen sich gegen ihn stellen. Verständlich, oder?
Er schenkt uns ewiges Leben bei ihm, wenn wir an ihn glauben. Also ist dieser Psalm irgendwie doch ein Psalm der Liebe und passt in die Weihnachtsbotschaft.

Das merke ich mir: ______________________

____

____

Gott ist die Liebe. Er begegnet mir in Liebe. Diese Liebe, die ich spüren darf, möchte ich in meinem Handeln weitergeben.
Sandra van Westen

Montag 30

HERZ BEI GOTT

Lukas 2,36-40

Im Tempel treffen Maria und Josef auf Simeon und Hanna. Beide erkennen in Jesus den Retter. Hanna ist eine alte Prophetin, eine der wenigen Frauen, die in der Bibel mit Namen genannt sind. Sie lebt allein und verbringt ihre Zeit mit Fasten und Beten. Sie ist eine Frau ganz nah bei Gott und dient ihm, mit dem, was sie hat und kann. Für mich ist sie ein Vorbild. Obwohl sie alt ist und einsam, gibt sie nicht auf, sondern ihr Leben für Gott. Sie nutzt ihr Alleinsein, um im Tempel zu sein und zu beten. Immer wieder erlebe ich ältere Menschen in der Gemeinde, die zwar zu schwach sind, um aktiv mitzuarbeiten, aber sehr stark für die Menschen und das Gemeindeleben beten. Sie hören zu und bringen es vor Gott. Diese Menschen sind unendlich wertvoll in der Gemeinde, weil sie ihr Herz bei Gott und für die Menschen haben. Sie nehmen sich die Zeit für das Gebet. Wie ist es bei dir? Wie viel Zeit nimmst du dir am Tag für das Gespräch mit Gott? Nimmst du dir bewusst Zeit dafür oder passiert dies eher nebenbei oder schnell vor dem Schlafen? Ich mache dir Mut, dir täglich mindestens 10 Minuten Zeit für Gott zu nehmen, vielleicht bei deinem Lieblingsgetränk. Sei gespannt, wie sich dein Herz verändert.

Das merke ich mir: ______________________________

____

Silvester | Dienstag 31

Lied: FJ5! Nr. 16

NAH BEI GOTT

Lukas 2,41-52

Eine bekannte und immer wieder faszinierende Geschichte. Das einzige Erlebnis, dass wir aus Jesu Kindheit erfahren. Ein Ereignis mit vielen Gefühlen. Einmal sind dort Jesu Eltern, die plötzlich ihr Kind vermissen. Ich glaube, dass ist eins der schlimmsten Dinge, wenn das eigene Kind weg ist. Genauso schlimm ist es auch für Kinder, wenn plötzlich die Eltern weg sind. Zumindest kann ich mich darin erinnern, wie ich panisch die Gänge im Supermarkt abgelaufen bin, bis ich sie endlich wiedergefunden habe. Was für eine Erleichterung!

Bei Jesus war es anders. Er hat seine Eltern nicht gesucht, sondern war an dem Ort, wo er seinem Vater im Himmel (Gott) am nächsten war: im Tempel! Hier gehört er hin. Jesus war bei seinem Vater im Tempel. Wir gehen heute in die Kirche oder in die Gemeinde, um mit anderen Menschen Gottesdienst zu feiern, von Gott zu hören und ihm zu begegnen. Dies ist ein Ort der Begegnung. Auch an anderen Orten kann man Gott begegnen, zum Beispiel begegne ich ihm besonders in der Natur. Welcher Ort ist es bei dir, an dem du dich Gott ganz nahe fühlst? Was ist das Besondere an diesem Ort?

Das merke ich mir: ______________________________

____

Autor	Woche
Adler, Michael	17
Bast, Thomas	11
Edler, Annkatrin	29
Engelhardt, Matthias u. Marie	50
Finzel, Ulrike	26
Göttler, Klaus	6
Gogg, Marco	14
Höcht, Christoph	15
Hoffmann, Daniel	3
Holfeld, Christian	51
Hölzemann, Thomas	4
Hönemann, Christian	16
Johannsen, Lars	27
Kamm, Thomas	38
Käßner, Thomas	5
Kerschbaum, Matthias	41
Kröck, Thomas	18
Kuttler, Cornelius	39
Limpf, Uli	40
Maier, Thomas	7
Mang, Ulrich	35
Marek, Andy	52
Müller, Andy	10
Müller, Ingo	28
Münch, Stephan	32
Petersen, Christian	20
Pfalzer, Steffi	1

Autor	Woche
Raddatz, Jörg	19
Ramsperger, Stefanie	30
Reitzner, Jan	12
Sames, Thomas	37
Scherwing, Pierre	36
Schmierer, Andreas	21
Schuh, Simon	43
Schüttendiebel, Karin	9
Seeger, Thomas	42
Seidel, Ronald	44
Siehler, Martin	45
Stattaus, Sebastian	46
Steeger, Reinhard	23
Steinhilber, Björn	31
Studierende Ev.Hochschule Tabor	2,33,34
Szilagyi, Edit	48
Trick, Matthias	47
Trumpp, Matthias	22
Ullrich, Ruben	13
van Westen, Sandra	53
Voß, Gerd	24
Westhäuser, Frauke	25
Westhäuser, Gesine	8
Wüst, Lydia	49

Einführungen in die biblischen Bücher

26 ... Markus
35 ... 1. und 2. Timotheus
36 ... Titus
53 ... Philemon
54 ... 2. Mose
79 ... 1. Petrus
80 ... 1. Korinther
176 ... Jeremia
201 ... Klagelieder
202 ... 2. Korinther
224 ... 2. Petrus
229 ... Jesaja
230 ... Lukas

Bearbeitete Bibelstellen

Buch	Bibelstelle	Datum
2. Mose	1,1 – 2,10	16.02. – 17.02.
	2,11 – 6,1	19.02. – 23.02.
	7,1-13	24.02.
	7,14-25	26.02.
	11,1 – 12,33.51	27.02. – 29.02.
	13,17 – 16,16	17.06. – 22.06.
	16,17 – 19,15	24.06. – 29.06.
	19,16 – 24,18	01.07. – 06.07.
	25,1-22	08.07.
	31,18 – 33,23	09.07. – 13.07.
	34,1 – 26,7	15.07. – 18.07.
	40,1-17	19.07.
	40,34-38	20.07.
Psalm	2	29.12.
	24	01.12.
	31	11.02.
	36	09.06.
	42	23.06.
	51	17.11.
	53	16.06.
	65	06.10.
	68,1-19	26.05.
	68,20-36	15.09.
	73	30.06.
	86	21.01.
	88	24.03.
	89,1-19	01.01.
	89,20-53	07.01.
	90	10.11.
	91	18.02.
	96	21.04.
	102	22.12.
	106,1-23	13.10.
	106,24-48	20.10.
	119,25-32	14.07.
	119,33-40	21.07.
	119,41-48	28.07.
	120	25.08.
	122	04.08.
	123	25.02.
	125	03.11.
	127	08.09.
	128	04.02.
	129	05.05.
	130	17.03. + 15.12.
	131	12.05.
	132	10.03.
	133	02.06.

Buch	Bibelstelle	Datum
Psalm	134	07.04.
	135	28.01.
	136	14.04.
	138	22.09.
	139	07.07.
	141	03.03.
	142	29.09.
	143	27.10.
	144	08.12.
	145	11.08.
	146	01.09.
	147	18.08.
	148	14.01.
	149	28.04.
	150	20.05.
Jesaja	26,7-19	24.11.
	56,1 – 58,14	25.11. – 30.11.
	59,1 – 62,12	02.12. – 07.12.
	63,7 – 66,4	09.12. – 14.12.
	66,5-24	16.12. – 17.12.
Jeremia	1,1 – 3,10	02.09. – 05.09.
	3,21 – 4,4	06.09.
	6,9-26	07.09.
	7,1-28	09.09. – 10.09.
	9,22-23	11.09.
	12,1-6	12.09.
	13,1-11	13.09.
	14,1-16	14.09.
	15,10 – 16,13	16.09. – 17.09.
	18,1-12	18.09.
	19,1-13	19.09.
	20,7 – 21,14	20.09. – 21.09.
	23,1-8	23.09.
	23,16-29	24.09.
	26,1-19	25.09.
	28,1-17	26.09.
	29,1-14	27.09.
	31,1-14	28.09.
	31,27-34	30.09.
	36,1-32	01.10. – 02.10
	37,1 – 38,28	03.10. – 05.10.
	39,1 – 44,14	07.10. – 12.10.
	44,15 – 45,5	14.10. – 15.10.
Klagelieder	1,1 – 11.17-22	16.10.
	3,1-66	17.10. – 18.10.
	5,1-22	19.10.